ســ
欧洲福利国家 制度变迁研究

A STUDY ON THE INSTITUTIONAL CHANGE OF
THE EUROPEAN WELFARE STATE

赵浩华 / 著

社会科学文献出版社
SOCIAL SCIENCES ACADEMIC PRESS (CHINA)

摘 要

福利是一个充满价值判断的领域，而作为福利具象化的福利国家制度一直是社会科学领域研究的重要议题。福利国家制度诞生于欧洲，其发展和变迁呈现了自身独有的特色和逻辑。本书从欧洲福利国家制度所涉及的基本问题入手，运用管理哲学和制度哲学的立场、观点和方法，以史论结合的方式，从多维视角审视二战后欧洲福利国家制度变迁的历史脉络，系统地梳理了不同历史阶段欧洲福利国家制度变迁的现实动因和理论成因，并通过对欧洲不同类型福利国家制度的比较分析，挖掘欧洲福利国家制度在社会历史领域和实践活动领域的深层价值。在此基础上，本书就欧洲福利国家制度变迁这一核心问题进行了深入的哲学审视与反思，揭示了欧洲福利国家制度变迁的动力机制及其变迁规律。一方面，本书从普遍和一般的角度出发，理性审视欧洲福利国家制度变迁的动力机制。社会规定性的变化是福利国家制度变迁的外在动力机制，其包括经济变迁、政治因素、社会结构以及文化思想的变化；制度主体三个维度的变化是福利国家制度变迁的内在动力机制，主要包括制度主体的选择、制度主体价值以及目标的调整、公民权利与义务的平衡等。另一方面，本书在反思的基础上，理性审视欧洲福利国家制度变迁的本质和规律，即价值理性与工具理性的张力、集体主义与个人主义的冲突、路径依赖与制度创新的平衡，在欧洲福利国家制度变迁过程中起到关键性推动作用。在审视欧洲福利国家制度变迁的基础上，本书分析了我国社会保障制度建设过程中需要注意的问题，包括发挥社会保障制度价值的引领作用、合理界定社会保障制度主体的权责范围、理性化完善和发展社会保障制度等，以期对我国社会保障制度建设有所裨益。

关键词： 福利国家制度　社会保障制度　欧洲

目 录

绪 论 ………………………………………………………………… 001

第一章　欧洲福利国家制度的基本问题 ………………………… 001
　第一节　基础概念的界定 ………………………………………… 003
　第二节　欧洲福利国家制度的共性与个性 ……………………… 015

第二章　欧洲福利国家制度变迁的历史考察 …………………… 023
　第一节　二战后欧洲福利国家制度的建立与发展 ……………… 025
　第二节　20世纪70年代以后欧洲福利国家制度的变革 ……… 047
　第三节　20世纪90年代欧洲福利国家制度的转型 …………… 067
　第四节　21世纪以来欧洲福利国家制度面临的挑战 …………… 086

第三章　欧洲福利国家制度变迁的动力机制 …………………… 103
　第一节　制度主体的变化：欧洲福利国家制度变迁的内在动力机制
　　　　　……………………………………………………………… 105
　第二节　社会规定性的变化：欧洲福利国家制度变迁的外在动力机制
　　　　　……………………………………………………………… 132

第四章　欧洲福利国家制度变迁的哲学审视…………………… 147
- 第一节　福利国家制度的理性抉择：价值理性与工具理性的张力…… 149
- 第二节　福利国家制度的道德困境：集体主义与个人主义的冲突…… 163
- 第三节　福利国家制度的自我完善：路径依赖与制度创新的平衡…… 175

第五章　欧洲福利国家制度变迁启示…………………………… 187
- 第一节　公平和效率的结合：发挥社会保障制度的价值引领作用…… 190
- 第二节　主导与协同的融合：合理界定社会保障主体的权责范围…… 198
- 第三节　目的与手段的契合：理性化完善和发展社会保障制度……… 205

第六章　结语…………………………………………………… 213

参考文献………………………………………………………… 217

后　记…………………………………………………………… 225

绪 论

一 研究目的和意义

（一）研究目的

"福利国家制度是一个带有价值倾向的概念。福利国家，顾名思义就是以实现福利这一价值为目标的国家及其制度安排。但究竟是谁的福利？却是难以简单回答的问题。"[1] 欧洲是福利国家制度的发源地，二战后出现的福利国家制度受到了欧洲社会规定性不断变化与发展的影响。二战后欧洲各国均进行了一系列的社会政策调整与探索，提出了相应的福利改革措施，这种变迁过程既体现了欧洲社会政策改革路径的不断完善，亦彰显了西方民主政治制度对于自由与平等、集体主义与个人主义、价值理性与工具理性之间的抉择与妥协。因此，对于欧洲福利国家制度变迁的历史梳理，有助于我们理解欧洲政治与社会发展改革的价值取向、制度模式、国别特色及其未来发展走向，并成为我们认识和理解欧洲社会政策的一把钥匙。为此，本书试图以史论结合的方式，通过对欧洲福利国家制度变迁历程的梳理，对各个变迁阶段进行理性审视与反思，并以此为基础，以管理哲学和制度哲学为理论背景，理性分析欧洲福利国家制度变迁的内在规律和动力机制，从中揭示推动其发展演变的内在动因，最终在扬弃的基础上，总结欧洲福利国家制度变迁的经验教训，探寻中国社会保障事业的特色发展道

---

[1] 〔日〕武川正吾：《福利国家的社会学》，李莲花等译，商务印书馆，2011，第1页。

路，分析我国社会保障制度建设过程中需要注意的问题，以期对我国社会保障制度建设有所裨益。

（二）研究意义

1. 理论意义

从管理哲学的维度研究欧洲福利国家制度变迁，有利于理解、把握和建构福利制度，有助于拓宽管理哲学的研究领域，推动福利制度的研究向纵深发展。我国对福利制度的研究与国外相比较为落后，表现为理论研究深度和广度均有欠缺，福利制度的建构缺乏事先的理论设计与理论指导，对福利制度中亟须解决的问题的研究缺乏应有的深度。因此，从管理哲学的维度与高度来研究和建构符合中国实际的福利制度理论将填补我国目前理论研究的部分空白，推动福利制度研究的发展，拓宽研究思路，丰富研究内容，提升理论研究层次。因此，从管理哲学的视角来研究欧洲福利国家制度，不仅拓宽了管理哲学的研究领域，也提升了福利制度研究的层次，具有重要的理论价值和学术价值。

2. 实践意义

从管理哲学的视角研究欧洲福利国家制度变迁的实践意义在于，为推动我国社会保障制度的建构提供系统的理论指导。社会保障制度的建构是一种具有制度设计特征的理性行为，需要科学的指导理念、理性的理论阐释、丰富的实践总结。目前中国社会保障制度的研究尚处于起始阶段，学界对于欧洲国家社会保障制度的理论研究甚少，成果仍处于零散的状况。本书基于中国社会保障制度实证研究的现实状态，采用反思性的借鉴方法，通过系统地梳理欧洲福利国家制度变迁历程，研究欧洲福利国家制度发展模式及其理论，以期对中国社会保障制度的构建起到积极的作用。从管理哲学的视角研究欧洲福利国家制度的发展变迁能够使中国社会保障制度研究在全球化的背景下站在一个哲学的理论高度上，指导中国社会保障制度安排、重构，助推中国社会保障政策高质量发展，推动中国迈向具有中国社会主义特色的"福利社会"。

二 研究现状

（一）国外研究现状

"福利"是社会科学中极富争议色彩的概念，它引发了各个学科诸流派的激烈争论，这也决定了社会福利研究内容的丰富性。国外理论界对福利国家制度研究的焦点在于探讨福利国家制度存在的合法性与合理性问题。对福利国家制度研究的内容梳理，可以从多维视角来进行。

1. 关于福利国家制度存在合法性的探讨

关于福利国家制度存在合法性的探讨几乎贯穿了福利国家制度发展的整个历史，合法性问题关注的焦点在于福利国家制度是否应该存在。支持建立福利国家制度的理论家为福利国家制度的存在提供各种理论支持，而反对建立福利国家制度的理论家亦尝试从不同的角度反对其理论体系及实践结果。

一方面，支持建立福利国家制度的理论家为福利国家制度建立的合法性提供了理论支撑。新历史学派对德国福利国家制度的影响最为明显，其主张国家干预，提倡实行福利国家制度，为德国福利国家制度的出现奠定了理论基础。瓦格纳作为新历史学派的代表人物，认为国家是最重要的"强制共同经济"，是自由经济的修正者和补充者，它不仅应该通过政府与法律维护国内秩序，而且应该通过社会政策增进民众的社会福利。[1]

社会民主主义思想作为福利国家制度建立的重要理论基础，对福利国家制度的建立起到了重要的推动作用。其中费边社会主义受边沁功利主义的影响，主张通过渐进和渗透的方式走向社会民主主义。费边社会主义认为社会是一个有机整体，整体的重要性远远超过个体，"我们必须放弃那种认为我们是独立的个体的自高自大的幻想，并把我们那种只注意于自己修养的嫉妒心转变过来去服从那个更高的目的，那就是公共福利"[2]。因此，费边社

---

[1] 汤在新主编《近代西方经济学史》，上海人民出版社，1990，第507页。
[2] 〔英〕肖伯纳主编《费边论丛》，袁续藩、朱应庚、赵宗煜译，生活·读书·新知三联书店，1958，第116页。

主义认为社会有机体应该为个人提供必要保障，个人也应该为社会有机体的进步努力。社会民主主义思想家蒂特马斯的理论直接推动了福利国家制度的建立。蒂特马斯看重国家福利在社会中的作用，他指出工业社会应该建立一套系统有效的国家福利体系，这套体系是对人们被市场机制破坏的福利的补充和纠正。福利国家的最终理想是通过重构社会关系实现公平与平等。蒂特马斯在他1970年出版的《礼物关系》一书中系统地阐述了关于福利国家的道德哲学和社会哲学，他把福利与社会服务看作是国家和社区给所有人的礼物。雷斯曼评论说，蒂特马斯的福利理论中，福利国家其实就是良好品行、邻里关爱以及分享自由的代名词。蒂特马斯对社会福利理论的主要贡献是对社会福利概念的厘清，他把福利分为国家教育、公共医疗、住房津贴、收入维持以及个人所需的社会服务五大领域。他还区分了社会福利的三种类型，即国家福利、财政福利和工作福利，并提出了普遍性福利的概念，不仅对社会问题的解决具有重要的方法论意义，而且对认识选择性社会福利的弊端具有积极的理论意义和实践指导意义。由此可见，社会民主主义思想主张国家应该为公民提供保障，并建立起充分的社会福利，这就为福利国家制度的建立和发展奠定了重要的理论基础。

凯恩斯主义作为对福利国家制度建立和发展最具影响力的理论学派，主张国家对社会的全面干预，提倡采取积极的社会政策，建立福利国家制度。凯恩斯的思想主要体现在《货币论》、《货币改革论》以及《就业信息和货币通论》之中。凯恩斯提出"我要放弃自由放任主义。因为，不管我们喜欢与否，它的成功条件已经不再存在"[1]。而要实现充分就业就要实行国家干预，"最聪明的办法是双管齐下，一方面设法由社会来统制资本量，让资本的边际效率逐渐下降，同时用各种政策来增加消费倾向。在目前消费倾向下，无论用什么方法来操纵投资，恐怕充分就业还是很难维持，因此两策可以同时并用：增加投资，同时提高消费"[2]。凯恩斯主义给福利国家制度的

---

[1] Vic George, Robert Page, *Modern Thinkers on Welfare* (Prentice Hall, 1995), p.75.
[2] 〔英〕凯恩斯：《就业利息和货币通论》，徐毓枬译，商务印书馆，1983，第281页。

建立带来了深刻的影响，这一影响是通过他的经济理论实现的，即国家干预是建立福利国家制度的重要保障，只有国家干预成为合理的手段，福利国家制度才有实现的可能。

福利国家制度的另一个重要理论基础是马歇尔的公民权利理论。1949年马歇尔发表了著名的演讲《公民权利与社会阶级》，第一次从社会学的视角系统梳理了公民权利理论，他从社会发展历史的角度把公民权利划分为民事权利、政治权利和社会权利三种。从这三个部分的情况来看，公民权利作为一个完整的概念，对现代社会中个人与社会、个人与国家的关系以及个人自由的条件进行了阐述，其中将社会福利权作为一种具有社会战略意义的要素确定下来，强调没有社会福利权的公民权利是不完整的公民权利。

福利国家制度强调国家应该承担包括国民教育、健康、经济和社会安全保障在内的多元责任。福利国家制度超越了一般意义上的社会福利范畴而成为一种国家制度，这种制度强调国家要对国民的福利负责，福利成了国家的主要特性。福利国家制度的出现与第二次世界大战有着直接的关系，时任英国首相的丘吉尔提出了用"福利国家"对抗纳粹"战争国家"的构想，英国政府委托著名经济学家贝弗里奇研究福利国家制度与政策，形成了举世闻名的《社会保险及其相关服务》（即《贝弗里奇报告》），初步勾画了福利国家的蓝图。《贝弗里奇报告》重新设计了英国的社会保障体系，确定了社会保障制度改革的基本原则和目标以及改革的主要措施，这些成为英国福利国家制度建立的基础。

另一方面，一些理论家也从不同的角度对福利国家制度的合法性提出了质疑。20世纪70年代中后期，剧烈的经济衰退使福利国家制度陷入危机，新自由主义思想得到了强有力的复兴。新自由主义的"新"在于对古典自由主义所强调的政治上的个人自主、经济上的自由放任进行了一定程度的修正，具体体现为积极自由的社会价值取向，从理论上论证了国家在维护个人需求、保障社会经济秩序方面的重要作用，这一思想在一定程度上成为福利国家制度的理论基础。新自由主义思想的代表人物有哈耶克、诺齐克、弗里德曼等人。哈耶克的思想对福利国家制度改革的影响最大。哈耶克在《通往奴役之路》一书中提出了"有限度保障和绝对保障"的概念,他主张"有限度保障",认为这是市场经济有效运行的必要补充,可以防止市场竞争带来不利后果;而"绝对保障"是一种对自由的威胁。哈耶克的"有限度保障"和"绝对保障"观点,主要反映了哈耶克对自由和市场效率的重视。在后来的一些论著中,哈耶克在社会福利领域更加强调对政府的强制性权力加以严格限制,具体体现在对政府作用方式的限制上。从根本上讲,哈耶克的思想就是要避免社会福利破坏自由经济的市场竞争,避免造成对自由的压制。对哈耶克而言,以国家干预和再分配的方式组织起来的国家福利制度,将使人类丧失自由,是一条"通往奴役之路"。

诺齐克的《无政府、国家与乌托邦》主张一种更为极端的自由主义,提倡"最弱意义的国家",认为管事最少的国家就是最好的国家,个人的权利不可随意侵犯,"个人是目的而不仅仅是手段,他们若非自愿,不能够被牺牲或被使用来达到其他目的"[1]。他还提出"持有正义"的概念,认为真正的正义是"持有正义",并提出两个原则,即"获取的正义原则"和"转让的正义原则"。

弗里德曼的福利思想建立在收入分配的基础上,弗里德曼反对财富普遍分享的主张,他指出,"作为一个自由主义者,我很难看出任何单纯地为了再分配收入而施加累进所得税的理由,这种赋税似乎是一个显著的事例来使用强制手段从某些人那里拿取一些东西,把它们给予别人,因而,和个人自由发生正面冲突"[2]。总之,哈耶克、诺齐克和弗里德曼的思想都对普享性福利国家制度提出了质疑,对 20 世纪 70 年代以后欧洲福利国家制度的改革产生了直接影响。

2. 关于福利国家制度合理性的探讨

关于福利国家制度合理性的探讨建立在对福利国家制度合法性认可的前提下。福利国家制度该如何进行改革和发展,才能更好地与资本主义制度融

---

[1] 〔美〕罗伯特·诺齐克:《无政府、国家与乌托邦》,何怀宏等译,中国社会科学出版社,1991,第 39 页。
[2] 〔美〕米尔顿·弗里德曼:《资本主义与自由》,张瑞玉译,商务印书馆,1986,第 167 页。

绪 论

合，不同的理论学派从自身的角度给出了答案。

（1）新社会民主主义。新社会民主主义思潮兴起于20世纪90年代，它以超越"左"与"右"的口号为旗帜，形成当代西方政治发展道路中的"第三条道路"，对西方社会的福利制度发展产生了重要影响。对"第三条道路"的发展产生重要影响的是安东尼·吉登斯以及他的著作《超越左与右——激进政治的未来》。围绕着"第三条道路"的政治目标，吉登斯提出了新社会民主主义的社会福利思想。针对福利国家的危机，他在《第三条道路——社会民主主义的复兴》一书中指出"现在这种依赖于自上而下的福利分配制度，从根本上说是很不民主的。它的主要动机是保护和照顾，但是它没有给个人自由留下足够的空间"[①]。他认为应当通过发展"能动性政治"来解决福利国家的危机，途径就是建立积极的福利社会。为了落实积极福利社会的理念，吉登斯提出了建设社会投资型国家，他主张社会福利投资的多元化和民主化，这一思想试图将福利国家的社会民主主义理想与市场经济对人的自主性、能动性的理解结合起来，试图在克服二者片面性的基础上，发展一种新型的福利国家。

（2）福利多元主义理论。传统的福利国家制度研究一直强调国家在福利提供方面的主体作用，但在福利国家制度陷入危机之后，理论界出现了一种强调多种福利提供方式的福利多元主义和福利三角理论的研究范式。福利多元主义和福利三角理论是两个意义相近又有区别的概念。罗斯在《共同的目标，不同的角色：国家对福利结构的贡献》（*Common Goals but Different Roles：The State's Contribution to the Welfare Mix*）中提出了福利多元组合理论，他认为福利的来源主要是家庭、市场和国家，它们共同组成福利整体，三者成为一个社会的福利多元组合。罗斯的这一理论因为强调国家以外其他社会部门在福利供给中的作用而受到重视。约翰逊丰富了福利多元主义理论，他把社会福利部门分为国家部门、商业部门、志愿部门和非正规部门。

---

① 〔英〕安东尼·吉登斯：《第三条道路——社会民主主义的复兴》，郑戈译，北京大学出版社、生活·读书·新知三联书店，2000，第117页。

约翰逊在《福利的混合经济：一种比较的视角》(Mixed Economies of Welfare: A Comparative Perspective)中指出，社会福利多元部门中国家的作用是有限的，尤其是欧洲福利国家在面临人口老龄化、失业等社会问题时，政府显得力不从心，因此需要社会其他部门发挥作用，承担福利责任，使福利产品来源多元化，这是解决福利国家危机的出路之一。他主张减小国家在社会福利提供方面的作用，重视社会其他部门在福利提供方面的作用，使福利国家向福利社会转型。因此，约翰逊也将自己的理论称为混合福利经济理论。

（3）社会权利与社会责任理论。公民身份是现代社会的重要议题，因为它代表公民个人应得的权利。公民身份是国家与其公民所签署的契约，公民身份之所以重要即在于公民与国家所订的契约是可以付诸实践的。最新的社会权利和社会责任理论强调了公民身份与公民社会责任的对应关系，于是产生了一种基于社会权利实践背景发生重大转变的"积极公民"身份的论述，具体表现为社会权利的责任、工作及行为。实践社会权利的福利国家制度安排已经不能使经济持续增长，面对经济全球化、人口老龄化及家庭能力弱化的内忧外患，国家提供公民社会权利的能力受到限制，所以无条件的社会权利受到削减。当前社会权利的实践取向是向有条件及工作取向的方向发展，从而走向再商品化。因此，这就使得社会边缘化的弱势群体丧失社会权利的概率增大。

（4）福利体制理论。福利国家这一术语是在二战以后出现的，大多数学者也以福利支出的水平来界定福利国家。但是，瑟伯恩则认为应该从国家结构的概念来分析福利国家。考斯塔·艾斯平-安德森支持瑟伯恩的观点，他在《福利资本主义的三个世界》一书中指出，用以判断一个国家是不是以及何时是一个福利国家的标准有三个取向：第一个取向是看是否服务所有家庭的福利需要；第二个取向是来自蒂特马斯，他将福利国家分为残补型和制度型；第三个取向是从理论上选择出标准，借由实际测量福利国家与某个抽象的模型比较，以此来判断福利国家。考斯塔·艾斯平-安德森发展了蒂特马斯的分类方法，把福利国家体制分为自由主义福利体制、保守主义福利体制、社会民主主义福利体制。三种福利体制的分类具有学术上的开拓意义，在考斯塔·艾斯平-安德森的三分法之后，几乎所有的理论争议都是在他的这一框架之下进行的。

（5）新马克思主义的福利国家理论。新马克思主义是分析福利国家的一个非常重要的理论，高夫在《福利国家的政治经济学》（*The Political Economy of the Welfare State*）中指出，资本主义的内在矛盾促成了福利国家的发展，而福利国家的危机也是资本主义内在矛盾的体现。他用马克思主义阶级、阶级矛盾、资本主义的生产方式等概念，以批判的精神指出，资本主义国家内在的资本与劳工阶级的矛盾促使福利国家产生和发展。社会开支虽然减缓了资本主义的资本积累，但是也维护了资本的再生产，社会工资是社会开支回流到资本主义生产和流通过程中的形式。

（6）社会福利与制度主义理论。制度主义的社会福利理论从马歇尔的公民权理论中获得合法性，从蒂特马斯的集体利他主义中获得合理性，从实用主义和中间道路的结合中获得现实性，进而在社会福利理论中取得重要地位。米吉利在《社会政策的制度方法》（*The Institutional Approach in Social Policy*）中指出，社会政策中的制度主义最基本的一点是社会福利通过国家机制可以被最大限度地加强。制度主义者认为应通过一系列法定干预以达到满足社会需要的目标。福利制度建立的本质是用一种社会认可的制度安排方式去满足社会成员的需要。

（二）国内研究现状

我国对于福利国家制度研究起步比较晚，20世纪80年代以后，我国的福利理论研究才进入一个发展比较快的阶段。我国学者对社会福利理论的研究最初集中在对国外学者著作的翻译和国外福利制度的比较研究上，后来才开始着眼于对国内福利制度建构的研究。

1. 关于福利制度理论发展历史的研究

国内学者对于福利理论的研究起步较晚，最初的研究也只是按照西方学者的路径对西方社会福利理论进行研究，其主要内容都集中在福利国家危机之前的理论。其中比较有代表性的有：钱宁主编的《现代社会福利思想》，陈红霞的《社会福利思想》，丁建定的《社会福利思想》，张剑与赵宝爱合著的《社会福利思想》，林闽钢的《现代西方社会福利思想——流派与名家》。这些学者以西方主要社会思想理论流派的发展演变为主线、以主要思想理论流派的经典著作为基本参考文献来阐述社会福利思想的发展变化，以期能够掌握当代世界各国社会福利发展和改革的动向。还有一些学者从中国福利制度构建角度出发进行福利制度的研究，如：景天魁的《当代中国社会福利思想与制度：从小福利迈向大福利》，刘敏的《适度普惠型社会福利制度》以及论文集《新时期中国社会福利制度转型理论探索获奖论文集》。

2. 关于福利制度理论的比较研究

我国学者对于社会福利理论研究的另一个重要路径，即通过对个别国家福利制度的研究或者对几个国家福利制度的比较研究，得出重要的经验，以期对我国的福利制度的发展改革提供指导和借鉴。如孙洁的《英国的政党政治与福利制度》、陈晓律的《英国福利制度的由来与发展》主要从史学的角度对英国福利制度进行考察；孙炳耀主编的《当代英国瑞典社会保障制度》和丁建定的《英国社会保障制度的发展》这两本书从社会学角度进行研究，重点对制度结构进行分析。1986年出版的《西欧社会保障制度》中有两篇是关于英国福利国家的研究：一篇是冉隆勃的《英国福利国家的由来、发展与面临的问题》，文中对英国福利国家的形成过程进行了简要的回顾，并着重分析了英国福利国家70年代以来所面临的困境；另一篇是于维儒的《英国政府对福利制度的调整与改革》，着重探讨了70年代撒切尔夫人执政以来英国保守党对福利制度的调整和改革。

2000年以后国内学者对福利国家危机的研究更加深入。如顾俊礼的《福利国家论析——以欧洲为背景的比较研究》一书对欧洲的福利国家社会保障制度进行了宏观的比较，并且探讨了在经济全球化背景下福利国家的危机和发展，最后对英、法、德等国的社会保障制度进行了介绍。周弘的《福利国家向何处去》一书对福利国家的由来和福利国家的理论进行了深入的分析，并且探讨了"福利国家的模式能否全球化"。彭华民等著的《西方社会福利理论前沿：论国家、社会、体制与政策》一书将多个西方社会福利前沿理论一一列举，讨论社会福利发展模式及其理论，使中国社会福利研究能够站在一个互相借鉴推动的起点上，对中国社会福利的发展提供理论支持。由芬兰学者保利·基杜伦、挪威学者斯坦恩·库恩勒、中国学者任远合著的《重塑中国和北欧国家的福利制度》一书运用比较方法对北欧国家和中国的一些社会福利问题开展了研究。

（三）国内外研究现状评析

1. 国内外福利国家制度理论研究的主要对象

国内外关于福利国家制度思想的研究始终是围绕人类需要什么样的福利和如何满足人们的福利需求的问题展开讨论的。对这些问题的不同回答，产生了不同的社会福利思想。经过梳理，不同的社会福利思想可以概括为以下几对基本的关系。

（1）权利与义务的关系。讨论社会福利的政治道德属性，以公民权利为核心，把社会福利当作实现公民权利的重要手段，希望通过社会福利来缩小贫富差距、维护社会的平等与正义。

（2）公平与效率的关系。这里涉及的是公平与效率谁更优先的问题，探讨社会福利的必要性问题，以及社会福利应该怎样才能起到维护社会平等和正义的作用。

（3）手段与工具之争。社会福利是作为促进人的发展与自由的手段，还是作为缓解资本主义社会矛盾的工具，这是一个蕴藏在社会政策和福利制度之后的深层次问题。

2. 国内外福利国家制度理论的局限性

（1）理论研究缺乏系统性。通过梳理福利制度理论可以发现，国内外学者对于福利问题的论述大多散见于一些哲学、政治学、经济学、管理学、社会学的著作之中，并没有专门的学术派别或专著对福利理论进行系统、全面的梳理。相比于社会理论其他体系的研究，福利理论的研究相对薄弱，缺乏系统性。

（2）福利提供主体研究具有片面性。在福利提供主体研究方面，国内外学者一直把国家或社会满足人的需要或者保护公民的福利放在了优先位置，认为这样可以保证以人为本目标的实现。但是，事实证明这种理解是非常片面的，它并没有把人作为社会福利的主体来认识公民权利的福利观，而仅仅是从消极的角度去看待福利制度的构建与实施，造成了长期以来对于福利提供主体研究的片面化和表面化。这就导致在社会福利实践过程中，把社会福利的责任看作国家和社会的责任，不仅给政府带来了沉重的财政负担，导致福利国家的危机，而且使一些人产生"福利依赖"，使一些人产生等待"免费午餐"的意识，降低了个人的工作动机，产生了一些专靠福利救助为生的体健者，使福利国家制度成了一种"养懒汉"的制度，直接导致了福利制度的异化。

3. 国内外福利国家制度理论的发展趋势

随着福利国家制度的改革，社会福利思想也发生了重要的变化，单纯强调以公民权利为核心的福利思想逐渐被各种强调个人应承担更多福利责任的思想所替代，社会福利思想进入了多元化发展的时代。社会福利思想多元化使得各种福利价值观展开了激烈的争论，如重视市场作用的新自由主义，主张发挥家庭和社区作用的新保守主义，以及试图调和自由主义和社会民主主义、主张混合福利的"第三条道路"新社会民主主义。这些理论是按照自己所信奉的意识形态和价值观来诠释社会福利问题的。这种激烈的争论对推动社会福利思想的发展和福利国家制度的改革起到了重要的作用。

三 研究难点与创新

（一）研究难点

从管理哲学的视角对欧洲福利国家制度变迁的机理进行分析，难点在于文章的写作过程需要做到既在管理哲学视域下进行，又不脱离福利制度本身，这就需要充分融合管理哲学和福利制度理论，全面严谨地运用管理哲学的理论来分析欧洲福利国家制度变迁机理，在论域清晰的前提下，提高欧洲福利国家制度变迁机理分析的理论高度和深度。

西方学者对欧洲福利国家制度的研究可以说是卷帙浩繁，这就为本书研究欧洲福利国家制度提供了丰富的思想资源，但是关于欧洲福利国家制度的研究材料往往散见于西方政治哲学、经济学、管理哲学的典籍和专著之中，一些比较前沿的期刊文献又都是外文文献，因此，收集、整理和归纳相关的书籍、文献资料工作量较大，需要大量的时间和精力来开展翻译和研究工作。

研究欧洲福利国家制度变迁机理的最终目的是为中国社会保障制度提供理论借鉴。但是欧洲国家与中国社会背景、历史发展阶段均存在较大差异，因此在研究中需要进行理性思考和权衡，扬弃欧洲福利国家制度改革经验。

（二）研究创新

1. 研究视角的创新

（1）宏观层面，从管理哲学的角度研究欧洲福利国家制度变迁的机理，试图在管理哲学与欧洲福利制度的研究之间寻求一个结合点，这是一种跨学科的尝试，这种研究方法有利于提高福利制度研究的理论性，有利于总结出普遍规律，对我国社会保障制度的构建有所裨益。

（2）微观层面，从人的需求和社会发展的价值追求角度研究福利国家制度改革发展的动因。本书认为社会对人的需求的满足和社会对于福利的需求共同推动了福利国家制度的变革。

2. 研究内容的创新

（1）本书研究了欧洲福利国家制度变迁的价值选择，认为对正义价值的追求贯穿欧洲福利国家制度发展的始终，自由和平等、公平和效率等价值转换共同推动了欧洲福利国家制度的变革。

（2）本书从伦理视角审视欧洲福利国家制度的变迁，认为欧洲福利国家制度变迁凸显了政府在选择自由和选择保障方面的两难境界。公民自身权利与义务的失衡，蕴含着福利集体主义的道德原则，潜藏着利他主义和复合集体主义的本质。

（3）本书从制度的角度考量欧洲福利国家制度的变迁，发现欧洲福利制度从剩余型福利制度向制度型福利制度演进，从普遍性福利制度向选择性福利制度转变。欧洲福利制度模式从最初的国家福利制度模式转变为改革后的福利制度模式,再发展为现在所倡导的混合福利制度模式。

3. 研究方法的创新

任何科学都要用一定的思维形式来把握和表现自己的研究对象,其研究成果的标志就是使事物的本质、规律表现为一系列的范畴、概念、判断,并按一定的逻辑联系把这些范畴、概念组织起来。也就是说,只有这些概念、范畴和命题间的有机联系得到了深入的说明和论证,才算是具备了理论的形态。对于福利国家制度的研究上升到理论形态,同样在于超越单纯外部现象和事件的描摹。本书运用历时态的逻辑学思路,通过揭示欧洲福利国家制度变迁的机理,展现其发展的基本线索,达到对欧洲福利国家制度发展变迁本质和规律的深刻把握。

第一章　欧洲福利国家制度的基本问题

　　本章的主要任务是对本书所涉的核心概念加以界定。从本书论题来看，本书的核心概念是"福利"、"福利国家"以及"福利国家制度"，需要厘清的是"欧洲福利国家制度"与"欧洲国家的福利制度"、欧洲福利国家制度的共性与个性等。因此，本章从哲学的视角，清晰地界定本书所涉的每一个重要概念，为进一步研究欧洲福利国家制度奠定基础。

第一章
欧洲福利国家制度的基本问题

探求现象背后的本质是哲学研究的基本要求,本书尝试以管理哲学的视角审视欧洲福利国家制度变迁问题。开展研究前必先对欧洲福利国家制度的基本问题加以了解与考察,这些基本问题包括欧洲福利国家制度的基础概念界定、欧洲福利国家制度的共性与个性界分等,"任何经验性知识都在某种意义上和某种程度上是由概念形成的,……对事实的描述包含一个按这种意义来理解的概念系统"[①]。因此,本章的主要目的是对全书所涉的核心概念予以厘清和界定,并对欧洲福利国家制度的类型加以区分和梳理,以更加清晰和准确地讨论问题。

第一节 基础概念的界定

进行社会科学研究的首要条件是概念的厘清,"相对于主要的社会理论而言,对概念性问题的解答是中立的(仅有少数例外和限制)。为了恰当地解决这些问题,必须考虑到我们使用某些词语时,它们在通常情况下所指的是什么意思,而且,如果我们想要进行有效的沟通,避免悖谬,达到普遍的一致,那么,这些词语的含义要正好是我们所表达的意思"[②]。因此,对于概念的准确厘清与界定是本书的前提与基础。从整体框架来看,本书研究的核心概念是"福利"、"福利国家"和"福利国家制度",我们将对它们进行系统的厘清。

一 "福利"的内涵界定及其哲学审视

福利是社会科学研究中富有争议的概念之一。既然我们把欧洲福利国家

[①] 〔美〕T. 帕森斯:《社会行动的结构》,张明德等译,译林出版社,2003,第21~23页。
[②] 〔美〕乔尔·范伯格:《自由、权利和社会正义:现代社会哲学》,王守昌译,贵州人民出版社,1998,第4页。

制度作为研究对象，福利作为一个基本概念就必须具有明晰的界定。从一般意义上讲，福利是与人的幸福相关的概念。"福利一词在欧洲来源于古诺尔斯语'Velferd'（fare-well）和德语'Wohlfahrt'（well-being），而在汉语里'oruzhi'翻译为幸福（happiness），由上天或仁爱的统治者施与。"[①] 韦伯斯特在新世界大学词典中，将福利定义为"一种健康、幸福和舒适的良好状态"；19世纪的功利主义将福利定义为"最大多数人的最大快乐"，福利经济学派代表庇古则认为福利即效用，可以用货币边际效用的大小来衡量福利的大小；平等主义者将福利定义为"共同的善"，认为福利是集体资源的一种补偿形式，坚持平等取向的福利观念，看重国家在促进平等方面的作用；自由主义者将福利定义为个人权利中的一部分，认为福利的最终目的以个人的利益、欲望、目的或需要为基础。

可以看出，将有关福利内涵的解释置于当时的历史环境下，都有其历史合理性，但之所以关于福利的界定和使用存在较多争议，是因为"在当代政治和社会思想中，福利概念或许正在经受最彻底的检讨：一种来自各种意识形态说辞的智识拷问。这种考察的原因既是当下的，又是长远的。当下原因是目前人们对福利哲学的一种特殊应用——'福利国家'感到不满意，而更富永久性的争论源泉是福利理念相对于正义、平等、自由和权利等其他评价性观念的合适位置和道德位阶"[②]。可以看出，福利的争论来源于福利概念的两个层面。从狭义层面来看，福利卷入福利国家的争论之中，福利是指"特定国家或地区主要由政府、非营利组织和其他非国家部门为解决社会问题、满足公民生活需要和改善公民生活质量而提供的一切物质、服务和活动"[③]。而从一般或广义的层面来看，国外学界常常把"偏好的满足等同于福利"，福利与自由、平等、正义等核心价值的分析及解释息息相关，这

[①] 阿提拉·马扬等：《社会政策："欧洲模式"适合中国吗?》，《华东师范大学学报》（哲学社会科学版）2016年第5期。

[②] 〔英〕诺曼·巴里：《福利》，储建国译，吉林人民出版社，2005，第1页。

[③] 熊跃根：《如何从比较的视野来认识社会福利与福利体制》，《社会保障研究》2008年第1期。

使得福利概念充满了争论和冲突。本书尝试从哲学的角度对福利进行定义，即福利是国家或社会对于个人需要的满足程度和提供方式的总和。从哲学的视角来看，福利包括以下几个基本含义。

首先，福利的核心是个体需要与满足之间的关系问题。在当代，随着福利与权利、自由、平等等政治哲学核心概念日益密切，福利成为道德意义和价值判断层面的普遍问题。尤其是在福利国家诞生以后，福利不仅关乎人们的日常生活保障和社会政策的取舍，而且与个人的权利紧密相连，并对国家意识形态和政治生活产生重大影响。但去除福利的意识形态色彩后，福利的核心问题是国家或社会对于个人需要的满足程度和提供方式。对于个体而言，需要与满足的矛盾是长期的且不断变化的，个体的实践活动是在"需要—满足—新的需要—新的满足"的过程中不断向前发展的。因此，个体的偏好和需要是否能够得到外界的满足成为福利这一概念的核心问题。个体权利包括"基于私人产权之要求（claim）的'需要（need）'和'应得（desert）'"[①]，如何满足、谁来满足则成为福利概念中最大的争议，譬如个人主义与集体主义有关福利的争论，"一边坚持认为，唯一的福利改进来自市场中的个人交易，或来自一种公共选择机制，它能够产生个人所欲求的而市场无法供给的产品（公共产品）。另一边则在集体意义上来解释福利，认为存在一些社会价值，它们的增进应该独立于个人选择"[②]。可以看出，福利问题的核心是如何处理个体需要与满足之间的关系，价值判断的不同，必然导致个体对福利内涵的理解不尽相同。福利水平的高低正是受个体需要被满足的满意程度或幸福指数所限，"福利是一个充满了理想冲动和平衡现实社会各种需要、动机、冲突的领域，道德追求和理性的选择在这个领域高度地融合"[③]。

其次，福利是一种个体主观价值判断。"福利是一个价值概念，它包含

[①] 〔英〕诺曼·巴里：《福利》，储建国译，吉林人民出版社，2005，第3页。
[②] 〔英〕诺曼·巴里：《福利》，储建国译，吉林人民出版社，2005，第11页。
[③] 钱宁：《社会正义、公民权利和集体主义——论社会福利的政治与道德基础》，社会科学文献出版社，2007，第5页。

有一种欲求的目的，对这一目的的规定需要做出价值判断。"① 从价值哲学的视角来看，价值判断是指某一特定的主体对特定的客体有无价值、有什么价值、有多大价值的判断，可以理解为个人对某种社会现象或问题做出"好与坏"或"应该与否"的判断。从价值哲学的视角来看，由于个体生活在复杂的历史社会环境之中，福利反映着一定时代个体所面临的社会关系和利益分配方式，正是因为个体的感受不同，"福利概念与人的价值（存在）必然的联系，……而在这个领域，基本价值观的对立使我们不得不对自己的价值立场做出选择。这样福利的研究就不断成为人们进行价值观和意识形态较量的场所"②。可以看出，福利是个体对于需要与满足、权利与责任关系的价值判断，是否存在福利、福利程度的高低均与个体的主观价值判断紧密相关。因此，"福利是一个充满了价值判断的领域。在这个领域里，福利思想家们针对社会福利所涉及的政治和道德问题展开激烈的哲学争论，为社会福利的不断发展提供思想动力"③。

最后，福利是一个历史范畴。人们对于福利的认识是一个历史的过程，早期的福利受宗教思想的影响，始终与慈善、扶弱、济贫等道德利他主义息息相关。在资本主义发展初期，福利亦仅仅作为补救性措施以消除劳资关系紧张造成的社会不稳定。但随着资本主义社会的发展，福利成为以保障个人权利为目标的价值判断与价值追求，福利内涵的发展与国家或民族的经济政治发展密切相关，不同历史传统和思想政治传统下的社会对于福利的理解和要求大相径庭。因此，从福利概念的发展历程来看，福利概念是一个历史范畴，具有时代的印记，反映了一定时代人们的社会关系和交往方式所追求的目的和意义。福利不仅反映了个体需要与满足之间的关系，更重要的是反映了时代的历史合理性，在社会

---

① Anthony Forder, *Theories of Welfare* (England: St Edmundsburry Press, 1984), p. 15.
② 钱宁：《社会正义、公民权利和集体主义——论社会福利的政治与道德基础》，社会科学文献出版社，2007，第3页。
③ 钱宁：《社会正义、公民权利和集体主义——论社会福利的政治与道德基础》，社会科学文献出版社，2007，第1页。

第一章 欧洲福利国家制度的基本问题

发展的高度形成了一种对于需要和满足之间的反思，在需要和满足之间形成了一种必要的张力。

二 "福利国家"的内涵及其规定性

1941年英国主教威廉·坦普尔用"战争国家"一词称呼法西斯德国，用"福利国家"来称呼与之对立的西方民主国家。他在《基督教与社会次序》一书中提出了社会改良的思想，认为需要一个集权的政府在其职能范围内为公民提供福利，这里他突出了国家在福利供给过程中所起到的作用。虽然"福利国家"最早被用来描述德国俾斯麦政府的"国家社会主义"政策，但是"福利国家"一词未被赋予特定的内涵。随着当代西方社会历史的变迁和发展，二战后福利国家概念在西方政治思潮和政治发展进程中处于主导地位，成为20世纪西方最为时髦的政治词汇之一。《牛津政治学大辞典》把福利国家定义为一种国家形态，在这种国家形态下，政府通过实施一整套广泛的社会福利制度和政策，强化政府在福利供给中的主要责任。在"混合经济"的影响下，国家关注社会福利，对社会经济生活进行全面干预，以解决社会中存在的失业、收入分配差距过大以及贫困等社会问题，最后达到缓和经济矛盾、为公民提供全面而有效的保障、保证社会秩序和经济生活正常运行的目标。

"欧洲意义上的福利国家在历史上是一个跨国现象，……它的主要功能是对资本主义工业化、城市化和人口冲击等问题做出一个回应。"[1] 可以看出，"作为一个专门术语，福利国家充满了歧义和争论，迄今为止，就其变化的内涵，学者和研究者们尚未达成共识。作为一种社会事实，尽管福利国家的历史源头很久远，但福利国家从第二次世界大战后建立，发展到今天也只有80年左右。作为从欧洲诞生、发展起来的一种国家制度，福利国家已

---

[1] 阿提拉·马扬等：《社会政策："欧洲模式"适合中国吗？》，《华东师范大学学报》（哲学社会科学版）2016年第5期。

经延伸到其他地区,其形态各异,但基本的内容却大抵相似"[1]。从本书的研究目的和所尝试解决的问题来看,本书所涉"福利国家"是指国家通过立法、行政、司法等一系列政策制度体系,以维护阶级利益为目标,向社会及民众提供高水平的福利保障、大范围的福利受益群体、全面化的福利政策体系的国家形态。从福利国家的内涵来看,福利国家的典型特征包括以下几点。

1. 福利国家是一种国家形态

"福利国家是一种国家形态,这种国家形态突出地强化了现代国家的社会功能,所以它是一个政治学的概念。"[2] 可以看出,福利国家与福利制度的概念不同,福利制度是国家或政府在立法或政策范围内为所有对象普遍提供的在一定生活水平上尽可能提高生活质量的资金和服务的社会保障制度。福利制度最早可以追溯到伊丽莎白时期的《济贫法》,福利制度长期存在于西方社会历史发展阶段,虽然其表现形式不同,出发点也不一样,但福利制度的历史存在早于福利国家。而福利国家的实质是一种国家形态,现代主权国家的存在是福利国家得以成立的前提,福利国家具备国家的本质特征和基本职能,虽然"福利国家的用法中常包含着隐含的或未明言的假定,不论如何努力都难以澄清,这些假定有时甚至似乎是不相容的"[3],但无论从其发展的历史进程,还是从其国内外学者的普遍共识来看,"福利国家所表述的真正概念是一种国家形态……如果我们想要研究福利国家的前途,就要从这种国家政治形态的发展变迁来讨论问题"[4]。

2. 福利国家突出地强化了现代主权国家的社会功能

"福利国家是工业化时代主权国家社会功能的具体体现,它突出地强化了现代主权国家的社会功能。主权国家机器对于社会的干预受制于三个决定

---

[1] 熊跃根:《如何从比较的视野来认识社会福利与福利体制》,《社会保障研究》2008年第1期。
[2] 周弘:《福利国家向何处去》,《中国社会科学》2001年第3期。
[3] John Brown, *The British Welfare State* (Oxford: Blackwell, 1995), p.1.
[4] 周弘:《福利国家向何处去》,社会科学文献出版社,2006,第2页。

性的因素。一个因素是国家合法性的构成,一个因素是国家对于工业社会需求的认识和承诺,还有一个因素是国家在工业化时代调动财源的能力。在工业化时代,这三个因素几乎是同时发展,共同成为福利国家发展的主要原因。"① 在市场经济社会中,人们要面对一定的外部社会风险,这就为福利国家的建立提供了现实依据,从而使其获得社会不同阶层的广泛认同。国家和公民之间达成共识需要实施福利国家制度,确保公民之间、代与代之间团结互助,使人们在付出比较低的社会代价的同时,享受到最大的保障。"福利国家的主要目标不仅是为因遭受个人生命阶段的偶然变故和市场剥夺导致的贫困与不足进行的补偿,同时也是对社会关系进行的一种重组,福利可以对公民进行新的社会分工。因此,福利国家既有均等化的效果,也形成新的社会分层。"②

3. 福利国家建立的基础是公民权利

福利国家建立的基础是公民权利论赋予公民完整的社会权利,即公民享有国家福利待遇的资格。吉登斯指出,"福利国家的发展是公民权长期演进过程中所达到的最高峰"③。公民权利是在一个社会或民族国家中,公民身份使个人有资格要求社会或国家对其承担责任,使其能够享用各种社会进步带来的好处。④ 因此,公民权利是对个人成员资格的认可,个人在社会中对其他成员也同样负有责任。而公民享有社会福利政策的基础就源于公民的资格,而不是公民在市场竞争中的能力,这就使福利政策带有非商品化性质。福利国家的建立是为了修正市场运行对公民权利的侵害,使公民的社会权利免受市场竞争带来的不公平影响,从而降低经济风险给公民生活带来的伤害,保障公民充分就业的权利。福利国家通过最低收入保障缓解

---

① 周弘:《福利国家向何处去》,《中国社会科学》2001年第3期。
② 熊跃根:《如何从比较的视野来认识社会福利与福利体制》,《社会保障研究》2008年第1期。
③ 〔英〕安东尼·吉登斯:《第三条道路——社会民主主义的复兴》,邓戈译,北京大学出版社、生活·读书·新知三联书店,2000,第122页。
④ 钱宁:《从人道主义到公民权利——现代社会福利政治道德观念的历史演变》,《社会学研究》2004年第1期。

社会中存在的贫困现象，提高公民的生活水平，促进公民享受教育、文化的机会平等。

4. 福利国家主张政府干预

福利国家通过政府对社会和市场的全面干预来缓解私有制社会市场经济所带来的负面效应，政府通过税收将国家的经济资源进行整合，并在一定的社会范围内进行收入再分配，对社会资源重新整合，以福利开支的形式把一大部分资源用于中低收入群体，以此来缩小一次分配所带来的社会收入差距，进而达到促进社会公平的目的。米什拉指出，"福利国家把政府防止和减少贫困以及为所有公民维持充足的最低生活水平的作用制度化了"①。在福利国家中，政府在福利供给中担负主要责任，福利支出占国家财政支出的比重较大。"福利国家是一个带有价值倾向的概念。福利国家，就是以实现福利这一价值为目标的国家。"② 福利支出成为公民抵御贫困以及经济风险的必要保障。诚如国内学者所言，福利国家是指"那些有意识地运用政治权利和组织管理的力量，在分配领域为主的某些领域，减缓市场机制的作用力度，矫正市场机制优胜劣汰的缺陷，为所有社会成员提供最基本物质生活的国家"③。

三 "福利制度"与"福利国家制度"的内涵界定

福利制度与福利国家制度在西方学术研究体系中存在一定的争议，二者存在明显的差异性和共性，本书有必要对二者进行厘清。

（一）福利制度的内涵界定

在西方学术研究体系中，学者对福利制度概念界定一直存在争议，本书所涉福利制度是指一切改善社会公民物质生活和精神生活的政策体系总和，其内涵主要包括以下几个方面。

首先，福利制度作为一种制度化安排，涉及各方参与主体的权利、义务

---

① 〔加〕R. 米什拉：《资本主义社会的福利国家》，郑秉文译，法律出版社，2003，第22页。
② 〔日〕武川正吾：《福利国家的社会学》，李连花等译，商务印书馆，2011，第1页。
③ 和春雷主编《社会保障制度的国际比较》，法律出版社，2001，第65页。

与利益，需要通过明确的规范对各方主体行为加以约束。作为一种社会稳定机制和利益调整机制，福利制度需要具有国家强制力的法律规范支持。只有得到明确、有力的法律支持，福利制度才可以正常、健康运转。依法确立、强制实施、规范运行是福利制度化的必要特征。[1]

其次，政府是福利制度的主要责任主体。福利制度是由国家和政府主导的国民收入再分配，是由政府直接实施或通过相应政策引导实施的保障措施。政府的主体地位通过推动立法、提供财政支持和政策引导规范体现出来，社区、企业、家庭和个人等社会组成部分在政府的规范和引导下各担其责、各得其所。

再次，福利制度的目标是满足人的需求和促进社会的平等。需求是人生活和发展的动力，不同的人和不同的群体有不同的需求，社会福利企图使社会中每个人都能增强社会性功能的运作，使社会中每个人的社会、经济、健康与休闲需求都能得到满足，[2] 这是福利制度从个人需求满足的角度设置的目标。福利制度是给社会成员提供基本生活保障的社会制度，它的"福利特征"决定了其必然具有一个与社会发展相一致的目标。[3]

最后，福利制度的实施和落实即实现人的福利权，并借此促进人其他权利实现的过程。例如，社会救助制度的实施即困难群体生存权保障的实现，只有在免除生存危机的条件下，才谈得上追求其他权益或者更好地实现其他权益。[4]

（二）福利国家制度的内涵界定

前文已经明晰了福利国家、福利制度的内涵及特征，本书的核心概念为"福利国家制度"，福利国家制度并非词源"福利国家"与"制度"的简单加总或组合。从制度哲学的角度来看，制度"就是这样一些具有规范意味

---

[1] 谢琼：《福利、福利制度与福利权》，《中国行政管理》2013年第4期。
[2] 〔美〕Charales Zastrow：《社会福利与社会工作》，张英陈等译，台北洪业文化事业有限公司，1998，第4页。
[3] 周沛：《社会福利体系研究》，中国劳动社会保障出版社，2007，第6页。
[4] 谢琼：《福利、福利制度与福利权》，《中国行政管理》2013年第4期。

的——实体的或非实体的——历史存在物,它作为人与人、人与社会之间的中介,调整着相互之间的关系,以一种强制性的方式影响着人与社会的发展"①。因此,如果不对制度加以定义和限制,"福利国家制度"则是涵盖"福利国家"这种国家形态下的所有法律、规则、体制的体系总和。很显然,这并非本书所研究的对象范围,哲学的基本要求即探求现象背后的本质,然而哲学的研究必先始于对现象的考察。因此,我们有必要对福利国家制度的边界加以厘清和确定,以使本书后续讨论更加清晰和准确。

福利国家泛指二战后西方资本主义国家建立起来的一种国家形态或国家体制,其典型特征包括高水平的福利保障、大范围的福利受益群体、全面化的福利政策体系等。福利国家形态下,西方政府设计并采用了多种政策和制度,以期完成福利国家的目标和任务,譬如英国学者阿·柯森盯指出:"福利国家的制度设计体现两方面的理念,一方面,国家可以将其权力用来调节资本主义市场经济,使之提供日益增多的经济盈利,并通过税收把这种盈利提取出来,再利用社会政策重新分配,以促进平等;另一方面,国家政策方向是要保证公民的自由和民主,并满足居民的各种需要和愿望。"② 而最具"福利国家"特色,或可使"福利国家"成其所是的制度体系,则是其赖以生存的一套完整的社会福利政策和制度体系,即国家对社会经济生活进行全面干预,以缓和阶级矛盾,保证社会和经济生活正常有序运行,最后达到维护垄断资本的利益和统治目的的一种国家治理方式。因此,本书所指的福利国家制度是指在"福利国家"形态下,由国家主导制定并实施的一系列福利制度的总和。其内涵应该包括以下两方面的内容。

1. 福利国家制度是由"福利国家"主导建立的福利制度总和

不同国家的福利制度存在较大程度的差异,其福利保障项目与具体政策也存在较大的差异。一方面,福利国家制度在范围上小于福利制度,几乎所有的国家,无论是资本主义还是社会主义国家都存在福利制度,福利制度所

---

① 辛鸣:《制度论——关于制度哲学的理论建构》,人民出版社,2005,第51页。
② 高鹏怀:《历史比较中的社会福利国家模式》,中国社会出版社,2004,第3页。

包含的范围也更广,而福利国家制度仅仅存在于"福利国家"之中。另一方面,从时间上看,福利制度的出现早于福利国家制度,英国《济贫法》的出现就标志着福利制度的诞生,而福利国家制度是自1945年英国建立福利国家时起才建立的,是欧洲国家普遍用来代替福利制度的一个政治概念。

2. 福利国家制度是一整套福利制度设计和制度安排

福利国家制度实质上是一种程度更高的福利制度,随着社会的发展变迁呈现一定的变化,划分为若干种类和模式。在这种福利制度框架下,国家建立了一整套的社会保障体制和社会福利政策,包括老年人福利、家庭津贴、残疾人福利、医疗保健福利、教育福利、住房福利等。福利国家制度建立的目的在于为社会及民众提供全面而有效的保障,解决失业、收入分配差距过大、贫困等社会问题,以缓和社会矛盾,保障社会秩序和经济生活的正常运行,具有覆盖普遍性、保障水平多层次性、保障内容广泛性、保障形式多样性等特点。

四 "社会保障制度"的内涵界定

由于中西方社会环境的不同,西方所指的福利制度内涵在我国官方语境下,通常以社会保障制度代替,二者均是以政府为主导的社会政策行为和制度安排,均是为了改善人的生活质量、提高社会成员的福利水平、满足人的需要的制度性安排,二者只是在不同社会文化处境下有所不同。又因本书最后一部分对我国的借鉴当中亦使用"社会保障制度"一词,因此,本书基于我国社会保障的实际情况,对社会保障制度一词加以界定。由于学科背景和认识视角的差异,学者在对社会保障制度概念的界定上存在较大分歧。香港学者莫泰基将社会保障制度界定为"政府设定的特定制度,通过对社会财富的运用,对公民给予基本的生活援助,以维持其基本生活稳定,确保社会的稳定"[①]。国内学者关信平将社会保障制度界定为"政府通过公共行动

---

① 郑功成:《社会保障学——理念、制度、实践与思辨》,商务印书馆,2003,第6页。

而向社会成员提供基本生活保障的政策体系"[1]。显然,从国内外学者对社会保障制度内涵的界定来看,要形成一个统一的大家都接受并认可的定义是非常困难的,为了使本书论述清晰,本书所指的社会保障制度是指国家通过立法而制定的社会保险、救助、补贴等一系列制度的总称。在我国,社会保障制度主要涉及社会保险、社会福利、优抚安置、社会救助和住房保障等领域,我国社会保障制度的基本特征是公平性、普遍性、法制性和互济性。

五 "欧洲福利国家制度"与"欧洲国家的福利制度"的界分

"欧洲福利国家制度"与"欧洲国家的福利制度"是相似却又存在本质区别的两个概念,对两者进行界分,有助于进一步把握"欧洲福利国家制度"的本质,为进一步研究工作奠定基础。

首先,从内涵来看,二者具有包含与被包含的关系。"欧洲福利国家制度"是指在欧洲地域范围内的"福利国家"形态下,由国家主导制定并实施的一系列社会福利制度体系的总和;而"欧洲国家的福利制度"是指欧洲地域范围内所有国家中所存在的社会福利制度,本质区别在于欧洲国家中只有部分国家可以被称为"福利国家"。因此"欧洲福利国家制度"从属于"欧洲国家的福利制度"(见图1-1)。

其次,从制度功能角度来看,二者具有交叉与重合的关系。"欧洲国家的福利制度"指的是在普遍意义上的国家形态中的福利制度,福利制度只是国家政治制度下众多社会政策体系中的一种,处于一般的地位,并不具有决定性作用。而"欧洲福利国家制度"指的是在"福利国家"形态下,由国家主导制定并实施的一系列社会福利制度体系的总和,在这种国家形态中福利制度在其政治经济领域中占据主导地位,起主导和支配作用。

最后,从福利水平来看,二者具有较大的差异。"欧洲福利国家制

---

[1] 关信平主编《社会政策概论》,高等教育出版社,2004,第16页。

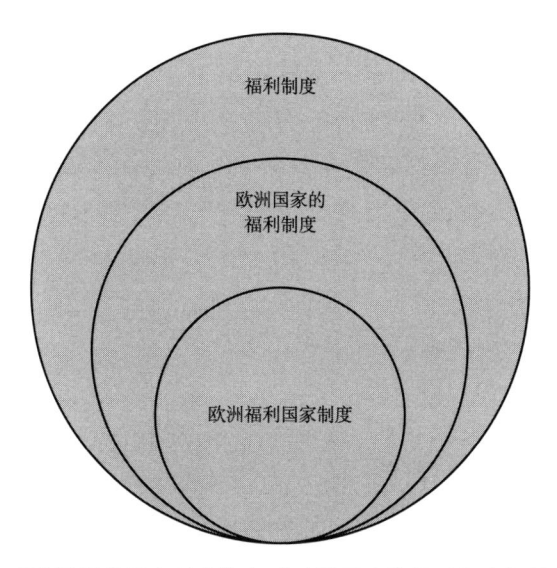

图 1-1 "欧洲福利国家制度"与"欧洲国家的福利制度"的从属关系

度"建立初期最典型的特征就是为社会全体公民提供普遍的、高水平的福利。虽然欧洲福利国家制度改革之后一些福利国家降低了其福利供给水平，但还是高于欧洲其他国家的福利供给平均水平。所以，从总体福利供给水平来看，"欧洲福利国家制度"福利供给水平高于"欧洲国家的福利制度"。

综上所述，并非所有的"欧洲国家的福利制度"都在本书的研究范围内，一些不具有福利国家典型特征的国家并不是本书的研究对象。本书所研究的"欧洲福利国家制度"包括二战后自由主义主导下的福利国家制度（如撒切尔政府改革之后的英国）、社会民主主义主导下的福利国家制度（如北欧各国）、保守主义主导下的福利国家制度（如德国、法国等）三类典型制度群体。

第二节 欧洲福利国家制度的共性与个性

任何事物都有共性与个性，"共性是指同类事物的共同属性或共同本质，个性是指每一个具体事物各自的特点。共性和个性的关系也是辩证的。……共性与个性是相互联系、相互依赖的。共性与个性是每一个具体事物同时具有的两个方面。任何事物都不可能只有共性而无个性。反之，任何事物也不可能只有个性而无共性。离开了共性，就无所谓个性，共性是相对于个性而言的。离开了个性，也无所谓共性，个性也是相对于共性而言的"[①]。从欧洲社会历史发展来看，欧洲福利国家制度是共性与个性的统一体，共性使得欧洲福利国家制度具有一般性特征，而在一般性特征的背后，欧洲福利国家制度内部之间亦存在差异。共性把同一类事物联系起来，而个性把各个具体的事物区别开来，因此不同类型的欧洲福利国家制度之间存在共性，同时又存在明显的差异。对不同类型的欧洲福利国家制度进行比较，不仅能够丰富福利国家制度国际比较的具体内容，而且更有利于发现不同福利国家制度的类型特色，从而对更好地研究欧洲福利国家制度具有重要现实意义。

一　欧洲福利国家制度的共性

欧洲福利国家制度是指在欧洲福利国家形态下，由国家主导制定并实施的一系列社会福利制度体系的总和。欧洲福利国家制度存在不同类型，即使在同一个国家的不同历史时期，其福利国家制度实践和发展亦有较大不同，但如果我们将历史放大，从欧洲社会历史的变迁过程来看，欧洲福利国家制度在基本特征或内容方面还是存在诸多一致性，亦可称之为共性。换言之，欧洲福利国家制度的共性代表是某些内在的基本原则和政策框架，这些原则、框架的出发点是维护资产阶级的根本利益，推动资本主义经济发展。我们有必要归纳和总结欧洲福利国家制度的共性，从总体和宏观上把握其本质特征，以便于我们从动态和发展的视角去看待欧洲福利国家制度的变迁。国外学者萨缪尔森曾对欧洲福利国家制度进行了高度的

[①] 王景玉：《一般与个别、共性与个性、矛盾的普遍性与特殊性不是完全等同的三对范畴》，《齐鲁学刊》1986年第2期。

第一章 欧洲福利国家制度的基本问题

概括，即"建立了'混合经济'，实现了'充分就业'，推行'公平合理的财富和收入的分配'，以社会平等实现资本主义自我改良"①。在这一概括的基础上，本书进一步归纳出欧洲福利国家制度的共性特征。

1. 欧洲福利国家制度以混合经济为基础

凯恩斯认为挽救资本主义制度"唯一的切实办法"就是加强政府对经济的干预，"让国家的权威与私人的策动力互相合作"，并认为"混合经济"是挽救资本主义的唯一途径。所谓的"混合经济"，就是指在经济领域建立政府与市场主体同时发挥作用的双重经济与管理机制。通过国家干预推进社会公平，通过市场竞争促进效率提高，以维持经济和社会的稳定发展。这种"混合经济"模式奠定了福利国家政策的基础，同时保证了私人福利和社会福利的最大化，机制上具有极大的优越性。因此，凯恩斯将"混合经济"视为"挽救资本主义的唯一方法"，而萨缪尔森则直接把诞生于欧洲的"福利国家制度"等同于"混合经济"模式，认为"我们的目的是使不平衡存在，而不是使其消失。要使经济向前发展，发展政策的任务是保持紧张、不成比例和不平衡……这就是我们艰苦努力所要寻求的一种机制，它是有益于经济发展过程的无价之宝"②。

2. 欧洲福利国家制度以充分就业为目标

20世纪30年代的经济危机之后，失业问题成了资本主义最为严重的弊病和对个人福利水平最大的威胁。1944年，《贝弗里奇报告》指出，现在"已经到了需要同失业和其他社会灾害进行总体战争而不是有限战争的时候了"③。针对这一问题，凯恩斯提出了实现充分就业的目标。随着二战后欧洲经济的恢复和社会的稳定，推进充分就业政策实施逐渐被看作政府的首要责任。于是，充分就业成了欧洲福利国家制度的重要目标，因为

---

① 〔美〕保罗·萨缪尔森、威廉·诺德豪斯：《经济学》，萧琛译，人民邮电出版社，2008，第34页。
② 〔美〕艾伯特·赫希曼：《经济发展战略》，曹征海、潘照东译，经济科学出版社，1991，第59页。
③ 〔美〕阿尔文·哈维·汉森：《经济政策与充分就业》，徐宗士、朱继清译，上海人民出版社，1960，第2页。

高就业是实现福利国家"高税收"、"低支出"和"高福利"的保障。经济学家把"充分就业"和福利国家连在了一起,并把它作为判断福利国家的一个"明确的特征"①。凯恩斯认为,市场的自由竞争机制会促使"非自愿失业"的存在,只有政府干预,才能消除"非自愿失业"的存在,真正实现"充分就业"的目标。主要措施包括以下两点:在失业增加时,实行扩张性财政政策增加政府开支,降低利率,增加货币供应量,减少税收,扩大财政赤字,刺激投资和消费需求;在失业减少时,实行紧缩性财政政策,减少政府开支,提高利率,控制货币供应量,增加税收,缩小财政赤字,压缩投资和消费需求。由此可见,"充分就业"成了"福利国家"经济和社会政策的重要支柱。

3. 欧洲福利国家制度以社会平等为价值目标

欧洲福利国家制度建立在基本的西方价值基础之上,包括民主、法制、尊重人权、国家自决等。根据其自我认同,它的经济哲学与美国和亚洲模式相比"更具社会性":社会平等具有更重要的地位,而经济表现与社会团结、环境保护、公民福利等目标一样,居于次席。社会平等是福利国家基本的价值目标。西方经济学家认为,资本主义国家的另一个严重弊病就是财富和收入分配不公,国家需要实行"社会改革",使财富的分配更为公平,实现"公平分配"和"收入均等"。在西方学者看来,资本主义社会虽然是财富和收入分配不合理的社会,但只要实行这两项"社会改革",就能实现财富和收入"公平合理"的分配,进而实现人人富足的"福利国家"状态。

二 欧洲福利国家制度的个性

从欧洲社会历史发展来看,欧洲福利国家制度"最多只能是对现实制度的一种粗略(甚至略为抽象)的分类,由于文化和传统等因素,欧洲各国在社会保障制度等许多方面都存在相当大的差异,甚至在不同模式之间存

---

① 〔加〕R. 米什拉:《资本主义社会的福利国家》,郑秉文译,法律出版社,2003,第128页。

在交叉混合的局面"[①]。因此，在梳理欧洲福利国家制度之间的共性后，我们有必要对不同欧洲福利国家制度进行比较，寻找其中的差异性，这对欧洲福利国家制度的研究具有重要价值。由于历史文化传统、经济社会发展程度、具体制度形式的差异，欧洲孕育出了不同类型的福利国家制度。国内外学界关于欧洲福利国家制度的类型划分历来保有争议，根据不同的标准，可以将欧洲福利国家制度分为不同类型。但随着时间的推移，学界普遍认可艾斯平－安德森从非商品化的角度对欧洲福利国家制度的划分。因此，为使本书的研究线索更清晰，本书以艾斯平－安德森"非商品化程度"为基础，进而将欧洲福利国家制度划分成三种类型。

艾斯平－安德森认为欧洲福利国家制度的建立促使"非商品化"现象产生，公民不用完全依赖于市场便可维持最低生活需要。福利国家制度取代公民对市场依赖的程度，决定着"非商品化"程度的高低，福利国家制度取代市场依赖的程度越高，则"非商品化"程度越高；福利国家制度取代市场依赖的程度越低，则"非商品化"程度越低。艾斯平－安德森对欧洲18个国家的"非商品化"进行分析，依据"非商品化"程度的不同将欧洲福利国家制度区分为三种类型。

一是"自由主义福利国家制度"。该类型的主要表现为国家重视市场在提供福利项目中的重要作用，提倡用"有限的政府"来干预"市场失灵"。福利受益者主要是经过严格的家庭经济情况调查后的低收入群体，津贴的数额也不高，具有普遍性、低水平特点，典型国家如撒切尔改革之后的英国等。

二是"保守主义福利国家制度"。该类型的主要表现为国家随时准备取代市场成为福利提供者，历史上具有社团主义—国家主义的传承与特点，对市场或社会权利的角色都不太重视。该类型的特点是强调公民权利与阶级、地位相联系，再分配功能微弱，典型国家如法国和德国等。

[①] 沈汐：《从开放协调到经济治理：嬗变中的欧洲福利国家和社会政策一体化过程分析》，《社会保障研究》2017年第5期。

三是"社会民主主义福利国家制度"。该类型的主要表现为国家在福利提供中占绝对主导地位，所有阶层都被包括在全民保险体系内，根据相应收入划分津贴等级。该类型的特点是追求一种高水准的平等福利，而不是满足最低需要的平等，造就了一个"全民团结"的福利国家，代价是高税收。典型国家集中于北欧，如瑞典和芬兰等。

在此，我们对三种欧洲福利国家制度进行差异性分析。

首先，基于社会结构（社会分层）角度的差异性分析。欧洲福利国家制度的一个重要功能就是实现社会阶层预期的分层化结果以及重塑社会关系。欧洲福利国家制度作为资本主义矛盾的解决方案，被认为是制度选择的结果，因而常被认为是被动的。但是，从福利国家社会政策产出结果来看，它不仅是一种对失衡的社会结构进行干预和矫正的机制，同时也是规范社会关系的积极力量[1]，即欧洲福利国家通过实施福利国家制度主动地调整社会权利在社会阶层中的分配，从而实现社会阶层预期的分层化结果。在自由主义福利国家制度中，传统济贫方式以及基于家计调查的社会援助是构成其制度结构的基础，而这种结构最终会导致社会二元化。在保守主义福利国家制度中穷人靠国家、其他人靠市场，该福利制度为不同阶级和地位的社会群体制定了有差异的福利项目，每一项福利项目都带有独特的权利，显然这样的制度最终会把人们固定在原有的社会位置上，达到维持原有社会阶级和次序的目的。社会民主主义福利国家制度则通过实施一系列社会福利制度将社会各阶层都纳入统一的社会福利体系中，并且培育一种"超阶级"的全民纽带，从而实现社会团结。从社会分层的角度来看，不同类型的福利国家制度存在明显的差异。

其次，基于福利国家制度主体角度的差异性分析。欧洲福利国家制度主体涉及国家、雇主以及雇员。福利国家制度主体在其中所起到的不同作用造成了三种福利国家制度的差异。根据艾斯平-安德森的理论，福利国家制度的非商品化程度越高，意味着政府福利供给作用越大。自由主义福利国家制

---

[1] Esping Andersen, *Three Worlds of Welfare Capitalism* (Cambridge: Polity Press, 1990), p. 23.

度的非商品化程度最低，政府的福利供给作用也最弱，它倾向于鼓励公民在市场中通过私营部门获得福利供给。保守主义福利国家制度的非商品化程度适中，政府除了实行社会保险计划，更注重传统家庭的福利供给作用，鼓励公民从家庭获得福利供给。社会民主主义福利国家制度的非商品化程度最高，政府的福利供给作用也最强，它坚持政府主导的福利供给，实行与公民资格有关的普遍性福利供给原则，将全体社会公民纳入共同的福利国家制度框架，使社会高度团结。

最后，基于福利国家制度对象角度的差异性分析。分析欧洲不同福利国家制度类型，可以发现制度对象存在明显的差异。由于自由主义福利国家制度主要基于家计调查的社会福利供给，福利国家制度的主要对象是贫困阶级，中产阶级游离在制度的覆盖范围之外，更多地依赖市场的福利供给，他们是市场福利供给的主要受益者，并逐渐形成制度化发展的态势。自由主义福利国家制度这种选择性的福利供给模式导致穷人依赖于国家福利供给，中产阶级依赖于市场福利供给，随着人们需求的不断增加，那些更高层次的福利需求只有依赖于市场机制才能得到满足，市场逐渐成为公民的主要福利供给者，社会逐渐形成两极分化的趋势。在保守主义福利国家制度中，福利国家制度的对象主要是中产阶级，这种福利国家制度依据社会地位的划分来提供福利，维护既有阶级的分化状态，使中产阶级更加支持福利国家制度。社会民主主义福利国家制度依据普救主义原则，这种福利国家制度的对象是全体社会公民，国家通过慷慨的福利供给满足社会内不同阶级群众的各种需求，从而弱化了市场福利供给主体的地位。国家通过立法的形式将全体公民强行纳入国家的福利制度保障框架，实行均等的、定额的福利给付，客观上使工人阶级和中产阶级形成紧密的联系，提高了社会团结程度，并且使所有人都从国家统一的福利制度中获益。

总之，虽然不同的福利国家制度具有不同的福利制度特征，但是在经济社会化和私人资本主义共同作用下的混合经济中，福利国家制度的重要性在不同的国家基本达成了共识。不同类型的欧洲福利国家制度之间在存在共性的同时又存在明显的差异。对不同类型福利国家制度的比较，不仅能够丰富福利国家制度国际比较的具体内容，而且更有利于发现不同类型福利国家制度的特色，对更好地研究欧洲福利国家制度具有重要现实意义。

第二章　欧洲福利国家制度变迁的历史考察

　　本章通过对欧洲福利国家制度变迁的历史回顾，对欧洲各典型福利国家制度的发展演变进行了翔实的史料梳理，试图为探析欧洲福利国家制度变迁的规律奠定基础。欧洲福利国家制度的建立、发展、转型的过程，始终重复着发展—危机—发展—危机的怪圈。究其根本，欧洲福利国家的历次改革并没有触及福利国家制度问题的根源。民众对福利问题已经达成共识，那就是福利不可或缺。因此，欧洲福利国家政府福利改革的难点在于，如何能在不危及执政根基的基础上，对福利国家制度进行渐进式改革。实践证明，福利国家制度改革的出路不是彻底废除福利国家制度而是对其进行重塑，这已经成为各国改革的共识。欧洲福利国家制度的改革还须不断平衡"福利"、"效率"与"责任"的关系。

第二章
欧洲福利国家制度变迁的历史考察

德国著名历史哲学家卡尔·雅斯贝斯指出："人类应保持对整个世界上一切事件的审视、鸟瞰和扫描，以想象整体来领悟历史的统一。人类历史只有在统一的整体观指引下，通过在历史实践中的感受和自我反省，才能获得进步和飞跃。"[①] 关于欧洲福利国家制度变迁的研究也是如此。在西方现代社会发展的数百年间，随着政治理论和社会背景的转换，欧洲国家基于自身需要，有意识地对福利国家制度予以确立、改良、变革，在此过程中不断进行价值抉择。因此，"如果我们想要研究福利国家的前途，就要从这种国家政治形态的发展变迁中来讨论问题"[②]，在此，本章以西方社会的发展为背景，对欧洲福利国家制度变迁进行历史梳理，以从整体上把握福利国家制度发展的基本脉络。

第一节　二战后欧洲福利国家制度的建立与发展

欧洲福利国家制度的建立是西方社会发展的重要标志，是工业化、城市化和民主政治发展的产物。二战后，欧洲国家通过一系列立法活动使福利国家制度规范化、具体化，建立了从需求认定到服务实施的一整套制度体系，福利国家制度迅速发展。与以往制度形态相比，福利国家制度在价值取向、经济功能和社会功能等方面发生了巨大转变。

一　欧洲福利国家制度建立的历史背景

欧洲福利国家制度的建立并非悄然发生，而是有其深刻的社会背景和外在动因。通过梳理社会历史背景，探讨欧洲福利国家制度建立的社会渊源以

[①]〔德〕卡尔·雅斯贝斯：《历史的起源与目标》，魏楚雄等译，华夏出版社，1989，第7页。
[②] 周弘：《福利国家向何处去》，社会科学文献出版社，2006，第2页。

及发展动因,可以为我们找到"欧洲福利国家制度的构想何以成为现实"的答案。

(一)宗教慈善济贫的历史传统

欧洲国家受宗教思想的影响,自古就有慈善济贫的历史传统。《圣经》中多次强调要善待穷人,《旧约·箴言》里就有这样的描述:"你手若有行善的力量,不可推辞,就当向那应得的人施行;怜悯贫穷的,就是借给耶和华,他的善行,耶和华必偿还;周济贫穷的,不至缺乏;佯为不见的,必多受咒诅。"基督教的教义中还体现了给予、慈爱、爱人如已、公正与公平、善待穷人、尊重爱护人等慈善思想。基督教慈善思想的核心是给予,包含了给予物品、钱财,甚至拯救别人而付出自己的生命。因此,耶稣之死,是上帝的给予,而耶稣延续了这种给予:献出了自己的生命。在基督教教义中慈善是无条件的、不计回报的。因此,在官方的济贫法制度出现以前,基督教会是最早的慈善发起者。虽然政府也在一定程度上承担了对穷人的救济责任,但客观上来讲,基督教的慈善机构才是救助贫困人群的主要力量。这种宗教慈善传统在欧洲国家一直存在着,人们信奉上帝,同时又谨遵教义、乐善好施,对诸如穷人、乞丐、残疾人等一些需要帮助的弱势群体伸出援助之手。到了中世纪后期,随着欧洲经济社会的转型,贫困和流民问题逐渐影响欧洲社会的稳定和发展,民间慈善救济逐渐发展起来,其中由教会组织的慈善救济成为主要的救济方式,具体的执行机构就是修道院的施舍所,这种施舍所是欧洲最古老的慈善救济机构之一。在基督教慈善理念的促使下,欧洲许多国家政府完善了福利制度,关怀社会中的弱势群体,促进了慈善事业的发展。

(二)启蒙运动的思想渊源

18世纪是西方历史上的启蒙时代,思想启蒙和政治启蒙是这个时代最大的特点。一方面,思想启蒙体现在对封建思想的批判和对科学理想的倡导上,启蒙思想家把批判的矛头指向当时封建统治的精神支柱——天主教会和君权神授论。启蒙思想家把中世纪的封建专制统治比作漫漫长夜,呼吁用理性的阳光驱逐现实的黑暗,呼吁消灭专制、封建特权和等级制度,用政治民

第二章
欧洲福利国家制度变迁的历史考察

主、权利平等和个人自由取代之,倡导科学理性,以自然神论和无神论向宗教势力发动猛烈的"进攻"。启蒙思想家反对神权政治、宗教迷信,力图打破民众头上的精神枷锁,为新思想的传播创造条件。另一方面,在政治启蒙上,宗教势力和封建专制势力丧失了神圣光环和统治合法性,日渐衰落、消亡。新的自由、民主制度的曙光开始出现在欧陆的地平线上,许多新的思维和观念得到普及,"自由、民主、平等、博爱、人权"等观念在欧洲深入人心,其中对福利国家制度的建立影响最为深远的是启蒙思想家对于个人权利的追求。"在大多数启蒙思想家看来,生命权、自由权、财产权是不可转让的,也就是说,它们绝不会被失去或放弃,并且,政府的角色就是保护和保持这些权利,仍旧不清楚的事情是,为了得到一个好的政府,这些权利可以或不得不受到多大的限制。"[1] 另外,启蒙思想家认为人人都应该享有基本的公民权利,但行使这些权利应该基于"理性"的指导,"启蒙思想家认为,当由'理性'指导的时候,个人会表现得具有社会责任性,因为他们会把自我利益放在整体的社会善中来认识。如果没有'理性',个人将不能做出负责任的选择,必须受到其他人的监督"[2],这些都为福利国家制度的建立埋下了思想的种子。

(三)阶级斗争与战后重建的需要

影响欧洲福利国家制度建立的一个重要因素是政治因素。首先,阶级斗争的激化推动了欧洲福利国家制度的建立。19世纪中后期,欧洲资本主义国家先后进入了垄断资本主义阶段,资产阶级对于利润的极度追求致使工人遭受了更为严重的剥削,资产阶级与工人阶级之间的矛盾愈加激化。随着矛盾的加剧,工人阶级逐渐意识到其受压迫的根本原因是在政治上没有话语权。于是,工人阶级的斗争就从经济斗争发展为政治斗争。在马克思主义的指导下,19世纪欧洲各国的工人阶级开展了一系列革命斗争,这使欧洲各

---

[1] 〔美〕温克等:《牛津欧洲史(第二卷)》,贾文华译,吉林出版集团有限公司,2009,第157页。
[2] 〔美〕温克等:《牛津欧洲史(第二卷)》,贾文华译,吉林出版集团有限公司,2009,第157页。

国政府意识到在经济上提高工人的待遇、在政治上提高工人的政治地位的重要性。为了缓和阶级矛盾，维护社会稳定，确保资产阶级统治地位，欧洲各国政府进行了一系列福利立法，不断地扩大社会民主，这在客观上推动了欧洲福利国家制度的建立。其次，政治共识的达成促使了欧洲福利国家制度的建立。经济危机和战争加强了欧洲国家政府行政干预的能力，增强了社会成员相互团结共同抵御风险的团结意识。以英国为例，二战期间，联合政府为解决战时物资紧缺的问题对社会进行全面干预，对全国物资进行统一管理，这成为战争胜利的决定性因素。实践证明，政府的干预完全可以更高效地利用社会资源，政府的全面干预是可以接受的，并不像想象中那么低效，这就为政府大规模地干预社会经济生活提供了一种社会基础。在第二次世界大战期间，英国遭到德国的侵略，也遭受了巨大的物质损失。"到1943年，它55%的GDP被战争吞噬。战争时期的资金、人员、物资损失达到战前财富的20%。"① 由此可见，二战后的整个欧洲大陆百废待兴。于是，各国政府对国家经济的干预就变得尤为迫切，因为政府干预可以有效利用国家资源发展经济，福利措施的推行也有利于民众从战争的创伤中恢复过来，而且对于社会各阶层尤其是中下层的民众来说，此时比较好的居住条件和社会福利是一种迫切的需求。所以，福利国家制度的产生是社会各阶层达成政治共识的结果。

（四）周期性经济危机的影响

20世纪30年代资本主义世界的经济危机涉及面广、持续时间长，不仅影响到工农业和商业，而且波及金融市场、资本市场和货币流通领域，给资本主义国家带来了灾难性的打击。这次经济危机是资本主义世界有史以来最严重的一次经济危机，主要表现在生产力大幅度下降、贸易萎缩、失业人数激增，对欧洲国家造成了前所未有的危害。在经济危机期间，英国的工业生产水平倒退到1897年的水平，德国的生产水平下降了40.6%，生产指数退

---

① 〔美〕温克等：《牛津欧洲史（第二卷）》，贾文华译，吉林出版集团有限公司，2009，第3页。

第二章
欧洲福利国家制度变迁的历史考察

回到19世纪末20世纪初的水平。另外，欧洲国家失业人数大幅度增加，其中，"英国的失业率为22.5%，达到275万；德国和法国的失业人数也分别达到700万和200万。失业者四处流浪，在业者的工资也大幅下降"[①]。欧洲国家在战争期间经济衰退、失业人数激增，中低收入者面临着严峻的生存危机，国内的阶级矛盾加剧。为了缓和阶级矛盾，解决失业和贫困问题，二战后欧洲国家首先要建立福利国家制度。

二 以国家干预为主导的福利思潮兴起

欧洲政治、经济和社会因素的变化为福利国家制度的建立提供了契机，福利理论的积累直接催生了福利国家制度。贝弗里奇、凯恩斯主义与社会民主主义福利思想对欧洲福利国家制度的建立发挥了重要的推动作用。其中，社会民主主义思想居于主导地位，对欧洲福利国家的建立发挥了决定性作用。

（一）社会民主主义思想奠定了欧洲福利国家制度的理论基础

社会民主主义思想来源于19世纪初的空想社会主义、法国的蒲鲁东主义以及德国的拉萨尔主义等社会主义思想流派。社会民主主义者想在不触动资本主义现存制度的情况下，实现对资本主义制度的改良。社会民主主义思想发源于欧洲，对欧洲福利国家制度的建立产生了深刻的影响。欧洲社会民主主义者提出了许多影响深远的社会福利思想，对欧洲福利国家制度的理论发展产生了重大的影响。因此，社会民主主义思想一直以来被认为对欧洲福利国家制度的建立起到重要的推动作用。

20世纪初，英国兴起了一股主张以渐进的、议会民主的方式实现社会主义的社会改良主义思潮，这一思潮被称为费边社会主义。费边社会主义属于民主社会主义的一个思想流派，它源于英国当时的费边社组织。费边社会主义思想是传统的自由民主思想与社会主义思想相结合的产物。这一思想主张生产资料公有化，剩余价值归社会所有，实现"国民最低生活标准"的

---

① 钱宁：《现代社会福利思想》，高等教育出版社，2006，第139页。

目标，缩小国民的收入差距。费边社会主义主张阶级合作，提出消灭贫困，强调平等、为社会谋取最大福利，提倡通过民主选举的方式对资本主义国家进行温和改良，进而实现社会主义，这些思想主张在一定程度上缓解了阶级冲突，推动了福利国家制度的产生。费边社会主义者认为建立福利国家制度的过程是资本主义向社会主义演进的过程。由此可见，费边社会主义主张政府本身应该承担更多的责任，为弱势群体提供积极救助。费边社会主义思想论述了政府干预的正当性，认为无论是资本主义还是社会主义都不能自动地消除贫困，所以政府有责任和义务对公民进行收入再分配，并且通过组织社会服务和实施社会政策，从而达到"国民最低生活标准"的目标。只要能够保证工人充分就业，解决社会的贫困问题，政府的干预就是值得的。"国民最低生活标准"通过政府制定最低工资标准来保障公民的基本收入，通过工会要求的一系列防止失业的政策最大限度地消除贫困的根源。"国民最低生活标准"体现了费边社会主义对福利制度的构想，成为英国建立福利国家制度所采用的重要原则之一。

社会民主主义思想提倡在资本主义的制度背景下追求社会的公平与公正，建立自由、平等与互助的社会。自由指的是在公正和互助的条件下发展个性权利，摆脱依附于他人的社会状态；平等指的是机会的平等，每人都有享受平等的自由；而互助则主张在人人享有自由、个体对自我负责的条件下人们相互帮助。[1] 社会民主主义思想认为民主主义不仅指个人自由，还包含政治自由；平等不仅意味着基本的经济、社会、文化的相对平等，还应该包括个人发展的机会平等。社会民主主义者主张对资本主义的市场和社会实行更有效的控制，从而为资本主义国家带来新的社会秩序和政治秩序。社会民主主义思想论述了通过国民收入再分配的形式来弥补市场机制的分配形式所导致的社会不公，在确保民主和自由的前提下，通过提供普遍的社会福利来提高公民的生活水平，使公民免受经济风险的可行性。这种福利思想既维护

---

[1] 〔德〕托玛斯·迈尔：《社会民主主义导论》，殷叙彝译，中央编译出版社，1996，第105页。

了社会的公平和正义，又保障了资本主义市场经济的正常运转。可以说，社会民主主义思想在实践中直接促成了欧洲福利国家制度的建立。

（二）《贝弗里奇报告》为欧洲福利国家制度建立提供了框架

1942年由伦敦经济学院院长贝弗里奇发表的《社会保险及其相关服务》（也被称为《贝弗里奇报告》），为福利国家制度的建立提供了重要的理论基础。《贝弗里奇报告》为福利国家制度的建立提供了一个可行性的框架，使福利国家制度理论通过实践成为现实。在报告中，贝弗里奇主张由国家来提供福利计划、消除贫困，由政府与公民合作建立一个保障全体公民最低生活水平的社会保障制度。他针对阻碍英国社会重建的贫困、疾病、肮脏、无知、懒散五项因素，提出通过对公民提供救济、失业救济、丧葬补助、养老金、残废津贴、妇女福利以及儿童福利七个方面的保障实现国民收入再分配，在保障国民最低生活水平的基础上，设计了一个从摇篮到坟墓全方位的福利保障制度。这一制度遵循四个原则。首先，普遍性原则。制度设计遵循普遍性以及缴费标准统一和给付标准统一的原则。国家采取强制的手段要求公民缴纳社会保险，缴费率相同、保险待遇统一，以此来满足全体国民的福利需求。其次，低水平保障原则。贝弗里奇认为国家提供的福利标准只能保障公民的基本生活水平。再次，权利义务对等原则。区别对待没有收入、不能缴纳保险的公民与有收入、缴纳保险的公民。最后，统一性原则。强调社会保险的缴纳、待遇支付以及管理责任的统一性。

《贝弗里奇报告》的目标是建立全面的社会保障制度，以消除人民的贫困，形成一个覆盖全体国民基本生活需要领域的社会安全网，其设计的福利国家框架为福利国家制度的建立奠定了基础，使福利国家理论日趋成熟。《贝弗里奇报告》成为战后英国工党建立福利国家的蓝图，使英国成为当时西方世界率先实施福利国家计划的国家，进而影响了整个欧洲福利国家制度的建立。

（三）凯恩斯主义福利思想推动欧洲福利国家制度的建立

对欧洲福利国家制度建立影响最大的经济学理论是凯恩斯主义经济学理论。新古典主义经济学的萨伊法认为价格和利息率的自动调整会趋向于创造完全就业，而凯恩斯认为经济中不存在生产和就业向完全就业方向发展的自动机制。凯恩斯以分析"有效需求不足"为线索，采用宏观分析的方法，建立了一个以国家干预为核心、以医治资本主义经济危机和失业为研究目的的理论体系。他对自由放任资本主义提出质疑，从宏观经济分析的角度来论证市场经济存在的失业率与通货膨胀率之间的交互作用，主张政府采取扩张性的经济政策，通过增加需求促进经济增长，即扩大政府支出，通过财政赤字来刺激经济需求，从而达到维持经济繁荣的目的。凯恩斯主义为国家干预提供了理论依据，他认为资本主义市场不具备自我调节的功能，因此需要政府对市场进行干预。同时他提出了政府应该如何干预以及干预的程度。凯恩斯强调国家应该通过采取措施向全民提供福利，而不是采取过去政府通过税收转移向穷人提供财富的单一方式，以此来推动资本主义经济的发展。凯恩斯进一步论证了大规模政府干预的必要性。凯恩斯还认为市场中垄断资本主义的存在影响了公平与正义，政府的干预不应该仅局限在福利领域，同时还应该扩张到提供福利的经济生产领域。所以，政府提供的社会福利也不应仅局限于伦理道德范畴的福利救济，更应关注整个资本主义制度的生产，这就扩大了国家社会福利政策的理念范畴，即从以往的关注贫困人群扩大到关注社会体系中的每一个人，为福利国家制度的建立奠定了重要的理论基础。依据这一理论，政府用于福利的公共支出也可以扩大公共需求，从而有利于经济发展，这就为福利国家制度的建立提供了强有力的理论支撑。凯恩斯主义经济学促使西方福利国家的经济从自由主义转向国家干预主义，这对西方福利国家经济的影响持续了几十年之久，对欧洲福利国家制度的建立也产生了深远的影响。

三 欧洲福利国家制度建立框架的比较分析

二战结束后，世界上形成了资本主义国家和社会主义国家两大阵营。资本主义国家在经过战争和30年代经济危机的洗礼后，国内阶级矛盾激化，这促使社会主义国家纷纷建立，进而对老牌的资本主义国家造成了强大的冲击。欧洲的无产阶级有了争取民主权利的觉悟，在英国以及北欧一些国家，工党或者社会民主党开始取得政权。由于二战后民众对社会福利的呼声日益增大,英国工党政府在掌权后,抓住了重要的契机,向民众描述了一个人人拥有医疗和教育保障等社会福利的状态,从而将建立和完善福利国家制度作为施政目标,在政策上推行福利国家制度的建设。英国率先建立了世界上第一个福利国家制度,起到了缓和阶级矛盾、维护社会稳定、促进经济发展的作用。随后,其他欧洲国家纷纷效仿英国,着手建立福利国家制度,这一举措也成为战后资本主义制度改良的一项重大措施。因此,对欧洲典型的福利国家制度进行比较,寻找其中的共性,可以为进一步研究福利国家制度提供实践论证。

(一)社会民主主义福利国家制度模式——以英国、瑞典为例

英国是世界上最早建立"从摇篮到坟墓"的福利制度的国家。二战后,英国政府采取了一系列措施,开始全面推进福利国家制度的建设。从1946年工党执政开始,英国通过建立居民的医疗保健制度、项目的补助金制度、抑制食品价格上涨的补贴制度以及社会救济制度等多项范围广泛的福利制度,形成了具有社会民主主义特征的福利国家制度模式。[①] 英国福利国家制度通过英国政府颁布一系列法案,确立了一系列社会保障项目,其中主要包括社会保险制度、国民救助制度、国民保健制度。

1. 英国福利国家制度的框架

首先,社会保险制度的完善。在英国建立福利国家制度的进程中,社会保险制度占据重要的地位。1945年英国政府颁布了《国民保险(工伤)法》,明确了工伤保险津贴由工伤津贴、工伤残废津贴以及工伤死亡津贴三部分组成。工伤保险制度适用范围为所有受雇用者,工伤保险的缴费和津贴实行统一标准,不因行业和收入不同而不同。工伤保险由国家经营管理,国家给予资金支持,雇主、雇工和国家共同分担保险费用,但国家起主要作用,一旦发生工伤事故,不再由雇主直接赔偿,而是由工伤保险基金提供统一标准的工伤保险津贴。《国民保险(工伤)法》的实施标志着

[①] 杨玉生:《社会主义市场经济理论史》,山东人民出版社,1999,第273~275页。

英国建立起关于工伤事故的社会保险制度，标志着英国社会福利制度的进一步多样化，是英国政府福利国家制度建设的重要内容之一。1946年，英国议会批准通过了新的《国民保险法》，对国民保险制度做了一系列的规定。根据《国民保险法》，国民保险制度是一项强制性缴费制度，它适用于所有年龄达到要求的英国公民。该法案将参加国民保险制度的人分为被雇用者、自由职业者、无职业者三类。国民保险提供失业保险津贴、疾病保险、产妇津贴、寡妇年金以及寡妇补贴、孤儿津贴、退休金、死亡补贴七种津贴。国民保险津贴的基本标准是每名男子或女子每周领取26先令，已婚男子每周领取42先令，每名妻子或其他成年亲属每周领取16先令，每对夫妻的第一个孩子每周可领取7先令6便士。① 新的国民保险制度规定建立一个单独的国民保险基金，由国民保险部统一管理，并将原有的工伤保险扩大为全民性的社会保险。

其次，国民救助制度的建立。国民救助制度的建立是英国福利国家制度建设的重要内容之一。1948年，英国政府颁布的《国民救助法》终结了济贫法制度，标志着国民救助制度的建立。在国民救助制度下，政府为有需要的人提供救济和服务。各种社会救济归国民救助局管理，国民救助局隶属于国民保险部，从而保证了社会保险制度与国民救助制度的统一管理。国民救助的标准高于社会保险的津贴标准，除了房租之外，每对夫妻正常标准为每周40先令，特殊情况下为每周55先令；单亲家长正常标准为每周24先令，特殊情况下为每周39先令；其他21岁以上者正常标准为每人每周20先令，特殊情况为每人每周39先令。② 英国国民救助制度的建立标志着英国福利国家制度的进一步成形，它作为社会保险制度的重要补充对缓解社会贫困起到重要的作用。《国民救助法》的提出者贝文曾说："国民救助法是英国社会服务大厦的基石，国民救助制度的建立标志着英国社会史整个一个时代的结束。"③

---

① 丁建定：《英国社会保障制度史》，人民出版社，2015，第311页。
② 丁建定：《西方国家社会保障制度史》，高等教育出版社，2010，第227页。
③ 丁建定、杨凤娟：《英国社会保障制度的发展》，中国劳动社会保障出版社，2004，第118页。

第二章
欧洲福利国家制度变迁的历史考察

最后，国民保健制度的发展。依据《贝弗里奇报告》，为全体英国公民建立一种免费的国民保健制度是英国福利国家制度建设的重要内容之一。1944年，英国就发表了著名的《国民保健制度白皮书》，主张建立一种全面覆盖的、免费的、综合性的国民保健制度。在《国民保健制度白皮书》的基础上，英国在1948年实施了《国民保健法》，该法案规定，除了一些特定的收费项目，其余各项健康服务是免费的。国民保健制度由三个部分组成，即医院和特殊服务、由地方健康当局提供的服务以及由开业医生提供的一般性医疗和牙科服务。[1] 国民保健制度的最高管理机构是健康部，其费用来源于国家税收。

社会保险制度、国民救助制度以及国民保健制度共同构成了英国福利国家制度。1948年英国首相艾德礼宣布英国已经建成福利国家制度。

2. 瑞典福利国家制度框架的建立

二战后，瑞典紧随英国之后建成了福利国家制度，这与瑞典当时的政治经济环境是分不开的。在政治方面，社会民主党执掌瑞典政权，为福利国家制度的建设提供了有力的政治保障。在经济方面，由于战争时期的中立政策，瑞典保存了实力。而且在欧洲其他国家重建期间，瑞典又为其他国家提供了大量的工业产品，积聚了大量财富，为建立福利国家制度奠定了经济基础。一般认为，瑞典福利国家制度是在20世纪70年代中期建成的，主要包括养老金制度、健康保险制度以及社会救助制度。

首先，养老金制度的建立与完善。1946年，瑞典通过了《全国退休金法》，该法案规定养老津贴实行统一标准，费用主要来源于政府与个人缴费，但个人只需缴纳个人税前收入的1%，67岁之后就可以领取全额养老金，这一法案的实施标志着瑞典基本养老金制度的建立。其后，为了满足不同层次的养老需求，1959年，瑞典通过了"国民补充年金保险"，建立起补充养老金制度。从1960年起实施的养老金制度包含了基本养老金和与收入

---

[1] Harold E. Raynes, *Social Security in Britain: A History* (London: Praeger, 1960), pp. 242-248.

"挂钩"的补充养老金。1962年瑞典又颁布了《国民保险法》，将这两项养老保险与其他社会保险合并，建立起普遍性、综合性福利制度。直到20世纪70年代，瑞典建立了比较完备的养老金制度。

其次，健康保险制度的发展。二战后，瑞典的健康保险制度也发生了明显的变化。1946年，瑞典通过了新的《健康保险法》，标志着瑞典建立了一种强制性健康保险制度。《健康保险法》规定，16岁以上的瑞典公民必须参加保险，由个人、雇主和国家共同缴费并在参保者患病治疗时提供保障，保险金额相当于被保险人诊治费用的3/4。此外，这项健康保险制度还为参保人员提供了患病期间的日现金补贴、自愿健康保险津贴、妇女健康保险等，并具体规定了津贴领取的最长时限和标准。[1] 20世纪50年代，瑞典的健康保险制度经历了两次改革，主要集中于把自愿性疾病基金团体转变为国家健康保险机构，提高日津贴标准，并增加津贴种类等。1962年，该法案被纳入《国民保险法》，从此瑞典建立了比较完善的健康保险制度。

最后，社会救助制度的发展。1950年，瑞典皇家福利委员会向议会提出了有关社会救助制度的报告，这份报告经过6年的反复论证，于1957年以《社会福利与社会救助法》的名义通过，这标志着瑞典传统济贫法制度的取消、新的社会救助制度的建立。新的社会救助制度与传统济贫法制度相比，在名称、地方政府职责、实施方式以及夫妻权利方面发生了重要的变化，体现了人道主义和公民权利意识。另外，该法案还规定了社会救助的管理机构，中央政府由社会事务部负责，直接实施机构则是地方政府部门。从瑞典社会救助制度开始实施直到1960年，社会救助的领取人数不断下降，这说明瑞典社会保险制度已经发挥了核心作用，也说明社会救助制度作为社会保险制度的补充措施发挥了重要作用。

（二）保守主义福利国家制度——以德国为例

二战后，德国的社会福利制度进入了一个快速发展的时期，在1953年

---

[1] 成新轩：《国际社会保障制度概论》，经济管理出版社，2008，第108页。

之后的十年间，德国福利制度强化国家干预、建设综合性社会保障制度，逐步建成福利国家制度。这一时期德国福利国家制度主要包括社会保险制度和社会救助制度。

1. 社会保险制度的完善

20世纪五六十年代，德国颁布一系列法案，逐步完善社会保险制度。养老金制度的完善是社会保险制度中的重要内容，1957年，德国政府通过了《养老金改革法》，其主要内容包括："养老金开始与在职人员工资增长挂钩。社会保障咨询委员会每隔一段时间将依据工资情况调整养老金标准，建立完善的养老金核算制度。《养老金改革法》规定，残疾人保险分为残疾和失去就业能力者两部分，残疾人养老金领取年龄延长至55岁，旨在促进健康和就业机会的补充津贴的标准得以提高。此外，养老保险的财政体制也发生了变化，养老保险基金积累必须满足1年的养老金支付需要，养老金的缴费率从11%提高到14%，失业保险缴费率则从3%降低到2%，国家在不增加其在养老保险基金支出中的比例的前提下增加对养老保险基金的补贴。"[1]

与此同时，德国还推进了工伤事故保险和疾病保险制度的发展。德国工伤事故保险的覆盖范围十分广泛，工伤事故保险基金由雇主缴纳，受保人不承担保险费。1963年，德国通过了《工伤事故保险改革法》，该法案根据工资变化的水平对工伤事故保险的津贴标准进行了调整。德国的医疗保险体系分为法定医保和私人医保，遵循"法定医保为主，私人医保为辅"的原则。二战后，德国不断完善医疗保险制度，逐步建立起一个完整的医疗保险体系。1959年，德国政府通过了一项疾病保险改革方案，主要内容包括每次治疗都向医生支付一定报酬并强调被保险人的责任。1962年，德国再次颁布《疾病保险改革法案》，目的在于增强个人的责任意识和参与意识。

2. 社会救助制度的发展

二战后，德国还进一步完善和发展了社会救助制度，使其成为社会保

---

[1] 丁建定：《西方国家社会保障制度史》，高等教育出版社，2010，第239~240页。

险制度的有效补充措施。在家庭补贴方面，1954~1964年，德国对家庭补贴制度进行了一系列的调整，政府开始承担家庭补贴的费用，并建立家庭补贴机构，家庭补贴制度逐步完善。在老年人社会救助方面，1957年，德国实施老年农场主救助法，目的在于保护老年农场主的权益。1961年，还通过了《联邦社会救助法》，该法案规定社会救助实行国家补贴和个人化原则，提供现金和实物性补贴，目的在于使那些需要帮助的人有尊严地生活。

由此，20世纪五六十年代德国逐步建成福利国家制度。1957~1961年，德国疾病保险参与率从90%提高到100%，1963年，德国社会福利支出占国民生产总值的比例为17.1%，高于英国与瑞典等福利国家。所以，正如里姆林格所指出的那样，阿登纳时代结束的德意志联邦共和国"实际上是一个福利国家"[1]。

（三）欧洲福利国家制度建立的共同趋势

通过分析欧洲典型福利国家制度发展历史可以发现，虽然不同国家建立的福利国家制度框架有所差异，但是其中有一些共同的特征和发展趋势。正是这些共性的存在，才使得研究欧洲福利国家制度的变迁具有重要价值。

1. 从选择性原则向普遍性原则的转变

欧洲福利国家制度建成之前，国家对于贫困者和社会弱者的政策遵循选择性原则，即政府通过建立一定的标准对贫困者和社会弱者进行严格的筛选，只有符合标准的人才能够接受救济。其中最具代表性的是英国的济贫法制度，在社会保险制度出现以前，它一直是英国政府解决社会问题的主要官方措施，具体的方法是实行济贫院内救济。1870年，15%的贫民在济贫院中得到救济。1880年之后，为了降低济贫支出，英国政府严格限制院外救济，接受院内救济的贫民数迅速增长，1870~1914年，接受院内救济的人数从156800人增加到254644人[2]。这种院内救济的形式有严格的财产审查，

---

[1] 丁建定：《西方国家社会保障制度史》，高等教育出版社，2010，第241页。
[2] Edward Royle, *Modern Britain*, *A Social History 1750-1985* (Amold, 1988), p.179.

贫困者只有被证明处于贫困状态时,才能够被允许进入济贫院,但是进入济贫院以后,他们会失去政治自由,选举权被剥夺,还要换上济贫院的统一服装。济贫院内贫民不得擅自离开济贫院,否则就会受到处罚。1871年的《济贫院法》就规定:"院内贫民如果在一个月内私自离开济贫院一次,在提出警告后给予拘留24小时的惩罚,在两个月内擅自离开济贫院两次以上者给予72小时的拘留性惩罚。"① 正是由于这种严格的筛选和管理制度,许多贫民宁愿在院外接受少量的救济,也不愿进入济贫院内,在一种人格遭受侮辱的条件下接受救济。院外救济是济贫法规定的另一种救济制度,《新济贫法》中规定对于失去工作能力的人给予院内救济,对于那些有工作能力的贫困者,可以给予一定的院外救济,但这种院外救济不仅数量很少而且控制更为严格,这主要是由于受到政府济贫原则和政策的影响,一旦扩大院外救济,势必导致济贫支出的猛增,政府对此存有顾虑。所以,19世纪末接受院外救济者的数量明显减少,1871~1891年英格兰和威尔士接受院外救济的贫民妇女人数从166407人减少到53371人。② 在英国之后,丹麦、挪威、瑞典、芬兰等其他欧洲国家也相继颁布济贫法,法国虽然没有颁布济贫法,却普遍建立起类似英国济贫院的贫民习艺所制度。

随着济贫法制度的发展,它的缺陷逐渐显现。济贫法制度的缺陷在于它以救济为主,而不是以预防贫困为主。所以,这是一种在贫困成为事实后方才提供的救济,而不是在可能出现贫困之前提供的救济,因此不可能从根本上有效地解决贫困问题。随着社会问题愈加复杂,贫困问题成了众多社会问题中的一种,诸如失业、健康、老龄化、住房、教育、妇女及儿童保护、劳动保护等问题都在不同程度地加剧,有些问题的严重程度不亚于贫困问题。因此,19世纪末到20世纪初,这种遵循选择性原则、有严格的筛选制度的救济形式已经无法有效地解决日益复杂和严重的社会问题。为了解决这些复杂的社会问题,欧洲福利国家遵循普遍性原则建立了一整套包括医疗、住

---

① 丁建定:《1870-1914年英国的济贫法制度》,《史学集刊》2000年第4期。
② Pat Thane, *The Foundation of the Welfare State* (Longman, 1983), p. 35.

房、失业等内容的福利国家制度框架。

《贝弗里奇报告》为英国设计了福利国家的蓝图，社会福利制度的建立遵循广覆盖以及普遍供给的原则。通过颁布《国民保健法》、《国民保险法》和《国民救助法》等一系列的法律，英国建立起比较完善的国民保险制度。德国在1953年以后的数年间，通过一系列的法令，推进了福利国家制度的建设，逐步建成福利国家制度。1957～1961年，德国疾病保险参与率从90%提高到100%。1963年，德国社会福利支出占国民生产总值的比例为17.1%，高于英国与瑞典等福利国家。20世纪50年代末，德国人平均收入的12%～13%用于缴纳社会保险。[①]《贝弗里奇报告》在法国引起了与德国截然不同的效果，它引起了法国社会极大的反响。1944年法国颁布了《全国抵抗委员会纲领》，这一纲领涉及社会生活的各个方面，强调了福利制度的地位，奠定了福利国家制度发展的基础，描绘出一幅社会发展进步的蓝图。在欧洲福利国家发展历程中，法国福利国家制度的建立带有普遍性特色。

由此可见，二战后的欧洲国家遵循《贝弗里奇报告》的普遍性原则，社会保障体系覆盖面遍及全体公民，基本达到了"从摇篮到坟墓"的水平，福利国家制度普遍建成并发展，这一制度立足于为全体社会公民提供普遍的生活保障，保证集约化社会大生产所需要的高质量的劳动力再生产，社会保障制度的原则也完成了从选择性原则向普遍性原则的转化。

2. 从自然权利论向公民权利论的演变

在现代社会，权利不仅包含政治权利、社会权利、经济权利，还包括福利权利。从欧洲福利国家发展的历史角度来看，权利经历了一个从自然权利向公民权利的演变过程，这一过程实质上是一种从道德权利上升为全面社会权利的过程。

自然权利思想在古希腊哲学中就有所涉及，17世纪完整的权利理论体系在自由主义思想流派中逐渐形成。自然权利论以人的理性为逻辑起点展开

---

① 丁建定：《西方国家社会保障制度史》，高等教育出版社，2010，第257页。

对权利问题的研究，建立了与个人主义相契合的权利体系。自然权利论强调人人享有平等的生命权、自由权和财产权等神圣不可侵犯的自然权利。从价值上来看，自然权利论以人的需求为基础，遵循人的自然理性，强调了世俗世界中人的主体性，具有价值上的优先性。自然权利论以人在自然本性上的平等为出发点，表达了一种人们对自我自由和幸福拥有绝对权利的个人主义理想。[①] 自然权利论以人性论为基础发展出了个人主义价值观和人道主义的价值理想，这一理想在社会福利领域体现为"人道主义的救济"。自然权利论形成了一种以自我为中心的利己主义的权利关系，认为每个人都享有天赋的自然权利，每个人都必须对自己负责，也只能对自己负责。自然权利论主张的人权是一种源于人道性的人权，既然人人生而平等，那么人们就有权利获得平等的保护与尊重。在自然权利论的影响下，人们认为有些人生活富裕优越，而另一些人却由于种种社会原因陷入贫困的现象是不能容忍的。在这里人权可以被视为一种人道主义的要求，从这一立场出发，人道主义的理念便应运而生，人道主义成为17~18世纪检验政府合法性的基础。因此，这一时期的福利措施都是从人道主义的角度出发施行的。在自然权利论理念支配下，欧洲各国纷纷通过举办慈善事业来帮助陷入困境中的穷人，对穷人实施有条件的、选择性的救助，以此改善劳动阶级的基本生活状况。这种以人道主义理念为基础的社会政策也成为19世纪以前欧洲各国社会福利的主要形态。在当时的历史条件下，以自然权利论为基础的人道主义福利观具有重要的思想价值，培育了基本的福利权利理念。自然权利论站在人道主义的立场阐释了以人权为核心的权利观念，体现了对全体人类福利的道德关怀，对权利理论的发展起到了推动作用。但是，自然权利论包含个人主义和人道主义两种相互对立的元素，这种内在的张力使得自然权利论的福利观只能局限在有限度的慈善救济范畴之内，这就为现代权利价值观的对立与冲突埋下了伏笔。

---

① 钱宁：《社会正义、公民权利和集体主义——论社会福利的政治与道德基础》，社会科学文献出版社，2007，第190页。

随着时代的发展，人们对于人的认识不再局限于"天赋的权利"上，而是从全面发展的角度看待人的能力，"我们应该认识到自由仅是社会生活的一个方面，在群体当中互相帮助与互相克制的意义同样至关重要"①。权利理论的发展也从对个体的关注逐渐发展为对群体的关注，对于人与社会之间的关系也有了更为清晰的认识。人类对社会福利的认识也从人道主义向公民权利发展。

公民权利理论重新定义了公民与国家之间的关系，对于公民身份的认定，使得个人有正当理由要求国家给予平等的待遇和地位，并且获得通过支配合理社会资源以满足自我需要的能力，同时享有各种社会福利带来的好处，而国家的责任是承担起满足公民基本需要、保证公民正常生活。所以，在这里"公民权是指作为政治团体的成员所具备的资格，而社会公民权所关注的是福利供给与服务，通过合理的权利与义务关系增强社会功能，满足社会需求，同时要满足福利供给所必要的资金来源"②。社会权利的提出成了公民社会福利权的基础，在公民权利理论的框架下，不具备主动获得生活资料能力的社会成员具有从社会获得帮助的正当权利。19世纪以来，以社会权利为核心的公民权利理论使权利拓展到与国家义务相关联的积极权利。在1948年联合国的《世界人权宣言》中，人的权利除了自然权利，还包括社会权利和经济权利，这是国家对个人义务的一种肯定，要求国家对公民负起福利责任，使福利权成为基本的公民权利。在实践中，公民福利权利观体现在19世纪后期德国的法团主义社会保险模式中，并最终在20世纪中期以英国为代表的福利国家中得以实现。德国作为后发的工业化国家，伴随工业化推进，工人的力量不断壮大，他们期望有一种能够对抗风险的保护制度。在这种时代背景下，德国推行了"国家社会主义运动"，建立了政府与个人责任相结合的保障理念，在此基础上德国颁布了一系列法律，如1883年的《医疗保险法》、1884年的《工伤保险法》、

---

① 〔美〕弗利登：《权利》，孙嘉明等译，桂冠图书股份有限公司，1998，第105页。
② 〔英〕彼得·泰勒等：《重构社会公民权》，郭烁译，中国劳动社会保障出版社，2010，第4页。

第二章
欧洲福利国家制度变迁的历史考察

1889年的《伤残和养老保险法》等，标志着德国的社会保障制度框架基本形成。普遍主义的福利国家制度是以公民的社会权利为核心建构的制度，社会权利具有如同人身权和财产权一样的法律和政治地位。"社会权利"既可以被看成对福利国家的起源的诠释，又可以被看成福利国家的本来意义。[①]福利国家制度的建立是公民社会权利得以确认的标志，公民社会权利的实现逆转了社会阶级之间的关系，融合了不同社会阶层的利益诉求，缓解了资本主义社会的矛盾。福利国家的建立促进了社会一体化的形成，将市场经济的发展与社会的有机团结连接在一起。从这个意义上来说，福利国家成为公民社会权利的制度保障，加强了公民抵御风险的能力，对二战后欧洲国家的稳定发展起到了不可或缺的缓冲作用，将欧洲国家带入了高速发展的"黄金期"。

总之，以自然权利论为核心的人道主义的福利观，从人性的角度出发，以"宽容"和"仁慈"为特性，表现为富人对穷人的施舍、恩赐或者是统治阶级缓和阶级矛盾的手段，并不能对公民的权利进行合乎法律的保护。人道主义的价值主要体现为道德的调节力量，它仅仅是一种非正式的道德情操在社会福利领域的体现。而公民权利使社会福利成为国家的责任，并且通过社会权利的最终实现来体现对人的整体性的尊重。从本质上说，权利理论从自然权利向社会权利的转向，也是对人道主义自由、平等、博爱理想的升华。纵观欧洲福利国家的发展历程，公民权利对自然权利的超越意味着一种"人人普享"的政治道德要求取代了"施舍救济"的人道主义伦理诉求，这是社会福利理论的重大转变。

3. 从残补型福利制度向制度型福利制度的转化

欧洲福利国家制度的建立实际上是一个社会福利制度从零散到健全的过程。威伦斯基和利比克斯是"制度化社会福利"的提出者，这一概念是与"残补型社会福利"相对应的。传统的社会福利模式是一种残补模式，这一

---

① 郑秉文：《社会权利：现代福利国家模式的起源与诠释》，《山东大学学报》（哲学社会科学版）2005年第2期。

模式下社会福利只有在正常渠道失效时才能发挥作用。而制度型社会福利模式则认为社会福利是现代工业社会所必需的功能,不带有任何施舍或慈善性质的名义,它是公民实现其社会需求的主要方式。欧洲福利国家制度的建立实质上就是社会福利从残补型向制度型转化的过程。

1601年英国女王伊丽莎白一世颁布《济贫法》,标志着现代意义上的社会福利制度建立起来,国家开始替代教会成为社会福利提供主体之一。但是,社会福利的提供主要还是靠教会的慈善救济。由于当时欧洲社会仍然认为贫困是个人原因所致,救济虽然是必要的,但是应该依靠个人自立,"天助自助者"是一句广为流传的格言。斯迈尔斯认为,"即使是最好的制度也不能给人们积极的帮助……政府的功能是消极的和限制性的,而不是积极的和主动的,在提供保护方面,有价值的原则应该是保护生命、自由和财产"[①]。由此可见,政府对于贫困者的救济是不被提倡的,而且政府对于穷人的帮助如果不注意方式和程度,还会造成负面的结果,让穷人养成依赖政府的恶习。欧洲福利国家建立之前,政府已经通过一系列社会福利立法,这些法律在维护公民合法的劳动和社会福利权益方面发挥着重要的作用。19世纪末20世纪初,欧洲国家工厂法和一些相关的社会福利立法进一步发展。如法国在1889~1903年至少颁布了32项社会福利立法,涉及《教育法》和《社会救助法》等方面;德国在1878年颁布了《童工法》,在1891年实行了《女工法》。但是,这一时期的社会保障立法无论是从保障水平还是覆盖面上来说,都处于一个比较低的水平,所遵循的原则以及政府所提供的救济也仅在正常渠道失效时才发挥作用。

随着历史发展,工业化进程所带来的社会风险增加,旧的《济贫法》已经不能满足社会的需要,新的社会福利制度功能不断发展,现代的福利制度逐渐建立,成了福利国家建立的基础。1886年德国建立了健康保险,1911年英国颁布了《国家保险法案》,1921年奥地利采纳了第一个家庭津贴计划。随着福利国家的建立,欧洲福利国家的社会保障制度从残补型福利

---

① 丁建定:《英国社会保障制度史》,人民出版社,2015,第172页。

第二章
欧洲福利国家制度变迁的历史考察

制度向制度型福利制度转化。1943年,贝弗里奇计划规划了二战后英国社会乃至整个欧洲国家的蓝图,基本社会保障、国民健康计划和家庭津贴覆盖范围扩大,标志着制度型社会福利制度逐步建立。

四 欧洲福利国家制度建立产生的影响

二战后,欧洲福利国家制度的建立帮助战后危机重重的欧洲国家渡过了难关。一方面,欧洲福利国家制度为建立该制度的欧洲国家带来了经济稳定和社会繁荣,促进了社会平等。另一方面,欧洲福利国家制度也存在内在隐忧,高福利给政府财政带来了潜在危机,普遍福利又给个人的福利依赖埋下了隐患。

(一)欧洲福利国家制度建立产生的积极影响

由于福利国家制度的建立,欧洲福利国家的经济得以快速恢复到战前水平,社会的贫困问题得以缓解,贫富差距缩小,社会稳定得以维护。

1. 欧洲福利国家制度的建立缓和了阶级矛盾

福利国家制度的建立本质上是以立法的形式把对公民基本生存的保障作为一项"基本权利"确定下来,从而使每个公民都能够获得基本的生存保障。社会民主主义学者认为,福利国家制度真正体现了"自由、公正和互助"的价值理念,完善的福利国家制度促进了自由的实现,"只有那些感到自己在社会福利方面已得到充分保障的人,才能利用自己争取自由的机会,因此,为了争取自由,必须要求平等的生活机会和全面的社会保障"[1]。在这一思想的引导下,欧洲福利国家通过累进税制对社会财富的再分配也具有了存在的合理性和合法性。从这一角度来看,福利国家制度的建立缩小了社会的贫富差距,社会弱势群体的收入和境况得到了改善,保证公民都能获得"维持生存所需要的最低限度"的生活保障,为社会底层民众编织了一张安全网,缓解了贫困问题,减少了社会不稳定因素,维护了社会公正,体现了机会平等和结果平等。从短期来看,欧洲福利国家制度的建立迅速取得可观

---

[1] 王翔:《北欧国家社会福利制度的观察与思考》,《财经论丛》(《浙江财经学院学报》) 2003年第6期。

的平等化效果。从长期来看，欧洲福利国家制度也有利于改变社会基本结构，对这一代人进行直接的再分配，实际上使下一代人先天就获得了更多的平等机会。这一时期的欧洲福利国家虽然也存在贫富差距，却是历史上差距最小的时期。以英国为例，"1938~1949年间，占人口10%的社会最上层，在纳税后拥有全国个人收入总和的1/3，而到了20世纪70年代只有1/5；在财产占有方面，二战以前，英国占人口10%的社会最上层家庭拥有全国财产的56%，1972年，该项比例已降为27.6%"[①]。由此可见，欧洲福利国家的建立有助于缩小贫富差距，促进社会平等。

2. 欧洲福利国家制度的建立促进战后经济恢复

福利国家制度实质上是社会成员拿出自己的报酬来抵御共同的风险，体现了互助与合作精神。福利国家制度的建立提升了公民抵御风险的能力，促进了公民工作的积极性和主动性，从而提高了社会生产率，促进了经济的发展。欧洲福利国家制度通过对国家经济的强有力干预，建立起混合经济体制，使国家经济快速发展，一些国家几乎回到了二战前的水平，这是市场机制调节无法解决的，国家干预还保证了经济复苏和充分就业。因此，欧洲福利国家制度的建立，促进了欧洲经济的增长，挽救了二战之后濒临崩溃的欧洲经济。例如，"在1945~1950年间英国经济恢复较快，1947年底已经恢复到战前水平，失业率不到2%。经济实力在资本主义国家中居第二位"[②]。从这一角度来看，欧洲福利国家制度的建立增加了有效需求，刺激了社会生产与消费，促进了国家经济的稳定增长。

（二）欧洲福利国家制度建立的消极后果

欧洲福利国家制度的建立产生了许多积极的影响，具有一定的历史进步意义。但是，任何事物都有两面性，欧洲福利国家制度的建立也存在内在隐忧。从长期发展来看，高福利给政府的财政带来了潜在危机，在经济快速增长期这一问题并不明显，但是在经济衰落时期，高额的福利支出就会造成政

---

① 钱乘旦、陈晓律：《英国文化模式溯源》，上海社会科学院出版社，2003，第123~124页。
② 林建华、董泉增：《当代西欧社会民主党论纲》，中国工人出版社，1995，第135页。

府财政入不敷出、赤字严重的现象。欧洲福利国家制度建立之初，对"社会权利"的过分推崇，国家承担过多责任，个人责任缺失，社会滋生了懒惰和依赖情绪，许多人宁愿休息也不愿意工作，使整个国民经济失去活力，这就为公民个人的福利依赖埋下了伏笔。新自由主义者认为福利国家制度限制了人的自由和独立，对于社会平等的过分追求，剥夺了人奋斗的动力。普遍的福利供给造成了资源的浪费，使一些不需要帮助的人也得到了福利供给，这造成了福利的过度供给。"普遍原则"的施行使得社会各阶层可以平均分享福利，导致一些真正需要帮助的人得到的福利却变得十分有限。由此可见，欧洲福利国家制度的建立也存在许多内在缺陷，这些因素的共同作用为欧洲福利国家制度发展陷入危机埋下了伏笔。

第二节　20世纪70年代以后欧洲福利国家制度的变革

20世纪70年代以后，西方政府基于自身以及社会、个人、市场的主客体需要，有意识地对福利国家制度进行调整，福利国家制度进入变革阶段。福利国家制度变革的本质在于合理弥补传统福利国家制度的不足，这种变革既是西方政府自我救赎的理性思考，又是西方政府在一定社会历史阶段下对制度目标与社会各个要素客体需求的主动调整。因此，全面梳理欧洲福利国家制度的变革过程，有助于我们全面了解此次变革的实际意义。

一　欧洲福利国家制度变革的外在动因

20世纪70年代是西方政治社会的分水岭，经济危机和社会危机交织在一起，极大地冲击了西方政府的价值选择，影响了欧洲福利国家制度的实际效用。西方政府在内忧外患的双重打击下，主动对自身制度体系进行调整，尤其是对福利国家制度进行大规模改革。

（一）欧洲福利国家制度的社会环境变化

1. 欧洲经济危机推动福利国家制度的变革

20世纪六七十年代，二战后的经济繁荣结束了。欧洲尤其是西欧的

"辉煌三十年"被通货膨胀和经济增速的不断下降所取代。1971年美国废除固定汇率制，随之而来的美元贬值以及英镑的浮动导致了欧洲通货膨胀。1973年，欧洲各国在巴黎召开会议，这标志着布雷顿森林体系的崩溃，取而代之的是新的浮动汇率制，由此所带来的后果就是通货膨胀。随着货币贬值而来的就是进口货物价格的上涨，1971~1973年，世界非燃料商品的价格上涨了70%，食品价格上涨了100%。[1] 在此情形下，国际经济又遭遇了第一次石油危机，阿拉伯产油国联合起来提高石油价格，使其上升到1973年初的2倍多，由于石油对于欧洲经济的重要性不断增强，石油价格的上涨对于欧洲经济的打击更为致命。浮动汇率和石油价格上涨共同导致了欧洲的通货膨胀。经济合作与发展组织数据显示："非欧共同体国家的通货膨胀率在1961~1969年稳定在3.1%，1969~1973年是6.4%，1973~1979年的年均通货膨胀率是11.9%。这只是整体数据，不同国家的通货膨胀率稍有不同：1973~1979年联邦德国的通货膨胀率仅为4.7%，而瑞典是联邦德国的两倍。法国在那些年当中的年均通货膨胀率为10.7%，意大利是16.1%，而西班牙则超过了18%，英国的年均通货膨胀率为15.6%，但是在最糟糕的年份（1975年）却超过了24%。"[2] 相对于过去的繁荣，该时期西欧各国的平均国内生产总值增长率不是特别低，处于英国的1.5%和挪威的4.9%之间，实际上相比于法国、德国和英国在1913~1950年1.3%的年均增长率有明显的提高。但是与过去相比，差距却很明显：1950~1970年，法国的年均增长率是5%，联邦德国将近6%，英国也维持了超过3%的年均增长率。[3] 由此可见，通货膨胀与经济增长缓慢共同导致了欧洲经济环境的恶化。

2. 阶级矛盾加剧推动了福利国家制度的变革

欧洲经济环境的恶化带来的直接后果是失业危机。20世纪70年代末

---

[1] 〔美〕托尼·朱特：《战后欧洲史（卷三）：大衰退1971-1989》，林骧华等译，中信出版社，2015，第4页。
[2] 〔美〕托尼·朱特：《战后欧洲史（卷三）：大衰退1971-1989》，林骧华等译，中信出版社，2015，第5~6页。
[3] 〔美〕托尼·朱特：《战后欧洲史（卷三）：大衰退1971-1989》，林骧华等译，中信出版社，2015，第7页。

期,"法国的失业率占全部劳动力的7%,意大利为8%,英国为9%"①。欧洲各国的经济大萧条也使得传统行业的失业率骤增,"1973~1981年间,在小工程公司和汽车制造企业聚集的英国西部内陆,有1/4的工人失业。在法国西北部的洛林工业区,有28%的制造业工人失业。同年,联邦德国纽伦堡的产业工人失业率更是高达42%。意大利都灵的菲亚特汽车公司自从在20世纪70年代末开始转换为自动化生产后,3年之内工作岗位减少了6.5万个。20世纪50年代,阿姆斯特丹的产业工人数占工人总数的40%,但是在25年之后,这个比例下降到1/7"②。居高不下的失业率给社会福利支出带来了巨大的负担,这些负担又转嫁到了企业以及在职员工的身上,企业生产成本上升和竞争力下降,导致更多的企业倒闭以及企业人员失业,福利制度陷入了一个无法自拔的怪圈。经济不景气导致工人工资降低,许多人的失业救济金甚至比工人的工资还高,这就产生了一种怪象——许多社会成员宁肯依靠社会福利收入过活也不愿意出去找工作,福利依赖的现象特别严重。这更进一步导致了失业率的不断上升,失业的状况也得不到缓解,阶级矛盾恶化,"1969~1975年间,西欧的产业工人举行了示威游行、静坐、罢工和向政府请愿等活动,活动遍及西班牙(1973~1975年,西班牙产业工人的罢工达到150万个工作日)和英国,英国煤矿工人分别在1972年和1974年举行了两次大罢工,迫使紧张的保守党政府推迟几年关闭主要煤矿,甚至同意给所有工人都提高津贴"③。

(二)欧洲福利国家制度内在问题凸显

1. 欧洲福利国家制度财政危机的凸显

欧洲福利国家的经济危机和结构性失业,导致了席卷欧洲的财政危机。福利国家建立与发展的过程同时也是福利国家负担不断加重的过程。由于社

---

① 〔美〕托尼·朱特:《战后欧洲史(卷三):大衰退1971-1989》,林骧华等译,中信出版社,2015,第7页。
② 〔美〕托尼·朱特:《战后欧洲史(卷三):大衰退1971-1989》,林骧华等译,中信出版社,2015,第10页。
③ 〔美〕托尼·朱特:《战后欧洲史(卷三):大衰退1971-1989》,林骧华等译,中信出版社,2015,第10页。

会福利的覆盖面逐渐扩大,福利支出增长的速度超过了经济增长的速度。20世纪70年代以前,英国社会福利计划的各项开支已占到公共支出总额的50%。"社会保障的支出递增过快,1960年为14.99亿英镑,1970年增加到39.27亿英镑,1980年猛增到235.08亿英镑,1983年更是达到339.91亿英镑。英国五大社会支出项目中,只有社会保障支出一直保持3%~4%的年增长率,其在20世纪70、80年代占英国社会总支出的1/3以上,占GDP的比例也在不断增长,1980年已达到11.8%。"[1] 20世纪70年代英国社会支出与社会保障支出情况如表2-1所示。

表2-1 20世纪70年代英国社会支出与社会保障支出情况

单位:百万英镑,%

支出项目	1970~1971年	1973~1974年	1976~1977年	1979~1980年
财政支出计划	36223	41067	45835	44672
社会保障	7200	8080	10002	9963
住宅	2827	3330	4097	4090
环境服务	1855	2156	2045	1981
科学教育艺术	5073	6081	6234	5995
保健与个人服务	4235	4934	5317	5548
其他公共服务	520	587	686	679
以上六项总支出	21710	25168	28381	28265
以上六项占财政总支出的比重	59.93	61.29	61.92	63.25

资料来源:罗志茹、厉以宁《二十世纪的英国经济:"英国病"研究》,人民出版社,1982,第150页。

随着德国社会保障制度的发展,其社会保障的范围在不断扩大、津贴的标准也在提高,德国逐渐成为一个高福利、高保障的国家。德国社会保障支出项目由二战前的8个增加到20世纪70年代末的18个,社会保障支出占国内生产总值的比重1960年为20.7%,1965年为24.6%,1970年为

---

[1] 谢德成:《20世纪80年代以来英国福利制度改革述论》,《理论导刊》2003年第11期。

25.7%，1975 年为 32.1%，1980 年为 32.3%。① 20 世纪 70 年代以后，法国的社会保障支出占国内生产总值的比重也呈现上涨的趋势。1960 年，法国社会保障支出占国内生产总值的比重为 15.9%，1973 年为 22.5%，1980 年为 31.1%，1985 年为 35%，1990 年为 32.4%，法国社会保障支出的年均增长率远远高于国内生产总值的年均增长率。② 由此可见，欧洲福利国家在 20 世纪 70 年代以后，社会保障支出的居高不下导致了政府的财政危机，福利国家制度的危机逐渐显现。

2. 欧洲福利国家制度传统现收现付模式出现危机

20 世纪 70 年代以后，欧洲国家经济发展缓慢与人口老龄化使传统现收现付型社会保障筹资模式面临严重挑战。现收现付制主要依靠在职人员缴纳的社会保险税费来支撑各项社会保障支出，在社会经济稳步发展时期是一种比较理想的社会保障资金的筹资模式。但是，欧洲经济环境的恶化以及人口结构变化都迫使社会保障基金筹资模式进行相应改革，否则只能提高社会保障税率。因此，20 世纪后期西方国家社会保障税率均有明显增长。1965～1992 年，整个经济合作与发展组织成员国的社会保障税占税收总量的比例从 21.6%增长到 27.2%。③

二 以新自由主义为主导的福利思想变革

20 世纪 70 年代以后，福利国家制度的危机逐渐显现，现实困境引起了理论的反思，以新自由主义思想为代表的理论学派对福利国家制度进行了深刻的反思和批判。在这种形势下，自由主义内部形成了新自由派和新保守自由派，二者之间的分歧加剧，新自由主义在新保守自由主义的激烈挑战下有了进一步的理论发展。

---

① 朱正圻等：《联邦德国的发展道路——社会市场经济实践》，中国社会科学出版社，1988，第 254～255 页。
② 丁建定：《西方国家社会保障制度史》，高等教育出版社，2010，第 318 页。
③ Richard B. Freeman, *The Welfare State in Transition* (Chicago: The University of Chicago Press, 1997), p. 123.

（一）关于"分配正义"问题的争论

20世纪70年代以后，新自由主义的一个重要的理论发展集中在分配正义问题，以及由此引发的一系列争论。分配正义问题的实质是关于福利国家制度的争论，其核心涉及自由和平等的关系问题。关于分配正义的争论起始于罗尔斯的《正义论》一书的出版。罗尔斯在这本书中对分配正义的问题进行了系统而深刻的论证，阐述了新自由主义平等的理想。罗尔斯提出的分配正义问题实质上就是用正义原则来处理分配公民基本权利和义务、划分社会利益和负担的问题。罗尔斯反对"功利论把最大多数人的最大幸福作为评判社会政治法律制度和政府活动的标准"的观点，"他坚持权利（right）优先于善（good）的义务论伦理观，认为公正（正义）是社会的首要价值"[①]。为了获得公正的分配原则，罗尔斯假设了一种纯粹的原初状态，人们在这一"无知之幕"下选择的是下述两个正义原则："第一个原则：每个人对与所有人所拥有的最广泛平等的基本自由体系兼容的类似的自由体系都应有一种平等的权利。第二个原则，社会的和经济的不平等应这样安排，使它们：①在与正义的储存原则一致的情况下，适合于最少受惠者的最大利益；并且②依系于在机会公平平等的条件下职务和地位向所有人开放。"[②] 罗尔斯的第一个原则可以概括为平等自由原则，人的自然特性决定了作为权利的人的各种基本自由对于人们来说都是平等的，这种权利具有自然权利的属性，这一原则支配的是基本的权利和义务分配；第二个原则可以概括为机会公平平等原则和差别原则，在无法保证完全平等的情况下，就要做到机会平等，"各种地位不仅要在一种形式的意义上开放，而且应使所有人都有一个平等的机会达到它们"[③]，显然，这一原则是应用于支配社会和经济利益的原则。罗尔斯在这两个正义原则的基础上，还提出了两个优先原则：第一个正义原则优先于第二个正义原则；第二个正义原则中，机会公平平等原则优先于差别原则。

[①] 徐大同、马德普：《西方政治思想史（第五卷）》，天津人民出版社，2005，第53页。
[②] 〔美〕约翰·罗尔斯：《正义论》，何怀宏等译，中国社会科学出版社，1988，第292页。
[③] 〔美〕约翰·罗尔斯：《正义论》，何怀宏等译，中国社会科学出版社，1988，第68页。

第二章
欧洲福利国家制度变迁的历史考察

但是,机会平等在实际中也难以完全实现,罗尔斯主张用差别原则来纠正这种不平等。所谓的"差别原则"指的是"那些先天有利的人,不论他们是谁,只能在改善那些不利者的状况的条件下从他们的幸运中得利"[①]。按照这种原则,不能出现只有处境好的人受益,而处境不好的人利益受损或不能获益的情况,否则,就是不正义的。罗尔斯的差别原则不是为了消除差别,而是希望能够通过一种制度安排使境况不好的人获益。罗尔斯对于分配正义的探讨,目的是寻求某种人与人之间事实上的结果平等。

分配正义的问题在西方理论界也引发了激烈的争论,反对"分配正义"的最著名的代表就是保守自由主义的代表哈耶克、弗里德曼和诺齐克。哈耶克的思想主要是对国家干预主义的批判,对自发秩序进行辩护,主张捍卫个人自由。他认为对个人自由最严重的威胁就是为了实现社会正义而被人们推崇的人造秩序。他把社会正义等同于分配正义,他认为分配正义是社会主义的核心价值。他指出"社会正义"或者"分配正义"是正义观念被滥用的结果,所以,应对"社会正义"与"正义"观念进行区分。他认为:"所谓正义,始终意味着某个人或某些人应当或不应当采取某种行动;而这种所谓的'应当'(ought),反过来又预设了对某些规则的承认:这些规则界定了一系列情势,而在这些情势中,某种特定的行为是被禁止的,或者是被要求采取的。"[②] 所以,哈耶克把正义视为遵守正当行为规则,它是法律的基础和限制,也是个人自由的重要保障。然而,哈耶克认为这种正义观念正在被追求结果平等的"社会正义"观念所代替,这一情势是危险的,"旨在实现公平分配的重大理想的政策,必定会导致法治的破坏"[③]。同时,这种追求结果平等的"社会正义"或者"分配正义"被强加在市场秩序之上,就会被政府控制一切的体制所取代,这对于个人自由来说将是毁灭性的打击。因

---

① 〔美〕约翰·罗尔斯:《正义论》,何怀宏等译,中国社会科学出版社,1988,第97页。
② 〔英〕弗里德里希·冯·哈耶克:《法律、立法与自由》,邓正来等译,中国大百科全书出版社,2000,第52页。
③ 〔英〕弗里德里希·冯·哈耶克:《通往奴役之路》,王明毅等译,中国社会科学出版社,1997,第79页。

此，出于对个人自由的保护，哈耶克反对罗尔斯对于机会平等的过分追求，认为这样会增加政府的权力，他认为应当由法律来保障所有人平等地改进自己的机遇，任何人都能获得尽可能多的机遇才是一个好的社会的标准。哈耶克还提出在社会福利领域尽可能不要扩大收入的再分配，他反对通过社会福利的提供而导致过多的再分配。哈耶克认为，在自由主义框架下，人们完全可以建立起一种确保所有人都享有最低收入的制度，政府对社会福利领域的垄断只会导致政府机构的臃肿庞大，以及经济领域的持续萎靡。他对由国家统一实施的社会福利制度提出了批评。他认为，在社会福利领域，虽然依靠合理制度的适度发展，许多人的需要得不到满足，换成一个集权组织就会立即得到关注，但从长远来看，这要付出高昂的代价。

弗里德曼也反对罗尔斯的"分配正义"所带来的结果均等。他认为机会均等更有利于个人自由的发挥，而结果均等则会限制个人自由。一个社会如果把结果均等放在自由之上，那将会既得不到平等，也得不到自由。因此，弗里德曼认为政府举办福利事业的目标是崇高的，但结果却是令人失望的。20世纪70年代以后，福利国家制度的危机恰恰说明了这一点，福利制度的实施本质上是为了实现平等，但结果并未达到公平分配。因此，弗里德曼反对国家对经济实施过多的干预，他认为为了保证自由不受侵犯，就必须限制政府的职责范围，在一个自由市场经济的社会里，收入分配的道德原则应该是按照个人所拥有的工具所生产的东西进行分配，而不是实行普遍的财富共享。针对这一问题，弗里德曼提出了改革福利制度的构想："第一，改革现在的福利制度，用一个单一的内容广泛的现金收入补贴计划（这是一种与正所得税相联系的负所得税）取代目前杂七杂八的单项计划；第二，在履行现有义务的同时，逐步取消社会保险，要求人们自己为退休后的生活做出安排。"① 弗里德曼的思想对欧洲福利国家制度的改革产生了直接影响，他的理论成为英国撒切尔政府改革的理论基础，为欧洲福利国家制度改革指

---

① 〔美〕米尔顿·弗里德曼、罗斯·弗里德曼：《自由选择》，胡骑等译，商务印书馆，1982，第122页。

第二章
欧洲福利国家制度变迁的历史考察

明了方向。

诺齐克也是罗尔斯"分配正义"的坚决反对者,他对分配正义进行了深刻的批判,并提出了"持有正义"理论。首先,诺齐克对罗尔斯的"分配正义是由社会合作带来的"观点进行了批判。他认为没有社会合作依然有正义问题,即使在合作状态中,只要每个人自愿交换就能自动实现正义。而且,在普遍合作的体系中,才智较低者会比才智较高者获利更多。因此,不需要通过差别原则来使其获利更多。其次,诺齐克反对罗尔斯的"天赋是一种集体财产,应通过差别原则消除天赋因素对分配的影响"这一观点。他认为,一个拥有较高天赋的人,在没有侵犯他人权利的情况下,就有权拥有自己的所得。而且对于天赋较低的人来说,分配差别确实是不幸的,但这并不代表不公平,更不能通过政府采用强制的办法来解决这一不幸,这样做只能造成更大的不幸。所以,诺齐克认为关于分配正义问题,焦点在于拥有的过程是否正义,而不是结果是否正义。于是,他就把分配正义的问题转变为拥有正义的问题,从根本上反驳了罗尔斯所提倡的结果均等的分配正义。

总之,西方理论界针对"分配正义"问题的争论,推动了西方社会福利思想的变革,为欧洲福利国家制度的改革提供了理论基础,成为欧洲福利国家制度改革的理论动因。

(二)关于"个人权利"问题的探讨

20世纪70年代以后,西方理论界针对"个人权利"的问题进行了理论探讨。新保守主义者认为,福利国家的普享原则会对人们理解福利的过程产生误导,使人们认为享受福利的权利是没有附加条件的个人权利。因此,以这种价值观为导向的福利国家制度非但不能帮助个人自立,反而还会造成个人对国家的依赖,造成福利依赖的道德陷阱。政府自上而下建立的福利国家制度会破坏社会的基本结构,瓦解社会群体中自发形成的家庭和社会组织的互助,个人的社会责任不能在国家的抽象义务概念中产生,而是在相互交往的社会关系之中产生。解决福利国家制度危机的关键在于分析造成贫困的社会心理和文化根源。新保守主义者认为福利提供的社会化目的在于通过社区性组织来培育公民的互助意识和社会共同感,这样做能够让贫困者知道谁在帮助他,以唤醒他的责任感。因此,福利国家制度应该是"政府保证所有公民享有最低标准的收入、营养、住房、教育和就业机会。这些保障表现为公民的政治权利而不是以慈善的形式出现的"[1]。

哈耶克也认为,"福利国家在追求平等的道路上走得太远,它从追求形式平等走向追求实质平等,这样就必然的牺牲了公平,也牺牲了效率"[2]。他提出"有限度的保障"与"绝对的保障"的概念。他主张有限度的保障,认为社会保障是市场经济有效运行的必要补充,可以防止市场竞争带来的不利后果。因此,他强调应该限制政府在福利领域的作用方式,强调政府不能采用强制手段来干涉个人自由。虽然许多公共产品是市场无法提供的,而需要政府提供,但这并不意味着政府具有排他性权力,只要发现私人企业能够提供这类服务,那就应该由私人企业提供。在此基础上,他还呼吁在社会福利领域中为个人责任留下发挥的空间,这一思想成为欧洲福利国家改革的一个重要的指导思想。诺齐克则强调个人权利的绝对性,他主张一种极端的自由主义。诺齐克强调了个人权利的不可侵犯性,他提出"个人是目的而不仅仅是手段;他们若非自愿,不能够被牺牲或被使用来达到其他目的"[3]。诺齐克把权利当作道德的根本标准,无论是国家还是个人,只要是侵犯了个人权利就是不正义的,权利可以作为一种道德的边际约束。因此,诺齐克认为国家的再分配必然会侵犯个人的财产权,因而是不正义的,"持有正义"才是真正的与个人权利相吻合的正义。诺齐克提出了两个原则来判断个人的持有是否正义,一个是获取正义原则,另一个是转让正义原则。他把自己的持有正义原则称为"权利原则",主要捍卫的是财产权利。

由此可见,这一时期西方学者从不同的角度对"个人权利"问题进行了阐述,强调个人财产权的不可侵犯,反对福利领域个人的绝对权利,强调

---

[1] Harold L. Wilensky, Charles N., Lebeaux, *Industrial Society and Social Welfare* (New York: Free Press, 1965), p. XII.
[2] 汪行福:《分配正义与社会保障》,上海财经大学出版社,2003,第265页。
[3] 〔美〕罗伯特·诺齐克:《无政府、国家与乌托邦》,何怀宏等译,中国社会科学出版社,1991,第39页。

第二章
欧洲福利国家制度变迁的历史考察

个人的责任。这些思想为欧洲福利国家制度的危机提出了解决措施，成为欧洲福利国家制度变革的指导思想。

三 欧洲福利国家制度变革内容比较分析

20世纪70年代，欧洲福利国家制度普遍陷入危机之中，在理论和现实的共同推动下，欧洲不同类型的福利国家从本国的国情出发，纷纷对福利国家制度进行了改革。从欧洲福利国家制度的改革中可以总结出一些共同的发展趋势，成为其改革经验的重要依据。

（一）自由主义福利国家制度改革——以英国为例

1. 养老金制度的私营化改革

1975年英国政府通过了《社会保障法》，实行了国家收入关联养老金计划（State Earnings Related Pension Scheme），该计划将养老金津贴评定从以往与物价水平相联系变为与收入的总体水平相联系。同时，建立职业养老金计划，鼓励私人养老金制度发挥作用。建立一种"协议退出"机制，在满足条件的情况下，雇员可以"协议退出"国家与收入水平关联的养老金计划。1988年以后，英国政府要求所有的企业都必须建立职业养老金制度，鼓励个人通过储蓄和参加私人保险的形式为自己提供补充养老金。

2. 国民保健制度的私营化改革

英国的私人健康保险已经发展得比较成熟，三个主要的非营利性私人健康保险组织在私人健康保险中所占比重、参保人数都已经形成一定的规模。于是，出于对降低社会保障支出的考虑，英国保守党政府对国民保健制度私营化已经基本认同，认为，"私营因素具有重要的作用，国民保健的私营化将减轻这一制度所面对的压力，并为国民保健制度提供了一个有用的选择道路，它表明，在国民保健服务方面存在不同类型的解决问题的办法"[①]。1988年末，英国政府发表了改革国民保健制度的白皮书《为了病人而工作》，决定对国民保健制度进行私营化改革。在新的国民医疗制度中，医院

---

① Julian Le Grand, *Privatization and Welfare State* (London, 1985), p.100.

从地方健康管理当局的直接管理中脱离，建立自主经营的国民健康服务公司，政府只是确定健康需求服务的基本目标；政府改变补贴办法，引进市场机制，接受补贴的机构按照政府的任务进行竞争，政府择优资助，形成所谓的"准市场"机制；公民可以自由地选择医院就医，各选区保健管理局提供多家相互竞争的医院供病人选择，其医药费由政府与医院进行结算。由于竞争压力增大，国立医院不得不提高医疗水平，改善服务质量，提高自身的竞争力，以吸引更多的病人；在对医院的管理方面，政府也给予医院很大的自主性，医院可以自行决定人员的聘用、工资水平以及医疗收费等。

3. 社会救助制度的改革

英国撒切尔政府依据哈耶克的理论，实施了社会救助制度改革。改革的基本任务是降低社会救助的开支，适度弱化政府在社会救助方面的责任，强调个人在社会福利领域应承担的义务与责任。1985 年诺曼·福勒提出了一份名为《社会保障改革——变革的计划》的绿皮书，英国政府以此为蓝本进行了社会救助制度改革，从原则上改变了《贝弗里奇报告》中提倡的普遍性原则，开始实施选择性原则。例如，1986 年的社会保障法规定：新收入补贴的发放仅限于有子女的家庭以及丧失工作能力者的家庭，而在以前的家庭津贴制度中，所有收入低于规定标准的家庭都可以领取家庭收入津贴。取代"附加津贴"的"额外津贴"也不再对所有的低于最低生活标准者发放，而仅向两类人员发放，其一是 18~24 岁的单身者，以帮助他们建立家庭；其二是特殊困难的家庭，如单亲家庭、养老金领取者的家庭、丧失工作能力者的家庭。此外，产妇津贴等的适用范围也明显缩小，只有低收入的家庭的产妇才能申请。[1]

（二）保守主义福利国家制度改革——以德国为例

20 世纪 70 年代以后，德国也面临了不断上涨的社会福利支出，严重的失业、人口老龄化加剧等问题给福利国家制度带来了巨大的压力。因此，德国科尔政府也开始了福利国家制度的改革，分别从养老金制度、失业保险制

---

[1] 成新轩主编《国际社会保障制度概论》，经济管理出版社，2008，第 55 页。

度以及医疗保险制度方面进行。

1. 养老金制度改革

一方面，德国科尔政府对于养老金制度的改革体现在提前退休方面。1984年科尔政府颁布了《关于提前退休的福利金资助法》，该法案提出"联邦劳动部保证，在雇主对于年满58岁即结束就业生涯的雇员支付提前退休金时予以补贴。补贴数额相当于支付提前退休金所用款项的35%，以保证提前退休雇员可得相当于原工资65%的提前退休金。直到提前退休雇员年满65岁，有资格领取老年退休金为止"。1989年联邦德国政府要求年满58岁的雇员每周减少一半劳动时间，同时领取原工资的70%，政府将补贴另外的20%，而法定的退休保险中，保险金提升到原工资的90%，这样迫使更多的人提前退休，让出更多的劳动岗位，接纳更多的失业者。[1] 另一方面，科尔政府对于养老金制度的改革体现在筹资模式上。当时科尔政府对于改革的方案提出了三种选择：一是维持现收现付制，但要在缴费制度和给付制度之间进行选择；二是维持原有制度；三是采用新的筹资模式。在权衡之后，科尔政府还是选择了保守的方案，即第二种维持原有的制度，在此基础上改变了缴费和给付之间的关系。

2. 医疗保险制度的改革

医疗保险改革是科尔政府改革中的重要方面，主要目标是控制疾病保险支出的增长幅度。1988年，德国政府颁布了《疾病保险体系结构改革法》，该法案的实施目的在于，在医疗保险制度中引入竞争机制和激励机制，强调个人在医保中的责任和义务，提倡多种形式的医保，保持医保费率的稳定。该法案由于强调个人责任，引起了民众的不满，使得法案未能长期发挥作用。于是，1993年，德国再次颁布《卫生保健改革法》，该法案将提供医疗保险的责任方重新定位为疾病保险与医疗服务的提供者。这次改革的成效最为明显，疾病保险支出膨胀的趋势得以控制，疾病保险基金由赤字转为盈余，保险缴费率也开始下降。

---

[1] 张世鹏：《二十世纪西欧资本主义研究》，中国国际广播出版社，2003，第224页。

(三）社会民主主义福利国家制度改革——以瑞典为例

二战后，瑞典的社会民主主义福利国家制度模式取得了成功，经济维持较低的通货膨胀率，实现了在整个欧洲最高的就业率，建立了覆盖全民的普享型福利国家制度，实现了社会广泛团结。但是，在经历了初期的辉煌后，20世纪70年代中期，瑞典福利模式开始遭遇困境，瑞典的福利国家制度面临重重压力，具体表现为社会公共支出的膨胀、财政赤字严重、高福利带来的高税收，瑞典进入了"福利国家危机"的时代。于是，福利制度的改革迫在眉睫。

1982年瑞典社会民主党上台执政，采取一系列措施对福利国家制度进行了改革。这一时期，瑞典改革的基本方案是紧缩社会保障支付，实行地方化改革和引入私营化。通过紧缩社会保障开支，瑞典的"福利病"得到了缓解。瑞典政府通过社会保障的地方化改革加强了地方政府的责任，从而降低了政府的支出，最为重要的改革就是社会保障的私营化改革。20世纪80年代，瑞典在福利领域引入竞争机制和私营化，其中养老金制度的改革取得了一定成效，具体措施是通过采取私营化的方式，促使职业养老金制度得到发展。1980~1985年，购买职业养老金的人数与保费收入分别增长近3倍，职业养老金保单从4万份增长到12万份，参加职业养老金的人数由62万人增加到182万人，占养老金领取者总数的1/10。[①] 瑞典在1994年之前的改革是以比较温和的方式进行的，在一定程度上缓和了社会矛盾，取得了一定的成效，但由于其政策选择和导向仍然比较温和，产生的效果也不是很明显。

（四）欧洲福利国家制度变革的趋势

1. 从普遍性原则向选择性原则的转变

自《贝弗里奇报告》发布以来，欧洲福利国家基本遵循普遍性原则，即所有公民都享有相应的社会保障。但是，随着社会保障制度的发展，这一原则成了福利国家社会保障支出不断上涨的重要原因，也妨碍了个人责任的

---

① 丁建定：《瑞典社会保障制度的发展》，中国劳动社会保障出版社，2004，第171~172页。

第二章
欧洲福利国家制度变迁的历史考察

发挥。因此，欧洲各个国家都相继决定改变这种普遍性原则，在一些基本社会保障项目实施普遍性原则的前提下，在其他相关的社会福利项目上实行选择性原则。英国1986年的社会保障法规定，新的收入补贴发放仅限于有子女及丧失工作能力的家庭，而不是所有收入低于规定标准的家庭。"额外津贴"也不再对所有收入低于最低生活标准者发放，仅向两类人员发放：第一类是18~24岁的单身者，以帮助他们建立家庭；第二类是特殊困难者，如单亲家庭、养老金领取者和丧失工作能力者。[1] 其他欧洲福利国家遵循的原则在这一时期也相继从普遍性原则向选择性原则转变。

2. 公民权利义务失衡向强调公民个人责任转变

随着福利国家的建立、欧洲国家经济经历了稳步的增长之后，到了20世纪70年代末，福利制度陷入了一种无法自拔的困境。经济发展缓慢使社会问题不断加剧，扩大社会保障制度必然带来政府社会福利支出的增加，从而影响经济的发展。从另一个方面来说，福利国家制度过于强调政府在福利提供中的责任，经过不断的发展变化，这种福利制度逐渐演变为一种"养懒汉"的制度，许多人宁可在家待着，也不愿意出去工作。这种福利依赖的现象直接导致了福利国家的财政危机，使福利国家制度陷入困境。

福利依赖现象暴露的问题，向社会福利理论提出了福利的个人责任问题。尽管社会福利目标是追求人们的幸福，但这种幸福不是靠单纯的给予，它必须有所付出，必须依靠个人的努力才能实现。传统福利思想往往把福利看作集体对个人的承诺，而忽视了个人责任，结果制造了福利依赖陷阱。这带来的不仅仅是个人自我责任感的降低，也削弱了整个社会的道德能力，使社会失去必要的工作动力。因此，新自由主义者反对政府为个人的不幸承担集体责任。"在他们看来，公民权利把社会福利制度化，使政府获得了干预市场的权利，并且使社会福利日益成为一种行政事务，成为官僚机构程序运

---

[1] 丁建定：《社会保障制度论——西方的实践与中国的探索》，社会科学文献出版社，2016，第102~103页。

行的一部分，而人在这种官僚体制中变得越来越渺小，越来越没有价值。"[1]因此，他们认为社会权利的实现并不是无条件的，只有在个人与社会的需要一致的情况下，政府对市场的干预才是合理的，如果二者之间不一致，或者说公民把政府的福利承诺当作"免费的午餐"，就会产生福利依赖，而要想使个人与社会的需要相一致，就必须强调公民福利的个人责任。于是，针对这一问题欧洲福利国家进行了以"强调个人责任"为核心的福利制度改革。

1979年，以撒切尔夫人为首的英国保守党上台执政，对英国进行了福利国家制度改革。1985年6月发布的《社会保障改革——变革的计划》绿皮书（以下简称"绿皮书"）指出，社会保障不仅是国家的责任，它应该是个人与国家共同的责任，应该赋予个人在社会保障制度中更大的责任感，尊重个人为自己创造各种机会和承担责任的能力。同时，也必须认可国家在提供基本福利方面的责任，个人责任应建立在国家责任基础之上，在必要的时候可以依靠国家责任。绿皮书还强调，国家应鼓励而不是替代个人在提供生活保障方面做出努力。与此同时，国家还应该保留对有需要的人提供帮助的传统并不断发展。单亲家庭作为英国贫困人口的重要组成部分，在1983年大约有100万个，其中66%的家庭依靠政府的家庭收入津贴为生。为了降低这部分的支出，政府实行了补充津贴制度，同时减少一些其他福利补贴，以促使这些单亲家庭能够履行更多的家庭责任。1990年颁布的《儿童法》也强调了单亲家庭的家庭责任，所有单亲母亲，不管其依靠何种补贴，都必须授权政府部门采取行动，以促使其子女的父亲履行自己应尽的责任和义务，即父亲应该为养育自己的子女及以前的伴侣承担责任，而不是由国家来承担。德国1988年疾病保险改革的基本原则也是扩大个人在疾病保险中的责任。总之，这些国家福利制度的改革都呈现出公民权利与义务向强调公民个人责任转变的趋势。

---

[1] 钱宁：《社会正义、公民权利和集体主义——论社会福利的政治与道德基础》，社会科学文献出版社，2007，第231页。

3. 从"福利国家"向"福利社会"模式的转变

20世纪70年代以后,欧洲福利国家陷入危机,促使人们对传统福利国家制度和模式进行反思。从新自由主义者对福利国家制度的批判,到20世纪80年代初提出"福利社会"概念,共同推进了20世纪80年代撒切尔政府从"福利国家"向"福利社会"模式的改革,"福利社会"逐渐成为替代传统福利国家制度的选择。80年代初,经济合作与发展组织在巴黎召开社会政策大会,当时的秘书长范莱内普明确提出了"福利社会"构想,希望用它来解决福利国家制度的危机。他认为,"必须采取更有选择性和更有针对性的方法,包括不同政府机构之间和公共团体与私人团体之间的合作"。他还指出,"当今的一种错误倾向是由拥有日益增多的科层组织的国家从事公平的行动,这是不需要的。国家力所能及的是规劝、调解、与私人团体签合同、定方针和鼓励自愿行动。如果是这样的话,国家的成功就要依靠与社会其他机构(包括雇主的、工会的、地方社区的、自愿团体的和个人的机构)建立关系"。他强调,"随着今后工业社会社会需要和社会愿望在性质上的变化,我们必须寻求国家与私人行动的新关系;发展新的福利机构;加强个人对自己和其他人的责任。在这个意义上,福利社会是必然的和符合人们愿望的"[1]。在此基础上,80年代中后期,美国学者马丁·赖因、李·雷恩沃特以及英国学者理查德·罗斯等人相继对"福利社会""福利多元主义""混合的福利经济"等概念进行了阐释。他们认为,福利有多种来源,包括国家、市场、社会组织和慈善机构,以及血缘网络(包括家庭)。让国家"从直接提供福利的角色上退下来,鼓励雇主、自愿机构、家庭及其他人做出应有的贡献",这是"国家在总体福利项目中的主导地位的一种转变",并不意味着福利的净损失,也不会降低社会福利的水平和缩减社会福利的规模。总之,"福利社会"模式是在总结了传统福利国家制度的经验教训和吸取新自由主义部分主张的基础上融会贯通的产物。

---

[1] 经济合作与发展组织秘书处编《危机中的福利国家》,梁向阳等译,华夏出版社,1990,第7页。

最为典型的福利国家制度改革代表是英国撒切尔政府对福利国家制度进行的改革。撒切尔政府对福利制度的"社会化"进行了初步的探索和尝试，推行新保守主义经济和社会政策，进行市场化、私有化和放松国家管制等一系列改革。撒切尔政府福利国家制度改革的指导思想是推崇"机会平等"、福利"社会化"、福利"市场化"，要竭力造就一种人人都成为或者有机会成为有产者的状况。在具体政策方面，撒切尔政府围绕增加福利财政收入和减少福利支出、推进福利市场化和私人化这两个方面，大规模削减福利支出，同时还强调个人的责任，力图把英国"从一个依赖的社会转变为一个自立的社会"[①]，强调国家与社会组织的合作，推行福利市场化，以此减轻国家财政负担，充分发挥市场在增进社会福利总量方面的作用。具体的政策是推行职业与私人养老金计划，从1988年起，规定所有企业必须建立职业养老金，政府给予一定的优惠政策，鼓励个人通过储蓄、参保等方式为自己准备充足的养老费用。推行国民保健服务私有化和市场化，要求医院以及各类社会关怀机构从政府的直接控制下摆脱，建立起自营的国民健康服务公司。撒切尔政府践行"福利社会"的政策取得巨大成功，长期困扰英国的滞胀问题得到了控制，英国出现了新一轮的经济增长。

与此同时，德国也积极进行福利私有化和市场化的尝试，1988年颁布的《疾病保险体系结构改革法》明确要求医疗保险要引入竞争机制和激励机制，增强个人在医疗保险中的责任，提倡多元化的医疗保险形式，将互助、风险共担与自我管理原则相结合。法国1979年的《贝尔热法案》提出，法国社会的庞大支出会降低个人的社会责任意识，所以超支的部分应由社会成员负担。同年的布里安—希诺计划提出：国家与雇主应该直接参与疾病、死亡、工伤事故、失业与生育保险制度的管理，其中疾病保险需减少部分优先权，家庭补贴应该税收化，养老保险应向互助形式发展。[②] 瑞典也进行了一系列改革，1983年颁布实施的瑞典保健法规定，各郡政府应该承担

---

① 王振华主编《撒切尔主义——80年代英国内外政策》，中国社会科学出版社，1993，第7页。
② 丁建定：《西方国家社会保障制度史》，高等教育出版社，2010，第322页。

起规划所有保健服务的主要责任，各郡政府可以通过个人协议确定私人医生每年拥有的病人数量，在没有达成协议的情况下，接受医生的保健服务不能得到社会保险的资助，全部费用由病人自己承担，各郡也可以规范和控制私人医疗市场。① 由此可见，这一时期欧洲福利国家的改革呈现明显的从"福利国家"模式向"福利社会"模式转型的特征。

四 欧洲福利国家制度变革的历史合理性

20世纪70年代以来，欧洲福利国家制度的变革为日后福利国家制度的改革指明了方向，使欧洲福利国家向社会化、私营化的方向转变。这一时期欧洲各国福利国家制度的改革虽然取得了一定的成功，但其遗留的问题影响却是深远的。

（一）改革所取得的成绩

一是社会价值观的变化，个人责任意识增强。这一时期欧洲福利国家制度的改革目标是从普遍性原则向选择性原则转变，力图增强公民个人的责任意识。同时，欧洲福利国家制度的理念发生变化，自助、互助与国家保障相结合的理念逐渐形成，强调个人责任成为这一时期欧洲福利国家制度改革的核心内容，直接推动了个人权利与责任相结合的福利国家制度模式的建立。这一时期欧洲福利国家制度改革的成就之一就是使社会价值观发生了变化，使人们接受了强调"个人责任"与"选择权"的自由主义的价值观。欧洲福利国家制度开始向"基本安全网"的方向转化，政府只负责解决极少数人的特殊困难，在解决"福利依赖"的社会顽疾方面取得了一定的成效。

二是减轻了政府的财政负担。这一时期欧洲福利国家制度最主要的改革举措就是减少社会福利支出。一方面，通过减少社会保障项目、降低社会保障项目津贴标准等措施来减少福利开支，最终的目的就是减轻政府的财政负担，使政府摆脱高福利所带来的财政赤字。另一方面，还通过对社会福利领

---

① 丁建定：《20世纪80年代以来瑞典的社会保障制度改革》，《国际论坛》2003年第5期。

域的私有化和地方化改革来减轻政府的财政负担,扭转了福利支出不断增长的势头。从改革的效果来看,这一时期欧洲福利国家制度的改革确实取得了效果,在一定程度上减轻了政府的财政负担。以英国为例,撒切尔政府的改革将社会福利开支占比保持在国内生产总值的1/4以下,其中有些年份还出现社会福利支出绝对值的负增长。"英国社会保障支出的增长率从1979年的5.4%下降到1991年的3%,社会支出的增长率从1.8%下降到1.1%,社会支出占国民生产总值的比例从43%下降到40%。"[1]

三是效率有所提高,服务质量有所改善。一方面,这一时期欧洲福利国家制度的改革把市场价值观注入人们的福利观念之中,通过积极推行社会福利的私有化与地方化,提高了福利提供的效率和质量。另一方面,在社会保障项目的设计上,重视效率的提高,充分调动公民的积极性,从而达到提高社会生产效率的目的。比如撒切尔政府通过改革取消了那些身强力壮的失业者领取津贴的资格,迫使他们去积极地寻找工作。短期内,失业人数与失业率都有了明显的下降,人们工作积极性提高,客观上提高了社会生产的效率。

(二)改革的消极后果

一是贫富差距扩大。欧洲福利国家这一时期的制度变革虽然取得了阶段性的成功,但是也带来了消极的后果,其中最大的影响就是贫富差距的扩大。有数据显示1979~1987年英国的贫富差距呈现不断扩大的趋势。根据马丁·罗德斯的统计,"(1979~1993/1994)贫困人口(收入低于平均水平一半)翻了一番,超过了1000万,到了1997年,1400万人口被官方列入贫困之列,儿童中有三分之一出生在贫困家庭"[2]。以至于撒切尔夫人的改革被评价为"创造了一个富裕的英国社会,但她同时又创造了一个贫穷的

---

[1] Michael Hil, *The Welfare State in Britain: A Political History Since 1945* (Edward Elgar, 1993), p. 124.

[2] Martin Rhodes, "Desperately Seeking a Solution: Social Democracy Thatcherism and the Third Way in British Welfare," *West European Politics* 23, No. 2 (2002).

英国社会"①。贫富差距的扩大是这一时期福利国家制度的改革所带来的后果之一,它为后来福利国家制度再度陷入危机埋下了伏笔。

二是失业率上升。从长期效果来看,欧洲福利国家制度的私有化改革导致各国的失业率呈现上升趋势。失业率的上升又加重了人们对社会保障制度的依赖。1982年,英国企业失业人数突破200万;到1986年8月,英国失业人数高达328.91万,失业率为11.8%;1996年8月,失业人数超过200余万,失业率仍达到7.5%,且多为结构性失业,占失业总人数的66%。②高失业率直接导致的结果就是社会福利支出的增加,英国政府的社会福利支出呈逐年增加的趋势,这给撒切尔政府改革的推进增大了难度。

总之,欧洲福利国家这一时期制度变革触动了社会福利的各个领域,也取得了一些成效。但是,改革的过程中也存在局限性,最明显的就是变革没有触及制度本身,因为福利国家制度危机的根源是其制度的不合理。各国政府对于福利制度的改革都是小心谨慎的,社会福利领域是一个非常敏感的地带,民众对社会福利持普遍支持的态度,这就使得任何政府都不敢贸然地对社会福利领域进行大刀阔斧的改革,以免动摇自己的执政根基。同时,社会福利领域又是政党竞选时的筹码,通过对社会福利的允诺,来达到执政的目的,这也是欧洲各国政府对社会福利领域的改革力度不大的重要原因。

第三节 20世纪90年代欧洲福利国家制度的转型

20世纪90年代,欧洲进入了经济全球化、阶级结构变化、意识形态淡化的全新时代,加之20世纪70年代以后欧洲福利国家制度变革遗留的贫富差距不断扩大、失业率增高等问题,社会福利开支不断攀升,这些因素共同作用,促使欧洲福利国家产生了一种迫切变革的需要。于是,自英国首相布

---

① 刘玉安:《从巴茨克尔主义到布莱尔主义》,《欧洲》1999年第6期。
② Economist, Sept. 28, 1996, p.142.

莱尔上台执政之后,"第三条道路"成为风靡欧洲政坛的口号,各国社会民主党纷纷举着这面旗帜重新上台执政,积极推进福利国家制度的改革,强调在市场范围内实现社会公平,把市场经济同社会保障有机结合起来。自此,欧洲福利国家制度进入了一个崭新的转型时期。

一 欧洲福利国家制度转型的社会背景

任何社会制度重大变革的发生,都有其深刻的社会背景。福利国家制度作为一种重要的社会制度,其变革的发生有着复杂的社会成因。20世纪90年代以来,经济全球化的程度加深、阶级结构的变化、政党政治意识形态的淡化、社会风险的增加等因素共同作用,推动了欧洲福利国家制度的转型。

(一)经济全球化的影响

20世纪90年代经济全球化的进程不断加快,对欧洲福利国家经济产生了一定程度的冲击,与此同时也为其带来了机遇,成为欧洲福利国家制度转型的契机。经济全球化本质上是资本与工业的跨国化、自由贸易以及世界贸易组织等各种经济组织的活动,使世界各国经济形成一个相互依赖的体系。[①] 从根源上说经济全球化是生产力和国际分工高度发展的产物,它要求进一步跨越民族和国家疆界。全球化是一把"双刃剑",它对福利国家制度产生了巨大的冲击,这一冲击体现在两个方面:一方面是国家福利保障功能的弱化,人们生活的社会风险增加;另一方面是社会不公正的现象在全球蔓延,使人们对社会福利的需求不仅局限在本国范围内,同时也扩展至全球,形成了福利全球化趋势。

经济全球化实质上是一种让国家经济更加开放的过程,在这一过程中国家经济更多地受到跨国经济的影响而更少地受到国家的控制。经济全球化浪潮从根本上动摇了欧洲福利国家制度的价值基础,并且对欧洲福利国家制度存在的合理性提出了挑战,产生了一系列的问题。

首先,经济全球化给福利国家制度带来了冲击。一方面,经济全球化剥

---

① 钱宁:《现代社会福利思想》,高等教育出版社,2006,第280页。

第二章
欧洲福利国家制度变迁的历史考察

夺了民族国家对福利国家制度制定的自主性。另一方面，伴随着国际竞争加剧，经济全球化会带来福利水平的降低，直至降到最低。经济的开放已经削弱了民族国家政府在充分就业和经济增长的宏观经济领域的政策自主性。全球化同样也对福利国家制度中设立的反贫穷和反依赖的第一线防护体系造成了冲击。

其次，经济全球化带来了民族国家的非集中化。在第二次世界大战后建立的福利国家制度，通过施行社会公民制度而使"一个国家"的概念变得制度化。但是，全球化的浪潮正在逐渐模糊国家之间的界限，而福利国家制度的一个重要特征就是"一个国家"机制所蕴含的经济和社会事务的管理，但是这种机制正在遭受破坏。"随着全球化将社会分为两个阶层——胜利者阶层和失败者阶层，'国家利益'的概念就很难再维持，而国家社团的概念则面临着被'架空'的危险。问题在于如果不存在国家共同身份和利益的强烈感觉，在逐渐衰落的过程中，福利国家除了作为一个过去制度的遗产之外是否还会存活下去"[1]。这就意味着福利国家制度存在的合理性受到了挑战。

最后，以经济全球化的逻辑为分析框架，可以得出以下几个结论。一是经济全球化削弱了国家政府实现充分就业和经济增长的能力，传统"凯恩斯主义"将不再是有效的选择。二是经济全球化使得国家政策目标转变为减少赤字、负债以及降低税收，这无疑是与福利国家制度的安排相冲突的，会导致具体社会保障制度项目和社会消费的减少。三是经济全球化破坏了国家团结，减弱了对福利国家制度意识形态的支持。经济全球化通过将"中间偏左"的政治途径排除出去，从而限制了国家的制度选择。

总之，经济全球化的出现对欧洲福利国家制度造成了强烈的冲击，福利国家制度的保障功能在弱化，社会不公正现象在全球蔓延，对社会保障的要求不仅仅局限在国家范围内，也扩展到全球社会，具体的要求不仅涉及生活

---

[1] 〔加〕R. 米什拉：《社会政策与社会福利政策——全球化的视角》，郑秉文译，中国劳动社会保障出版社，2007，第16页。

福利，也深入生态安全，代际正义与可持续发展等社会福利深层次问题呈现出全球化的趋势。所有这些问题对欧洲福利国家制度提出了新的挑战，欧洲福利国家制度的变革迫在眉睫。

（二）政治环境的变化

一是阶级结构变化。20世纪末欧洲进入了一个以信息技术为代表的新技术时代，引发了欧洲国家产业结构的变化，直接的后果就是蓝领工人的急剧减少，掌握信息技术的白领阶层成为社会经济的主导力量，导致阶级结构发生了变化。传统的蓝领工人因为没有掌握新的技术而大量失业，代表先进生产力的知识精英和技术精英在欧洲的经济和社会生活中扮演举足轻重的角色，这种情况下选票已经不能按照阶级来划分了，而政治派别已经从"左—右"的两极格局向一种更加复杂的局面转变。白领阶层成了中产阶级的主要力量，他们对传统的极端政治表现出强烈的不满，这就使得欧洲各种政治派别必须调整自己的思想理论和政治路线，寻找一种新方式来解决这一复杂问题，以此来吸引中产阶级的兴趣和支持，从而获得选票。因此，可以说阶级结构的变化也是欧洲福利国家制度转型的原因之一。

二是政党政治意识形态淡化。由于国际国内政治、经济、社会环境的变化，西方传统政党政治中以意识形态对立为核心的思考方式，逐渐被以解决问题思考方式所取代。执政党开始以一种务实的方式来思考困扰自身社会的问题，采取一种积极的态度考虑解决问题的方式。人们发现传统福利国家制度模式与新自由主义基础上的带有反福利的国家制度模式，都不能解决福利国家制度的合法性危机。欧洲福利国家必须跳出传统福利国家制度模式的束缚，寻求新的解决方案，以争取公众的支持，巩固自己的执政地位。因此，西方政党政治中意识形态的淡化对福利国家制度的转型起了推动作用。

（三）社会风险增加

20世纪末，随着工业化大生产以及人类财富不断增加，人类社会正在面临着日益增加的风险。一方面是来自生存环境的风险。随着人类科技和生产力的不断进步，生态环境也遭到了严重的破坏，如臭氧层空洞、温室效应

第二章 欧洲福利国家制度变迁的历史考察

等一系列风险，这些风险直接威胁着人类的生存，使人类陷入了生存危机。另一方面是来自经济的风险。经济资源匮乏致使人类对自然资源进行疯狂掠夺，许多动植物濒临灭绝，结果就是物质资源也面临匮乏的局面，经济发展的前景堪忧。金融危机频繁发生，资本主义世界只追求数字增长而不考虑实际情况的金融经济，造成了巨大的经济泡沫。一旦经济泡沫破灭，就会造成整个国家乃至世界经济的崩溃，亚洲金融危机和全球的股市危机都证明了这一点。由此可见，现代社会风险正威胁着人类生存发展，传统福利国家制度在这些风险面前变得束手无策。

工业社会早期的目标是消除物质匮乏，"财富生产—分配"逻辑是工业社会的核心分配模式。但随着福利国家制度的建立，人们对物质的需要变得不再像以往那样迫切了。生产力高速发展带来的社会风险被放大，物质需要的降低和社会风险的扩大，使得人们关注的焦点不再是财富分配和社会公平问题，而是关注怎样才能有效地规避风险。因此，福利国家制度正面临着价值理念的转向，开始关注对风险的分配。

二 以"第三条道路"为主导的福利思想兴起

20世纪90年代以来，欧洲福利国家制度再次陷入危机之中，为了解决福利国家制度的困境，以"第三条道路"为主的福利思想兴起，对欧洲福利国家制度的转型产生了重大而深远的影响。

（一）"第三条道路"思想

在经济全球化、阶级结构变化以及社会风险增加的社会环境下，欧洲福利国家制度再次陷入了危机，新自由主义的福利政策面对福利国家制度的困境也显得无能为力。于是，一种跳出传统的"左"与"右"对立思维的新思想产生了，这就是"第三条道路"的思想。20世纪90年代，英国社会学家吉登斯提出的"第三条道路"理论成为布莱尔政府的执政纲领。布莱尔曾指出，"'第三条道路'是通向现代社会民主主义的复兴和成功之路。它并不是左派和右派之间的简单妥协，它力图吸取反对派和中左派的基本价值，把它们应用于社会经济发生了根本变化的世界中，而这样做的目的是摆脱过时的意识形态"①。吉登斯认为"第三条道路"是一种思维框架，它试图帮助人们适应急剧变化的社会。在福利国家制度危机的背景下，社会政策存在"左"与"右"的意识形态之争。左派提倡国家的作用，右派强调市场的作用。但是，他们都无法很好地解决福利国家的危机。在福利国家制度的改革过程中，"左"与"右"的理论都走向了各自的反面。因此，福利国家需要发展"第三条道路"去跨越"左"与"右"的界限，来寻求一条新的福利国家改革的道路。此后，欧洲兴起了一股"第三条道路"思想的热潮，德国总理施罗德、法国总理诺斯潘、瑞典的佩尔松和丹麦的拉斯姆森都成为"第三条道路"忠实的支持者，"第三条道路"理论被称为社会民主主义复兴的旗帜。"第三条道路"理论提出了一系列的社会改革方案，包括从政治到经济、从国内到国际一系列问题的解决方案。"第三条道路"理论中的重要内容就是解决福利国家制度的危机、改革福利国家制度、重新定位国家责任。围绕"第三条道路"的政治目标，"第三条道路"理论包含的福利思想主要从三个方面阐述。

1. 对福利国家制度的反思

吉登斯考察了"福利国家"概念形成的过程，福利国家制度是在工业社会的背景下产生的，作为一种阶级矛盾调和机制而获得存在的合理性与合法性。但是，随着社会环境的变迁，经济的不平等和财富的两极分化并没有减少，尤其在人类社会进入一个风险化的时代，福利国家制度并不能很好地应对人为的不确定风险。福利国家所面临的问题就是国家风险管理的危机，福利国家制度逐渐失去了存在的价值。在福利国家危机的背景下，吉登斯针对福利国家的弊病进行反思，他同意新右派思想家对福利国家制度的批判。吉登斯指出，"第三条道路政治应当接受右派对福利国家提出的某些批评，现在这种依赖于自上而下的福利分配制度，从根本上说是很不民主的。它的主要动机是保护和照顾，但是它没有给个人自由留下足够的空间。某些类型的福利机构是官僚化的、脱离群众的、没有效率的。而且，福利救济有可能违反

---

① 杨雪冬等：《"第三条道路"与新的理论》，社会科学文献出版社，2000，第25页。

第二章
欧洲福利国家制度变迁的历史考察

设计福利制度之初衷的不合理结果。但是，第三条道路政治并不把这些问题看成是应该剔除福利国家的信号，而把它视为重建福利国家的理由"①。他认为福利国家最大的结构性缺陷在于提高经济效率与实行再分配之间的脆弱关系。福利国家制度并没有减少经济不平等，也未能实现合理的再分配。因此，福利国家提供的大部分福利是解决已经发生的事情，而不是去解决导致问题的根源，这就是福利国家制度产生危机的重要原因。

2. 建立以"积极福利"概念为核心的福利社会

所谓积极福利社会，指的是"我们应当提倡一种积极的福利，公民个人和政府以外的其他机构也应当为这种福利做出贡献。而且，它还将有助于财富的创造"②。与此同时，"被理解为'积极福利'的福利开支将不再是完全由政府来创造和分配，而是由政府和其他机构（包括企业）一起通过合作来提供，这里的福利社会不仅是国家，它还延伸到国家之上和国家之下"。除此之外，"积极福利的思想将把贝弗里奇所提出的每一个消极的概念都置换为积极的，变匮乏为自主，变疾病为积极的健康，变无知为一生中不断持续的教育，变悲惨为幸福，变懒惰为创造"③。具体地说，积极福利思想主张把精神的或非物质福利加入福利制度之中，把激发人的自主性与能动性看作福利制度改革中的重要条件。传统福利国家制度把责任和权利割裂开来，一味地强调权利而忽视了责任，而积极福利思想则强调权利与责任的统一，主张"无责任即无权利"，鼓励人们积极地参与到福利制度中。

3. 提出建立社会投资型国家

"未来取代'福利国家'这个概念，我们应当提出'社会投资国家'这个概念，这一概念适用于一个推行积极福利政策的社会"④，社会投资型国家建立的社会中，"不仅政府为人民的福利负责，而且，企业和劳动力市场

---

① 〔英〕安东尼·吉登斯：《第三条道路——社会民主主义的复兴》，邓戈译，北京大学出版社、生活·读书·新知三联书店，2000，第117页。
② 同上书，第121页。
③ 同上书，第132页。
④ 〔英〕安东尼·吉登斯：《现代性的后果》，田禾译，译林出版社，2000，第122、132页。

073

中的个人也应该成为'负责任的风险承担者'"[①]。社会投资型国家主张在公私部门之间建立一种协作机制，最大限度地利用市场机制，充分考虑公共利益的因素。不仅政府有责任为公民提供福利，而且企业和个人也对福利负有责任。最终目的就是要在全社会建立社会投资型战略，调动各方积极性，由全社会共同承担风险，从而建立起一种新型的福利社会。社会投资型国家主张社会福利投资主体的多元化与民主化，福利民主化指的是福利分配应该是自下而上的，而不是自上而下的。社会投资型国家是将"第三条道路"理论付诸实践的行动纲领，是一种新型的福利国家制度类型。

总之，"第三条道路"的福利思想试图突破"左"与"右"的思想局限，将社会主义的理想与市场经济的优越性结合起来，发展出一种新型的福利国家制度。这一思想对欧洲福利国家制度的改革产生了重大的影响，在欧洲甚至出现了"第三条道路"热潮。"第三条道路"主导的福利思想已经成为欧洲福利国家制度改革的指导思想，对欧洲福利国家制度改革中纠正新自由主义的片面性、重建福利国家制度产生了积极的影响。

（二）风险社会理论的兴起

风险理论也是为了解决福利国家危机而出现的理论，贝克与吉登斯被誉为制度主义风险社会理论的两翼。1986年贝克出版德文版《风险社会》一书，但直到1992年该书被译为英文版之后，"风险社会"的概念和理论才被广为接受。贝克认为，人类历史上的任何一个时期都是一种风险社会，风险是与人类共存的，但直到近代以来人类成了风险主要的生产者，这就产生了现代意义的"风险社会"的雏形。"风险社会"具体体现为两点：一是风险的"人化"，即风险结构从自然风险占主导演变为人为风险占主导；二是风险的"制度化"，即"制度化"的风险，这是由现代国家建立的各种制度运转失灵带来的风险。贝克认为，风险社会是现代性的一个阶段。工业社会的核心问题是财富分配和不平等的改善与合法化，而风险社会必须把缓解伤害与分配作为核心问题。风险社会理论的提出目的在于批判和改造资本主义

---

① 钱宁：《现代社会福利思想》，高等教育出版社，2006，第312页。

第二章
欧洲福利国家制度变迁的历史考察

社会，提出新的未来发展图景。

与贝克不同，吉登斯的风险社会理论强调制度型风险以及风险社会对个人生活的影响。工业社会的中心是阶级，风险社会的中心是风险。风险的分布与财富的分布呈相反的发展趋势，这表现在风险聚集在社会底层，财富则聚集在社会上层，即贫穷会面对更多的风险，财富会获得更多的安全。但是，从另一个角度上来看，风险又呈一种平均的态势发展，每个人无论贫富都暴露在风险之中。贝克曾说："贫困是等级制的，化学烟雾是民主的。"[①]即使是富人也同样会暴露在化学烟雾中，使健康遭受损害，从这个层面上讲，风险又是相对平等的。这种风险正在全面威胁人类社会的存在和发展，传统福利国家在面对这些风险时已经变得束手无策了。传统的工业社会的核心分配模式是"财富生产—分配"的逻辑，目标是消除物质匮乏，生产尽可能多的财富以满足人们的物质需要。但是，随着科技与生产力的发展、福利国家制度的保护，人们对于物质的需要在客观上被降低了，而社会风险则被提高到了前所未有的程度。物质需要的降低和社会风险的提高，使得人们关注的不再是财富的分配以及社会公平问题，而是关注怎样才能有效地规避风险。于是，福利国家的价值理念也发生了相应的转变，开始关注对风险的分配。

三 欧洲福利国家制度转型内容的比较分析

"第三条道路"思想指导下的改革热潮风靡欧洲，欧洲各国根据本国的实际情况进行了福利国家制度改革。虽然不同类型福利国家制度的改革各有特色，但欧洲福利国家制度改革存在一些共同特点。

（一）自由主义福利国家制度的转型——以英国为例

1997年布莱尔政府上台执政，面对撒切尔政府改革留下的负面影响以及福利国家制度的危机，布莱尔以吉登斯的"第三条道路"为思想指引，提出了以"第二代福利"为核心的福利国家制度改革主张。改革的内容主

[①] 〔德〕乌尔里希·贝克：《风险社会》，何博闻译，译林出版社，2004，第36页。

要包括养老金制度的市场化改革、国民医疗保健制度的市场化改革、失业保险制度的改革等。

1. 养老金制度的市场化改革

布莱尔政府对养老金制度的改革,主要方向在于加强公民的责任意识,积极引入私人养老保险,侧重从结构上调整养老金制度,逐步与市场机制有机结合。布莱尔政府采取的具体措施包括多个方面。一方面,继续加强国家基本养老金和职业养老金制度建设,积极发展职业养老金和个人储蓄年金制度。另一方面,布莱尔政府主张建立国家第二基本养老金制度,这种基本养老金主要是为保障那些最需要帮助者的养老需要。1999年2月,英国颁布《福利改革与养老金法案》,对养老金制度进行了彻底的改革,目的在于保障公民的养老需要,重新树立人们对养老金制度的信心。

2. 国民医疗保健制度的市场化改革

为了降低国民医疗保健制度的支出,提高服务效率,布莱尔政府对国民医疗保健制度进行了市场化改革。1998年,布莱尔政府推行新的国民医疗保健计划,主要是缩小医疗保健服务覆盖面,鼓励医疗保健服务的市场化。[1] 这次改革的主要目的在于加强公民个人的责任意识,对于是否提供医疗服务的衡量标准由强调是否"需要"转变为强调个人"表现",从而提升医疗服务提供的效果,保证能够为社会全体公民提供最充分的医疗服务。

3. 失业保险制度的改革

失业问题一直是英国面临的最严峻的问题,对于失业保险制度的改革因此成为布莱尔政府福利国家制度改革的重要内容之一。布莱尔政府所采取的措施是由原来的以失业救济为主向失业救济与就业培训教育相结合转变,推行"从福利到工作"的新政,努力提高失业者再就业的能力。布莱尔政府为失业者提供了一系列的就业帮助,其中帮助青年失业者是布莱

---

[1] Robert M., *Page*, *British Social Welfare in The Twentieth Century* (London: MacMillan Press, 1999), p. 129.

尔政府工作的重心，具体的措施包括为青年失业者提供就业咨询和培训教育、为雇用青年失业者的企业提供补贴，以此来鼓励企业尽可能雇用青年失业者。事实证明，布莱尔政府的这些举措取得了一定的效果。根据1999年5月英国官方公布的结果，新政计划得到多数失业者的支持和参与，在12个新政试点地区，共有16000名失业青年与10000家私有企业签订就业协议。①

（二）保守主义福利国家制度的转型——以德国为例

在福利国家发展的"黄金时代"，福利国家制度的建成给德国带来了高水平的就业、持续的经济增长，德国也一度被认为是欧洲福利国家制度中成功的典型。但是，到了20世纪90年代以后，经济低迷，失业率上涨，给德国福利国家制度带来了巨大的压力，德国也因此被冠以"欧洲病人"的绰号。1998年，德国社会民主党上台执政，与绿党发表了联合执政宣言《觉醒与革新：德国通向21世纪之路》，这一宣言为德国福利国家制度的改革指明了方向，其改革的基本原则是"通过促进待遇享受和缴费义务在社会贫富、性别和代与代之间进行公正的和互助性的再分配；通过压低失业率和社会保障结构性改革，巩固社会保障体制的财政稳定，实现弘扬社会公正、加速福利国家现代化的目标"②。自此德国政府推行了一系列福利国家制度改革，目的在于使德国摆脱福利国家制度的危机。

1. 养老保险制度的改革

这一时期德国对于养老保险制度的改革着眼于扩大私人养老保险。政府每年拿出700亿欧元来补贴养老保险基金，政府有关部门出资占养老金总额的15%，中远期由私人承担的份额达到25%~30%。法定退休年龄由65岁提高到67岁，实际平均退休年龄由60岁提高到63岁。③另外，对于养老保险的改革还体现在降低津贴水平上。1999年的养老保险改革法案提出分等

---

① 杨伟民：《失业保险》，中国人民大学出版社，2000，第135页。
② 丁纯：《德国社会保障体制的现状与改革》，《国际经济评论》2000年第3期。
③ 《德国对养老保险实行重大改革》，中华人民共和国外交部网站，http://www.fmprc.gov.cn/chn/ziliao/wzzt/jjywj/t142141.htm。

级的工作能力下降养老金制度，规定在一般劳动力市场上每天只能工作3小时以内的养老金制度参加者，可以获得全额工作能力下降养老金；只能工作3~6小时者，可以获得半额工作能力下降养老金；能够工作6小时及以上者，不能领取工作能力下降养老金。①

2. 失业保险制度改革

为了应对失业率和社会福利支出的不断上涨，德国政府积极进行了失业保险制度改革。这一时期德国政府所采取的措施是降低失业救济的待遇水平，向促进就业服务的方向转变。成立"劳动、培训和竞争力联盟"，以协调劳动力市场，鼓励创业，促进高新技术产业的发展，实施青年就业"紧急计划"，以此来解决青年失业者就业问题。另外，不再提倡大龄人口提前退休，而是给其提供更多的就业机会。对于接受失业救济的适龄失业人员，政府尽量为其提供工作机会，增加对这些人员的就业培训、就业咨询的机会，提升失业者再就业的能力。

（三）社会民主主义福利国家制度的转型——以瑞典为例

20世纪70年代瑞典社会民主主义福利国家制度模式陷入危机，20世纪90年代的经济危机成为压倒瑞典福利国家制度这只骆驼的"最后一根稻草"。除此之外，瑞典失业率也在逐年上升，从福利国家制度建立初期失业率几乎为0，到1993年失业率突破了10%，人口老龄化逐年上升、福利给付过于慷慨等问题都对瑞典的福利国家制度造成了重重压力，促使瑞典进行"激进式"福利国家制度改革。

1. 养老金制度改革

20世纪90年代中期，瑞典在养老金制度中实行"名义个人账户"，标志着瑞典的养老金由过去的给付型养老金津贴模式向缴费型养老金津贴模式转变。这意味着瑞典在养老保险领域开始注重个人权利与义务的对等，以减轻政府的财政负担。"1998年，瑞典又对养老金制度进行了改革，规定了养

---

① 和春雷：《当代德国社会保障制度》，法律出版社，2001，第117页。

第二章
欧洲福利国家制度变迁的历史考察

老金缴费率为在职期间工资水平的85%,雇主和雇员各按50%承担。"① 这实际上就是加强了个人在养老金方面的责任。另外,在公共服务领域,提倡公共服务与私人养老服务的合理竞争,提高个人选择的自由度。"1992年,瑞典建立270个私营老年护理机构,占瑞典全国老年护理机构的1/3,71个地方政府和6个郡政府已经就老年和儿童照顾与私营社会福利机构签订了协议。"②

2. 失业保险制度的改革

1994~1997年,瑞典社会民主党政府在严格给付条件、增加等待期、削减给付待遇等方面推行了失业保险制度的改革。与此同时,瑞典社会民主党根据自己和工会的利益对改革方案进行了一定调整,包括提高雇主缴费比例、削减年轻人和非全职工人的失业金给付。新的失业保险制度相对于改革之前,主要有以下变化:失业保险给付的收入替代率有所下降;等待期、失业保险金缴纳期限有所延长;雇主缴纳费用所占工资比例有所增加。由此可见,新的失业保险制度增加了收入,缩减了开支,为失业保险制度的可持续发展提供了条件。

3. 医疗保险制度的改革

由于瑞典医疗保健制度过于慷慨的给付,个人因病缺勤的成本几乎为零,这就产生了道德风险,刺激了"泡病号"现象的出现,逐年上升的缺勤率导致医疗保险金支出大幅度增加。1992年瑞典实行新的医疗保险制度,它重新界定了政府、雇主和个人在医疗保险制度中的责任,并对个人的支付待遇进行了调整。1993~1996年,瑞典数次下调了医疗保险的给付待遇,以减轻政府的福利开支负担。由此可见,瑞典20世纪90年代的医疗保险制度改革,主要是通过降低医疗保险待遇给付的水平、增加雇主责任等方式来降低政府的福利支出,从而应对瑞典20世纪90年代的福利国家制度危机。除此之外,瑞典还希望通过此次改革来增加因病缺勤的成

---

① 成新轩:《国际社会保障制度概论》,经济管理出版社,2008,第118页。
② Tommy Bengtsson, *Population*, *Economy and Welfare State* (Berlin, 1994), pp. 149-151.

本，降低道德风险发生的概率，进而使缺勤率下降，提高公民个人的工作积极性。

（四）欧洲福利国家制度转型的共性特征

1. 从消极福利向积极福利的转变

传统的福利国家建立了一种普遍的福利模式，国家为所有人承担福利制度保障的责任，这虽然在一定程度上促进了社会公平，但是经过不断的发展，这一模式的弊端逐渐显现，福利国家制度成了"养懒汉"的制度，传统的福利国家模式成了"消极福利"的模式，国家在福利提供领域占垄断地位的消极影响越发明显，成为福利国家危机的根源之一。针对这一现象，"第三条道路"提出了积极的福利社会理论，欧洲福利国家制度的改革呈现从"消极福利"向"积极福利"转变的趋势。英国布莱尔政府主张现代社会福利的目标应该是培养人们的进取意识与自立精神，而不是依靠救济生活。所以，工党政府推行"从福利到工作"的新政，力争让有劳动能力的失业者就业，提升失业者自助与自我保障的能力。在实践中社会福利部门不仅为青年失业者提供就业咨询和培训教育，还为雇用青年失业者的企业提供补贴，鼓励企业雇用青年失业者。根据1999年5月英国官方公布的结果，新政计划得到多数失业者的支持和参与，在12个新政试点地区，一共有16000名青年失业者与10000家私有企业签订就业协议。[①] 德国施罗德政府积极推行就业政策，成立"劳动、培训和竞争力联盟"，以协调劳动力市场；实施积极就业政策，加大创业资助力度，创造新的就业机会；实行青年就业"紧急计划"，解决青年失业者的就业问题；增加就业培训的机会，提升失业者的再就业能力。2006年初，法国政府为了解决失业问题、促进青年人就业，推行了"首次雇佣合同法案"，规定雇用20人以上规模的法国企业，在与26岁以下的青年人签订雇佣合同的最初两年内，可以随时将其解雇而无须说明解雇原因，但作为补偿，被解雇者可以获得企业的违约金，还可以向政府申请460欧元的补助。法国政府推行此法案的目的是鼓励企业

[①] 杨伟民：《失业保险》，中国人民大学出版社，2000，第135页。

增加雇佣人数，促进青年人就业。① 虽然最后该法案未能实施，但可以看出法国政府对于鼓励青年人和失业者就业的决心和努力。由此可见，这一时期欧洲福利国家呈现出从"消极福利"向"积极福利"转变的趋势。

2. 从公民"权责分离"向"权责统一"的转型

传统福利国家制度建立的重要理论基础是马歇尔的公民权利理论，这一理论把公民享有福利的权利作为一种法定的权利加以确定，认为每个人都拥有平等的法律、人身自由、政治及基本生活待遇得到保障的权利。所以，社会权利的落实成为政府必须履行的责任，而公民所要求的福利待遇也不再是一种慈善行为，而是公民不可剥夺的权利。这是与当时的社会背景相关的，当时社会关注的焦点是阶级差异，才会出现福利国家的制度安排，由此可见，社会平等与需要是社会权利背后的重要理念。但这一理论有着致命的缺陷，那就是过于强调权利而忽视了责任的承担，20世纪70年代以后福利国家制度的改革又过于强调个人责任而削弱了个人的权利。这就像是"钟摆现象"，从一个极端到另一个极端，从本质上说，都是一种个人社会权利的"权责分离"现象。20世纪90年代以来，欧洲福利国家制度的转型更倾向于消除个人社会权利的"权责分离"现象，提出一种"权责统一"的解决措施。如布莱尔政府实施的"从福利到工作"的新政，"工党的目标不是让人们依赖救济，而是给予人们就业及财政上的独立，在福利方面我们需要一种新的机会与责任相宜的解决办法"。与此同时，公民身份应该建立在权利与义务相结合的基础上，公民有享受社会保障的权利，同样也应该履行相应的义务，现代社会福利制度必须体现权利与义务相统一的原则，即"权责统一"原则。在实践中，新制度强调以社会服务为主、以现金福利为辅，强调个人在社会保障中的责任，鼓励个人为自己的社会保障承担更多的责任。在改革绿皮书中亦指出，应该通过为贫困人口以及贫困家庭提供各种社会服务，提升这些人群以及家庭的社会竞争意识和能力，以便使他们尽可能依靠自己而不是国家实现自立。为此，应该增加社会服务方面的支出，尤其

---

① 丁建定：《法国：曾经的雇佣合同法掀波澜》，《中国社会保障》2008年第3期。

是儿童照顾、父母帮助、残疾人福利等方面的支出。由此可见，这一时期欧洲福利国家制度的改革有一个明显的变化，那就是公民社会权利方面的"权责分离"向"权责统一"的转变。

3. 从"福利社会"向"福利组合"模式的转变

20世纪70年代以来的欧洲福利国家为了减轻政府的福利负担，推行"福利社会"模式。福利提供由政府主导，转向以政府为主并积极引入市场机制。虽然，"福利社会"模式在一定程度上缓解了福利国家福利支出的危机，但也遗留了许多问题，并没有从根本上解决福利国家的问题。于是，20世纪90年代以后，欧洲福利国家依据福利多元主义的理论，主张建立福利提供主体的"福利组合"模式。具体地说，就是福利来源不仅由国家或市场来承担，个人、家庭、社会志愿组织、民间机构等也应该是福利的提供者。1998年布莱尔政府推行新的国民医疗保健计划，鼓励医疗保健服务的市场化。针对贫困家庭中的重要组成部分单亲家庭，提高单亲家庭的自我保障能力，让更多单亲家庭的家长就业。针对残疾人，为有工作能力的残疾人提供就业机会、就业咨询和就业培训，增强其自立能力。

德国在医疗保险制度改革方面增加保险参与者自己付费的部分，将免费医疗改为每次看病缴费10欧元，住院费及药费个人承担10%，非处方药的费用全部由个人承担，非工作时间发生的事故医疗费由个人承担。法国则体现在养老保险制度改革方面，在保证公平的同时提倡个人自愿性储蓄养老。"法令允许个人、公司或者行业建立和管理终生年金储蓄计划，在规定的限额内，个人储蓄性养老金制度参加者缴纳的保费可以从应税收入中扣除，现行'职员自愿储蓄计划'转为'职员自愿养老储蓄计划'，原来规定的10年固定储蓄期限改为退休前的工作总年限，参加者退休时可以选择一次性支取的方式或者逐月支取方式获得该种资源储蓄养老金。"[①]由此可见，这一时期欧洲福利国家在福利提供主体方面，逐渐强调个人、

[①] 丁建定：《西方国家社会保障制度史》，高等教育出版社，2010，第328页。

第二章
欧洲福利国家制度变迁的历史考察

家庭和社会志愿组织的参与，呈现从"福利社会"模式向"福利组合"模式转变的趋势。

四 欧洲福利国家制度转型的实质影响

20世纪90年代以来，以"第三条道路"理论为指导，欧洲福利国家结合本国的国情采取了一系列的措施，进行了大刀阔斧的改革。从这一时期福利国家制度改革的实践效果来看，欧洲福利国家制度的改革既取得了一定的成绩，也存在许多问题。

（一）欧洲福利国家制度转型期改革所取得的成绩

欧洲福利国家制度转型期的改革，在一定程度上促进了经济的增长，降低了失业率，并在一定程度上解决了"福利依赖"的问题，尤其是为未来福利国家制度的改革指明了改革的方向。

首先，在社会价值观层面建立了全新的责任观。这一时期欧洲福利国家制度转型的显著成效就是建立了全新的责任观。在国家层面，通过福利提供的私营化和地方化，将国家的责任适当下放给企业或地方政府，以此来减轻国家财政负担。在个人层面，通过强调责任与权利的统一，鼓励个人积极参与到福利领域，从而建立起一种个人为自己、为他人生活和幸福负责的全新福利观和责任观，在全社会建立起一种积极的福利观。

其次，欧洲福利国家的经济普遍取得了一定的增长。依据"第三条道路"理论，欧洲福利国家普遍采取了积极的财政政策，促进了经济的增长。以英国为例，据官方统计，1998年，英国商品和服务总产值为8480亿英镑，比1997年增长了1.75%。1998～1999年通货膨胀率为2.5%，是数十年来的最低点，政府债务在1997～1999年里减少了320亿英镑。[1] 从总体上看英国经济持续稳定增长，就业人口不断增加，全国人均收入也不断提高，1999年国民生产总值增长了1.9%，达13480亿欧元，超过世界第四的

---

[1] 阎照祥：《英国史》，人民出版社，2003，第401页。

法国。[①]

最后，就业人口的不断增加降低了失业率。由于"第三条道路"推行了积极的就业政策，对失业问题提倡预防机制，增加对失业人口的就业培训和咨询，有效地降低了失业率。在布莱尔执政期间，英国失业率明显下降，历史上年轻人长期失业人数曾高达35万人，在该时期降到5000人，英国失业率明显低于德、法、美、日等国。[②] 2001年英国经济抵御住世界经济不景气的冲击，利率、通货膨胀率、房屋抵押贷款利率均创40年来最低，失业率达25年来最低，就业比例为75%，达到欧洲最高份额。[③] 德国在就业政策方面，提出"微型工作"的概念，以此来增加就业，"微型工作"虽然收入水平低，每周只有100~200欧元，但在2003年，施罗德政府提供了580万个这样的岗位，到2004年3月，这样的岗位已经增加到750万个。这项鼓励就业的措施，受到了许多失业者的欢迎，并且在一定程度上缓解了德国的就业压力，也减轻了德国政府的福利开支负担。

总之，欧洲福利国家制度在转型期的改革强调政府的管理重心从发放社会津贴向提供优质的社会服务转变，强调个人权利与责任的统一，主张福利来源多元化。在实践方面，侧重于福利微观层面的调整和完善，试图协调福利供求双方的关系。这一时期的改革为后续福利国家制度的改革提供了一种新思路和新途径，取得了显著的效果。

（二）欧洲福利国家制度转型期改革存在的问题

20世纪90年代以后，虽然欧洲福利国家制度的改革取得了积极的效果，但也存在许多问题。由于福利领域涉及全体公民的切身利益，一直以来就是西方国家政治的焦点，任何政党都不敢贸然对福利制度进行大刀阔斧的改革。这就导致这一时期欧洲福利国家制度的改革并没有取得理想的效果。

首先，这一时期福利国家制度的改革并没有触及根本。由于福利国家制

[①]《经贸要闻》，《中国对外贸易》2000年第4期。
[②] 裴援平等：《当代社会民主主义与"第三条道路"》，当代世界出版社，2004，第299页。
[③] 东培：《经济成就是英国工党连任的最大资本》，《当代世界》2001年第7期。

第二章
欧洲福利国家制度变迁的历史考察

度本身的敏感性，这一时期欧洲福利国家制度的改革并没有触及福利制度的根本和问题的本源，高福利造成的社会问题依然存在。以英国布莱尔政府改革为例，政府在医疗保健制度改革中投入了大量的人力、物力，但状况并没有得到改善。布莱尔主张对医疗体制进行结构性改革，下放给医院更多的自主权，允许私人医院积极参与，引入市场竞争机制，但这一改革设想由于遭到各方的反对并没有得到实施。德国施罗德政府的福利国家制度改革方案引起了社会各界特别是工会的强烈不满，并最终导致施罗德下台。因此，施罗德的改革并没有全部施行，改革的效果也并不理想。

其次，社会福利的开支问题并没有从根本上得到解决，贫富差距也依然很大。虽然在改革初期社会福利的开支略有下降，缓解了欧洲福利国家的财政危机，但从长期效果上来看，贫富差距问题并没有得到解决。根据英国国家统计局有关财富分配的年度报告，"衡量贫富差距的基尼系数从1995~1996年度的0.33上升到1996~1997年度的0.34，1997~1998年度保持不变，但1998~1999年度升到了35"[1]。这表明工党执政期间英国的贫富差距扩大了，在这个问题上，布莱尔政府也力不从心。

最后，欧洲福利国家制度的改革并没有获得民众的支持，致使改革的效果并不理想。德国对福利国家制度改革过于急迫，超出了民众的心理承受能力，导致民众对大幅度削减社会福利的改革无法迅速认同，德国"红绿政府"的支持率一路下降。2003年10月，德国社会民主党的选民支持率只有24%左右，达到二战后历史最低点，而反对党的支持率高达49%。施罗德政府削减社会福利的改革措施触及了民众心理最薄弱的环节，使他们本能地抵触福利制度改革，导致德国改革遇到了各方面的阻力，改革的效果并不理想。

总之，尽管欧洲福利国家制度改革取得了短期阶段性成果，但并未能进一步发挥福利国家制度改革的长期效能。此外，世界经济环境的不断变化，大大增加了欧洲福利国家制度改革结果的不确定性。

---

[1] 王振华等主编《重塑英国：布莱尔主义与"第三条道路"》，中国社会科学出版社，2000，第153页。

第四节　21世纪以来欧洲福利国家制度面临的挑战

欧洲福利国家制度从无到有，从繁荣到危机，经过半个多世纪的发展已经作为一种重要的社会制度被确定下来。但是，欧洲福利国家制度自建立起就不断受到各种挑战。由于福利制度本身具有高度的政治经济敏感性，当政治经济环境发生变化，最先受到冲击的就是福利国家制度。这一点在欧洲福利国家陷入危机后得到了证明，欧洲福利国家制度受到了来自各个方面的攻击，导致了欧洲福利国家制度中福利支出的大幅削减。进入21世纪以来，欧洲社会、政治、经济环境发生了巨大的变化，各国政党更迭、经济危机、社会结构的变化都给"福利国家危机论"这一老话题带来了新内容。尤其是2009年希腊爆发的主权债务危机，拉开了欧洲债务危机（简称"欧债危机"）的序幕。在此之后，欧债危机从希腊、意大利、西班牙、葡萄牙蔓延开来，波及欧元区核心国家，严重冲击了欧洲经济，大多数欧洲福利国家陷入了经济低迷、失业率上升、债务攀升的困境之中。为此，欧洲福利国家均调整了福利政策，以减少社会福利支出以及激进的财政紧缩政策来应对欧债危机，这也成了欧洲福利国家制度发展的新契机。

一　欧债危机对欧洲福利国家制度的新挑战

2008年以来，全球金融海啸、迪拜事件引发的全球股市和油价的波动还没有过去，2009年10月开始的希腊债务危机又极大地打击了欧洲各国政府恢复经济的信心。这次欧洲债务危机被认为是由欧洲的高福利制度导致的，甚至被称为"福利国家的终结"。毋庸置疑，这次欧债危机对欧洲福利国家的打击是巨大的，它引发了欧洲各国的经济低迷、社会危机甚至政权更迭。历史一再证明，每次经济危机都会引起福利国家制度的调整和变革。同样，这次危机为欧洲福利国家进行新一轮改革提供了契机，它迫使欧洲福利国家对其福利制度进行改革，以寻求新的发展。

第二章
欧洲福利国家制度变迁的历史考察

（一）欧债危机的产生原因

欧债危机发端于希腊。2009年10月希腊赤字率超过12%，远远高于欧盟3%的标准。随后，希腊的主权信用评级一度被评为垃圾级别。与此同时，葡萄牙、西班牙等国主权信用也因同样的问题而被降级，并相继爆发危机。2010年4月，希腊向欧盟与国际货币基金组织（IMF）正式提出援助申请，欧元区成员国决定启动希腊救助机制，并与IMF在3年内为希腊提供总额为1100亿欧元的贷款。但随着爱尔兰、葡萄牙等国相继向欧盟与IMF申请救援，欧债危机非但没有得到缓解，反而因为救援就此升级。到2012年，匈牙利主权信用评级被降为垃圾级，国际评级机构标普将奥地利、法国等9个欧洲国家的长期主权信用评级再次下调。2013年，塞浦路斯爆发银行业信用危机，瑞典爆发社会冲突，希腊、西班牙等欧洲多国青年失业率仍然停留在50%以上的水平。由此可见，欧债危机已经在欧洲范围内蔓延开来，而且其影响在短期内也很难消除。研究欧债危机对欧洲福利国家制度的影响，就有必要分析欧债危机产生的根源。

1. 欧债危机产生的外部原因是美国次贷危机冲击

2007年美国爆发了次贷危机，使得其五大投行破产或转型，经济一蹶不振，这直接引发了国际金融危机。美国通过所谓量化宽松的货币政策向全球其他国家和地区转嫁危机。于是，同样喜好发展债务经济的欧洲，成为美国转嫁危机的最佳选择。而当欧洲各国发生债务危机之后，只能向欧盟和IMF求救，这就使得美国次贷危机开始在欧洲蔓延，促使了欧债危机的发生。欧债危机是美国次贷危机在欧洲的延续，这已经成为几乎所有欧洲国家的共识。

2. 欧债危机的政治诱因是欧盟体制松散与领导能力弱化

欧债危机发生初期，在面对美国次贷危机的深刻教训时，欧盟显然缺乏有效的领导能力和治理方式，这成为欧债危机大范围蔓延的政治诱因。虽然欧盟解决欧债危机的决心和力度都是空前的，但欧盟自身松散的管理体制与领导能力缺乏是其面临的最大问题。譬如，2011年，欧盟委员会主席巴罗佐就曾提出以推进欧债一体化来应对欧债危机的进一步恶化，但这一提议遭到德国、法国等欧盟强国的强烈抵制和否决,因为这触动了他们的切身利益。除此之外,还有一个重要的政治原因就是欧盟机制不完善。欧债危机从表面上看是欧洲的债务危机,实质上却是欧元的危机。欧盟统一了货币,却未能形成统一的财政管理体系,欧元启动后,欧元区各国仅将货币主权交给欧洲中央银行,其余一些主要的货币政策还是要由本国制定,这就容易造成统一的货币政策和其他各国政策之间不协调的问题。所以从这个角度来说,货币政策与财政政策两大体系的不兼容是导致欧债危机的重要原因。

3. 欧债危机与欧洲福利国家制度积弊息息相关

欧盟目前共有 27 个成员国,这些国家之间的经济发展并不均衡。近些年来,希腊、爱尔兰、西班牙等国经济都呈现负增长,而生活水平与福利待遇又不想下降,只能依靠大规模举债度日。国际评级机构标普认为,欧债危机产生的原因并不仅是财政问题,而且是欧元区核心国家和边缘国家竞争力差距拉大的必然结果,特别是"花得太多,而挣得太少"。德国总理默克尔也曾指出"欧元区各国竞争力不大相同,并不是说欧元是危机,而是主权债务的危机,这也是竞争力的问题"[1]。

欧洲大多数国家实行高福利的福利政策。如此次欧债危机的爆发地希腊,2010 年,该国社会福利支出占 GDP 的比重为 20.6%,社会福利在政府总支出中的占比高达 41.6%,是典型高工资、高福利的福利国家。[2] 施行如此高水平的福利供给,但经济持续低迷,想要维持福利制度就必须大规模举债。因此,从这个角度上来说,欧债危机充分反映了欧洲福利国家制度难以为继的惨淡现实。从 20 世纪 70 年代福利国家陷入危机之后,欧洲的福利国家制度一直处于不断调整的过程当中,但福利国家制度的问题始终未得到根本解决,加之欧洲社会环境不断变化,低出生率与人口老龄化问题不断加剧,新的社会风险出现,欧洲福利国家制度的弊端更加明显,对福利国家制度进行根本性改革的需求变得尤为迫切。由此可见,只有对欧洲福利国家制

---

[1] 《德国总理默克尔:欧洲将危机中成长》,http://finance.sina.com.cn/world/20120202/204411301534.shtml。

[2] 张建君、郝全洪:《欧债危机的深层原因及全球影响》,《甘肃理论学刊》2014 年第 1 期。

第二章
欧洲福利国家制度变迁的历史考察

度进行改革，才能真正切中欧债危机的解决之道。

（二）欧债危机对欧洲福利国家制度的挑战

欧债危机对欧洲福利国家制度提出了新的挑战，使本来已经岌岌可危的福利国家制度雪上加霜。欧债危机对欧洲福利国家制度的挑战具体体现在社会福利支出不断上涨、失业率不断攀升、"福利依赖"愈发严重等方面。

1. 社会福利支出不断上涨

欧洲福利国家的执政党为了争取选民的支持，长期维持高福利的社会保障支出。据统计，欧洲债务国的福利支出占其国民生产总值的比重普遍接近50%，国家一半以上的税收用来满足国民的福利需求。[①]"经合组织2007年的数据显示，欧洲一部分国家的社会保障支出占国内生产总值的比重达到了四分之一左右，法国28.4%、德国25.16%，英国20.5%等，其中医疗支出更是占生产总值的10%左右，人均医疗支出的费用已经远远超出了实际平均水平的五六倍之多，更呈现不断增长的趋势。"[②] 由此可见，欧洲各福利国家的财政压力是巨大的，而欧债危机的蔓延对欧洲福利国家财政的打击是致命的。欧洲福利国家为了缓解欧债危机，就必须发挥福利国家制度的作用，社会福利支出就必然会呈现上涨的趋势。

2. 失业率不断攀升

欧债危机给欧洲福利国家带来的另一个严峻的问题就是失业率的不断攀升。进入21世纪以来，欧元区的失业率就呈现大幅度上升的趋势，而经济增长率却一直在低水平徘徊。欧债危机的出现对欧元区各国来说无疑是雪上加霜，2010年欧元区各国的失业率基本均呈现了明显的上升趋势（见表2-2）。高失业率意味着领取失业救济金的人数不断增加，政府福利支出不断增加，给政府财政带来了巨大的压力，福利国家制度的改革迫在眉睫。

---

① 黄文涛：《欧洲主权债务危机对我国福利制度建设的启示》，《华中农业大学学报》（社会科学版）2012年第4期。
② 宫兰兰：《金融危机背景下欧洲社会保障困境及启示研究》，硕士学位论文，武汉科技大学，2012，第23页。

表 2-2 2005~2012 年欧元区各国失业率

单位：%

国家	2005年	2006年	2007年	2008年	2009年	2010年	2011年	2012年
希 腊	9.9	8.9	8.3	7.7	9.5	12.6	17.7	—
爱尔兰	4.4	4.5	4.7	6.4	12.0	13.9	14.7	14.8
西班牙	9.2	8.5	8.3	11.3	18.0	20.1	21.7	25.0
葡萄牙	17.9	13.9	9.6	8.5	10.6	12.0	12.9	15.7
意大利	7.7	6.8	6.1	6.7	7.8	8.4	8.4	9.2
法 国	11.3	10.3	8.7	7.5	7.8	7.1	5.9	5.5
德 国	9.3	9.2	8.4	7.8	9.5	9.7	9.6	10.3

资料来源：欧盟统计局网站。

3. "福利依赖"愈发严重

"福利依赖"从 20 世纪 70 年代以来就一直困扰着欧洲福利国家。由于福利国家一直实行高福利的社会政策，失业救济高于一些低收入者的工资，很多低收入者放弃了原有的工作，宁可靠失业救济生活也不愿意再就业，这就造成了"福利依赖"现象。"福利依赖"带来了又一社会问题——"贫困陷阱"，它所指的是一部分人即使靠失业救济生活在贫困中，也不愿意靠自己从贫困中走出去寻找工作，这就导致整个社会陷入一种缺乏发展动力的状态。欧债危机的出现进一步恶化了这一情况。由于有高福利的保障，不工作也不会严重降低生活水平，人们缺乏工作热情，失业率不断上升，整个劳动力市场缺乏弹性，导致经济增长乏力。最终导致税收和失业陷入了一个恶性的循环，造成了严重的资源浪费，挫伤了人们工作的积极性，对政府财政造成了巨大的负担，也使欧洲福利国家制度面临严峻的挑战。

二 福利多元主义理论的兴起

（一）"第三条道路"理论饱受质疑

全球化带来的福利问题，使人们对为了自由而牺牲保障、为了效率而牺牲公平的新自由主义福利主张提出了质疑，各种针对新自由主义改革的福利主张纷纷涌现。在众多改革思想中，"第三条道路"的思想主张由于其实用

第二章
欧洲福利国家制度变迁的历史考察

性而备受推崇。但是,实践中"第三条道路"理论能否真正解决福利国家制度的危机是一个值得深思的问题。为了解决福利国家制度危机,以吉登斯为代表人物的"第三条道路"理论提出了一系列改革方案。吉登斯通过分析福利国家制度的矛盾得出:福利国家"现在这种依赖于自上而下的福利分配制度,从根本上说是很不民主的。它的主要动机是保护和照顾,但是它没有给个人自由留下足够的空间"[1]。因此,需要建立"积极的福利社会"来解决福利国家制度的矛盾。所谓"积极的福利社会",就是指"我们应当提倡一种积极的福利,公民个人和政府以外的其他机构也应当为这种福利做出贡献,而且它还将有助于财富的创造。……福利制度还必须在关注经济利益的同时关注心理利益的培育"[2]。因此,"积极的福利社会"首先是一个摆脱"生产主义"的社会,"生产主义"的社会把非物质的福利排除在福利制度之外,把福利作为唯一的经济福利。这种所谓的"生产主义"的社会把福利国家制度拖进了物质依赖的泥沼。而"积极的福利社会"的建立正是为了解决这一问题,它反对以物质为主的福利提供,强调激发人的主动性是实现人的幸福的重要条件。为了落实"积极的福利社会"思想,吉登斯提出了建立"社会投资型国家"的福利制度类型,他指出"为了取代'福利国家'这个概念,我们应当提出'社会投资国家'这个概念,这一概念适用于一个推行积极福利社会政策的社会"[3]。由此可见,"社会投资型国家"是完全不同于福利国家的概念,它试图在公共部门和私人部门之间建立一种合作机制,以达到有效利用市场机制并充分考虑公共利益的目的。从这个角度上来讲,"社会投资型国家"是一种新型福利制度的建构方式,在这一制度中福利责任不再完全由政府来承担,而是由政府、企业以及其他社会机构一起承担,是一种"实现了国家与个人、企业与社会、调控与非调控、经

---

[1] 〔英〕安东尼·吉登斯:《第三条道路——社会民主主义的复兴》,邓戈译,北京大学出版社、生活·读书·新知三联书店,2000,第117页。
[2] 〔英〕安东尼·吉登斯:《第三条道路——社会民主主义的复兴》,邓戈译,北京大学出版社、生活·读书·新知三联书店,2000,第121页。
[3] 〔英〕安东尼·吉登斯:《现代性的后果》,田禾译,译林出版社,2000,第122、132页。

济因素与非经济因素相结合的社会市场制度的福利国家"[1]。

吉登斯的"第三条道路"思想实际上是一种试图复兴社会民主主义的努力,其基本策略是试图通过融合左派与右派的社会福利主张,在社会民主主义与保守主义之间寻找一条中间道路。但是,"第三条道路"思想到底复兴了什么样的社会民主主义? 它又是否找到了一条真正的中间道路呢? 欧洲福利国家制度改革的实践表明,"第三条道路"不过是"利用社会民主主义的名义,把新自由主义提到议事日程上来,以赢得广泛的支持"。这是因为,"社会民主主义和社会主义核心价值具有持续的号召力,'第三条道路'利用了社会民主主义和社会主义的名义。它的作用是讽刺、破坏和抵消社会民主主义和社会主义的核心价值,并且增强新自由主义工程的霸权"[2]。吉登斯认为,"个人主义是团结,责任是社会正义,危险是安全,企业是共同体,包容是平等,风险是自由,机会是再分配,自助是福利,新自由主义是社会民主主义"[3]。由此可见,吉登斯所谓的"第三条道路"本质上是用向新自由主义靠拢的方式,对社会民主主义的价值观进行"个体化"改造,实际上就是通过将新自由主义的个人主义价值观移植到社会民主主义之中,以此实现对社会主义的个人主义改造。在欧洲福利国家进行"第三条道路"改革的实践之中,工党实际上已经放弃了扎根于欧洲国家的社会平等的理想。"工作第一"的福利改革主张源于新自由主义,而福利社会也屈从于新自由主义的"工作社会",结果就是"第三条道路"的主张成了不可能实现的东西,它放弃了社会民主主义和福利集体主义的基本原则,将社会弱势群体再一次抛到了没有安全保障的境地。因此,"第三条道路"理论虽然试图摆脱新自由主义和传统社会民主主义的窠臼而另辟蹊径,但在实践中却走了一条左右摇摆的骑墙主义道路。"这种试图在意识形态的争论上调和折中的态度,不仅在理论上会造成混乱,而且在实践中难以把握,并且在自由和保障的选择中倒向

---

[1] 钱宁:《现代社会福利思想》,高等教育出版社,2006,第312页。
[2] 欧阳景根:《背叛的政治:第三条道路理论研究》,上海三联书店,2002,第186页。
[3] 欧阳景根:《背叛的政治:第三条道路理论研究》,上海三联书店,2002,第200页。

第二章
欧洲福利国家制度变迁的历史考察

新自由主义的个人主义。"① 由此可见,"第三条道路"理论并没有如设想中那样真正解决欧洲福利国家制度的问题,它只是暂时缓解了危机,并没有触动福利国家制度的根基。因此,"'第三条道路'也必然无能为力,因为行政性再商品化的方案已经瓦解了其本身企图捍卫的制度基础"②。综上所述,当欧债危机出现,社会政治、经济环境发生了改变,福利国家制度又重新陷入了困境之中。

(二)福利多元主义理论的兴起

在福利国家危机的背景下,福利多元主义理论在众多的理论中得到重视,得到了广泛的认同,它不仅对福利国家危机的现状做出了解释,还提出了福利国家转型的方向,成了福利国家转型的一个重要理论支撑。福利多元主义概念最早源于 1978 年英国的《沃尔芬德的志愿组织的未来报告》,该报告主张把志愿组织也纳入社会福利的提供者之中,将福利多元主义运用于英国社会政策的实践当中。罗斯在《相同的目标、不同的角色——国家对福利多元组合的贡献》一文中对福利多元主义的概念进行了明确的论述。他认为福利国家容易被误认为福利完全是政府的行为,虽然提供福利是国家的责任,但绝不意味着国家对福利的垄断。他认为福利是社会的产物,市场、家庭和国家都要提供福利,放弃市场和家庭的做法是错误的。国家是福利的主要提供者,市场也是福利的来源之一,无论是个人和家庭都要从市场中购买福利,工人通过雇佣劳动获得福利,家庭是传统的福利的基本提供者。市场、家庭和国家单独提供福利都存在缺陷,只有联合起来才能发挥更大的作用。国家提供社会福利是为了纠正市场失灵,市场提供福利是为了弥补政府失灵,家庭和社会组织提供福利是为了补偿市场和国家的失灵,"混合福利社会模式"应运而生。"混合福利社会模式"就是由市场、家庭和国家三者共同提供福利服务。福利多元主义就是在福利国家

---

① 钱宁:《社会正义、公民权利和集体主义——论社会福利的政治与道德基础》,社会科学文献出版社,2007,第 301 页。
② Claus Offe, Volker, "Theses on the Theory of the State," *New German Critique*, No. 6 (1975): 137.

危机的反思中产生的，它重新对福利国家予以界定，提出福利的来源应当多元化，福利的责任不仅由国家和市场来承担，家庭、个人和社会志愿组织等也可以成为福利的提供者，并应当承担责任。福利多元主义理论另辟蹊径寻求福利国家未来发展的最佳途径，其兴起似乎为处于危机之中的福利国家带来一丝希望。

三 欧洲福利国家制度应对措施的比较分析

2009年底，希腊爆发了主权债务危机，拉开了欧债危机的序幕。此后，欧债危机愈演愈烈，波及的范围越来越广，给欧洲福利国家制度带来了巨大的冲击，福利国家制度变得岌岌可危，大多数欧洲福利国家陷入了经济下滑、失业率上升、债务攀升的困境之中。欧洲福利国家将责任归咎于高水平的福利国家制度，纷纷出台了削减福利待遇、减少福利支出的改革，试图摆脱债务危机。在应对欧债危机时，不同的国家采取的措施有所不同，但是又存在一些共同的趋势。

（一）自由主义福利国家制度的应对措施——以英国为例

2010年保守党领袖卡梅伦担任英国首相，面对严峻的社会政治、经济危机，卡梅伦政府对英国的福利国家制度进行了大规模缩减，其改革的指导思想是"大社会"思想，主张最大限度地削弱国家的权力，减少国家对社会和个人生活的干预。"社会责任"是卡梅伦"大社会"思想的核心内容，公民权利不再被认为是公民想当然的权利，鼓励公民积极承担责任，只有这样才能实现社会的平等。具体地说，卡梅伦政府的福利国家制度改革主要包括以下几方面。

一是降低福利待遇，减少福利开支。为了应对金融危机和欧债危机的冲击，卡梅伦政府的福利国家制度改革在宏观上降低福利待遇以减少福利开支。具体做法是设置福利金最高限额，"夫妻或单亲家庭每周可获得的福利金不得高于500英镑，而单身者所领取的救济金则不得高于350英镑。在改革之前，英国的社会补助金金额每年按年通货膨胀率增长。新的改革取消了社会补助金随物价涨幅上调的做法，规定在3年内把涨幅限定在1%，和公

第二章
欧洲福利国家制度变迁的历史考察

务员工资增幅保持一致。福利金封顶限额反映了普通工薪家庭平均收入的数额，确保改革后领取工作年龄福利的家庭的收入不超过工作家庭的平均收入，以此增进公平，减少福利依赖"①。

二是养老金市场化导向的"三元模式"改革。英国的养老金制度改革以市场化为导向，引入市场机制和私营成分，主张淡出政府的作用，建立起一种"三元模式"养老体系。具体做法是在2012年建立强制性第二支柱养老金，将原有的自愿型职业养老金转型为强制型养老金，扩大第二支柱养老金的覆盖面。同时，增强了第二支柱养老金的强制性，强调个人责任，这在一定程度上减少了政府职责，减轻了政府财政压力。2013年，英国颁布了《国家养老金制度改革白皮书》，实施单层的养老金计划，鼓励公民为个人养老储蓄。此次改革的重点是取消了国家第二养老金体系，将所有的项目合并成一揽子养老金计划，简化国家养老金体系。此项改革是英国养老金体系建立以来改革幅度最大、最激进的一次改革。为了缓解欧债危机带来的冲击，英国政府从养老金制度改革入手，通过延长退休年龄，增加国民保险缴费额，鼓励公民进行养老储蓄等措施，进行"开源"与"节流"双管齐下，提高公民对自身的养老责任感，逐渐减少政府在养老领域的责任。

三是国民医疗健康服务的改革。2010年，卡梅伦政府颁布了《公平与卓越：解放NHS》白皮书，提出了英国国民医疗服务体系改革的设想。2012年，英国颁布《健康与社会保健法案》，标志着卡梅伦政府的医疗服务体系改革正式实施。卡梅伦政府的医疗服务体系改革是在国际金融危机和欧债危机背景下进行的改革，目的是有效控制医疗保险的各项开支，缓解政府的财政危机。在对医疗机构改革方面，"卡梅伦政府在白皮书中对相关机构的设置意图包括五个方面：一是建立一个独立的NHS委员会，即健康委托委员会将NHS系统的服务需求管理、服务采购全权委托给该机构运作；二是扩大监管理事会的角色，使它变为一个经济监管机构，而不再

---

① 王雯：《英国撒切尔、卡梅伦政府两轮福利缩减改革比较》，《广西大学学报》（哲学社会科学版）2013年第6期。

是仅仅对基金信托机构的监管;三是加强和理顺保健质量委员会作为一个质量检查员的角色;四是扩大国家健康和临床卓越中心的职能,为社会保健开发质量标准,并使它具有更为坚实的法律基础;五是在国家卫生部内部创建一个新的公共健康服务机构"[1]。在引入私营机构方面,卡梅伦政府让私营机构参与到 NHS 的服务供给中来,通过鼓励竞争来提高医疗保健服务的效率。

(二)保守主义福利国家制度的应对措施——以德国为例

欧债危机之后,德国默克尔政府面对日益严峻的国际、国内形势,在施罗德政府福利国家制度改革的基础上进行了一系列改革,具体主要涉及养老金和医疗保险领域。

首先,养老金制度改革。2000 年以来,德国对养老金制度进行了一系列改革,包括 2001 年的里斯特改革,主要措施是推进企业补充和私人养老金,从单一支柱转向多支柱体系,目的是减轻法定养老金的财政支出负担;2004 年出台的养老金可持续法案,在养老金给付计算上引入可持续因子,将养老金给付从收益确定型转变为缴费确定型;2007 年的改革法案规定从 2012 年起将法定退休年龄逐步由 65 岁延迟至 67 岁。德国在养老金领域这一系列改革的成效显著,养老保险的财政压力减轻,社保基金略有盈余,这些改革的成功是德国的福利国家制度在欧债危机横扫欧洲的情况下能够脱颖而出的重要原因。欧债危机之后,为了应对国际形势和国内形势的新变化,德国在 2014 年颁布了《法定养老保险改进法案》,该法案提高了部分参保者的养老金待遇。改革举措中最引人注目也最具争议的是"缴费满 45 年的参保者,可以提前至 63 到 65 岁退休并领取全额养老金"。另外,此次改革推行"母亲养老金"。针对 1992 年之前生育孩子的母亲,提供额外养老金,此举惠及约 950 万的母亲或父亲。此次改革实质上是德国政府在财政压力不大、养老金的可持续支付问题已经大致解决的情况下对公众公平诉求的回应,是对前期养老金制度改革的一次修正。总之,2000 年以来德国养老金

---

[1] 吴传俭:《英国卡梅伦政府医疗改革评述》,《中国卫生经济》2012 年第 12 期。

制度改革最主要的成果是"在基本制度层面，德国从传统的唯一支柱模式转变成为多支柱和多层的改革模式，这是涉及'范式转换'的根本性变迁，也可以从理论上描述为'破除路径依赖'的改革"①。

其次，医疗保险制度改革。2004年德国颁布《法定医疗保险革新法》，此次改革内容主要包括：一是开源节流，增加医保收入，降低支出；二是引入市场机制，提高医疗保险领域的效率。默克尔政府上台之后，在2007年颁布了《法定疾病保险——强化竞争法》，开始了任期内的医疗保险制度改革。主要内容包括：一是引入全民疾病保险，德国历史上首次实现全民疾病保险；二是促进保险机构包括法定和私人保险机构的现代化改革；三是医疗保险融资方式的改革，引入卫生基金模式；四是改善医疗服务。此次改革主要有三个显著特征：一是追求公平，对所有居民都进行强制性医疗保险；二是重视效率，医疗服务领域引进更多的竞争机制；三是平衡国家与个人的责任，既强调国家作用，也强调个人责任。2009年医疗保险改革的主要内容是积极鼓励私人医疗保险的参与，增强公私医疗保险的竞争。而2011年改革方案的主要内容是限制新药物的成本。总之，从施罗德政府到默克尔政府的医疗保险制度改革都是为了控制医疗保险的支出费用，减轻政府财政压力。从总体上来看，这些改革减缓了欧债危机的冲击，这也是欧债危机对德国影响比较小的原因之一。

（三）社会民主主义福利国家制度的应对措施——以瑞典为例

欧债危机成就了"2010年欧洲改革年"，在欧债危机的冲击之下，欧洲各国纷纷进行了不同程度的改革，目的在于将欧债危机的影响降到最小。瑞典以其良好的福利制度基础，加之应对金融危机的经验，在面对欧债危机时成为表现较好的国家之一。但欧债危机还是对瑞典产生了一些消极的影响。因此，瑞典也在社会福利制度领域进行了一系列改革，体现为在之前改革的基础上进行了继承性的、谨慎的改革。瑞典福利国

---

① 刘涛：《德国养老保险制度的改革：重构福利国家的边界》，《公共行政评论》2014年第6期。

家制度改革的措施主要包括降低社会保障缴费率、延长退休年龄和推行积极就业政策。

首先，降低社会保障缴费率。"2009年1月起，政府把雇主的社会保障缴费率从32.42%降低1个百分点至31.42%（当年合计减负120亿瑞典克朗），对自我雇佣者的缴费率降低5个百分点。"[①] 这一举措有效地减轻了政府的财政负担，增强了瑞典抵御债务危机的能力。

其次，延长退休年龄。为了让养老金制度远离债务危机，延长退休年龄是首要做法。2013年3月，瑞典首相赖因·费尔特在新的政府报告中称："瑞典人应该早些工作，晚些退休，保证社会福利更加有可持续性和稳定性。我们对社会福利制度标准的制定有自己的目标，但是不能一直固滞不前。提高税率并不是有效地保证社会福利可持续性的好方法。"[②] 因此，赖因·费尔特还呼吁瑞典人民考虑工作到75岁。

最后，推行积极就业政策。瑞典政府推行积极就业政策来降低失业率。如鼓励企业雇用年轻人失业者，"将针对这类人群的社会保障缴费率降低50%至15.49%，年龄范围扩大到26岁，估计减负120亿瑞典克朗。对雇佣一年及以上的长期失业者和残障人士的企业，从2009年起政府提供的补助加倍，共耗费17亿瑞典克朗"[③]。这些举措刺激了就业，降低了失业率。2010年，瑞典联合政府连续执政后，一如既往地推进积极的劳动力政策，鼓励年轻人尽快结束学业早日进入劳动力市场，并有意将退休年龄推迟至75岁，还鼓励公民在50岁后转换职业。除此之外，瑞典政府还将失业保险与培训相结合，鼓励灵活的就业方式。

（四）欧洲福利国家制度改革的共性分析

综观21世纪以来欧洲福利国家制度的改革，虽然欧洲各福利国家在面

---

① 谢琼：《超越左右：瑞典福利制度的调整及其影响因素》，《国家行政学院学报》2015年第6期。
② 商璐：《瑞典将延长退休年龄》，人民网-国际频道，2013年3月7日。
③ 丁纯、李君扬：《欧债危机中的欧洲社会保障制度》，《中国社会科学院国际研究学部集刊》2013，第106~128页。

对危机时采取的措施有所差异,但是这些国家的改革还是呈现了一些共同的趋势。

1. 强调个人权利与责任的对等

公民在社会福利领域中权利与责任失衡的问题一直困扰着福利国家。这主要是由马歇尔公民权利理论的缺陷导致的,公民享受福利被认为是一种想当然的权利,这必然会导致公民权利与责任的失衡。因此,平衡公民权利与责任的关系,强调公民个人在社会福利中的责任一直是福利国家改革的重点,尤其是欧洲福利国家政府已经到了对高福利不堪重负的情形,再遭遇欧债危机这样的冲击,福利制度改革刻不容缓。欧洲各福利国家在改革的过程中的一个共同特征就是逐渐淡化国家在福利制度中的责任,更加强调个人的责任。提高公民个人的责任感有助于缓解政府的压力,也有助于提高福利领域的效率,从而促进公平的实现。在实践中,英国卡梅伦政府"大社会"思想的核心内容是鼓励公民积极承担责任,公民权利不再被认为是公民想当然的权利,只有这样才能实现社会的平等。德国在2007年的医疗保险制度改革中也提出要平衡国家与个人的责任,既强调国家作用,也强调个人责任。

2. 强调福利提供主体向多元主体的转变

21世纪以来,尤其是欧债危机之后欧洲福利国家制度的改革还有一个明显的趋势就是强调福利提供主体向多元化转变。在福利提供主体方面,积极引入和鼓励多元主体共同提供福利,打破政府与市场的二元模式,建立一种多元主体的模式,"通过福利多元组合安排,将国家的全面福利提供转变为社会诸多部门的福利提供,充分发挥市场、家庭、社区和其他社会组织的作用"[①]。这一举措的目的是让国家、市场、家庭、社区和其他社会组织能够充分发挥各自的作用,扬长避短、相互补充,达到福利供给的帕累托最优。在实践当中,德国对于养老金制度的改革由单一支

---

① 彭华民、黄叶青:《福利多元主义:福利提供从国家到多元部门的转型》,《南开学报》2006年第6期。

柱向多支柱转变，推动了企业和私人养老金制度的发展。英国在医疗保险制度改革中也注重引入私营机构参与竞争；养老金制度改革以市场化为导向，引入市场机制和私营成分，主张弱化政府的作用，建立起一种"三元模式"养老体系。

3. 强调福利水平要适度

欧债危机的出现使得欧洲福利国家开始反思其福利国家制度的合理性，即国家的福利水平要与经济发展水平相适应。福利国家制度犹如一个巨大的"黑洞"，已经形成了很强的刚性，对公共财政消耗巨大。有学者断言如果保持现有的福利水平，随着人口老龄化加剧，福利国家可能会陷入破产的境地。因此，欧债危机之后，欧洲各国都纷纷采取紧缩财政政策和削减福利的措施来应对危机的冲击。如为了应对金融危机和欧债危机的冲击，卡梅伦政府改革从宏观上降低福利待遇，设置福利金最高限额，以此来减少福利开支；德国从施罗德政府到默克尔政府的医疗保险制度改革的主线都是控制医疗保险的支出，减轻政府财政压力；瑞典则是降低了社会保障的缴费率，以此来减轻政府的财政负担。但是，鉴于欧洲福利国家制度存在"路径依赖"和"福利刚性"，福利国家制度的改革仍然是渐进的，改革还停留在边际性调整层面上，改革方向是"理性福利"和适度供给，改革目的是寻求效率与公平之间的平衡。

四 欧洲福利国家制度的发展趋势

从20世纪70年代陷入危机以来，欧洲福利国家制度一直处于不断的改革过程中，但每一次改革都未触及福利制度的根本，而只是渐进式的修修补补。因此，福利国家制度的根本问题并没有解决。而欧债危机使本就举步维艰的欧洲福利国家制度雪上加霜，艾斯平-安德森把当时欧洲福利国家的面貌比喻为一幅"冻结了的"福利国家风景画。展望未来，欧洲福利国家制度应该向何处去，是一个值得研究的问题。

（一）欧洲福利国家制度发展的不可逆性

乔治·沃布鲁伯运用行动理论解释了福利国家的"不可逆性"。他认为

第二章
欧洲福利国家制度变迁的历史考察

社会规范与个人利益促进了福利国家的发展。①有学者曾指出,"福利国家是高级资本主义国家的一个不可逆的主要制度,或者更确切地说,它是通过民主的方式而不可逆。福利国家在20世纪60年代和70年代的飞速发展引发了数量急剧增长的选民对福利的依赖,无论是作为福利接受者还是在职者。因此,为了追求收益人权益,人们会通过选举让福利国家延续"②。福利国家制度带来了明显的社会效果,且与个人的利益相关,使得更多的人支持这一制度并希望它延续下去,这就是福利国家制度不可逆的原因。这一论点在实践当中也可以得到支持:一方面,从政党政治的角度,无论是左翼还是右翼政党执政,都会用福利国家制度的完善作为吸引选民的手段,福利国家制度已经成为政党的选举工具;另一方面,福利国家制度作为欧洲资本主义国家社会的稳定器,不能贸然结束或进行大幅度的改革,否则会产生社会冲突或社会动荡。基于此,福利国家制度的发展具有"不可逆性",这已经成为西方学者的共识。

(二)福利国家制度理念向发展性福利理念转变

进入21世纪以来,经济全球化程度进一步加深,国际金融危机尤其是欧洲债务危机的出现更是给欧洲福利国家制度带来了巨大的压力。传统的福利国家制度显然已经不再适应环境的变化,改革已经刻不容缓。事实证明,陷入危机的福利国家制度已经在一定程度上阻碍了欧洲经济的发展,使社会失去了活力。而福利制度刚性的存在,决定了单纯地削减福利政策会引起民众的不满,造成社会的不稳定。因此,新时期社会环境的变化推动了福利国家制度理念的变革,推动了多元福利的发展,实现国家、市场、家庭及社会组织共同承担福利责任、保障社会公平成为对未来福利国家制度改革的基本共识。在未来的改革趋势中,倡导发展性福利理念对于保持福利国家制度的弹性、维持福利政策的延续意义重大。实践中,政府不能再局限于单纯削减福利待遇、降低福利支出的手段,而是应该积极增加对社会投资、促进就

---

① 乔治·沃布鲁伯:《全球化困境中福利国家的非可逆性》,《社会保障研究》2008年第2期。
② 乔治·沃布鲁伯:《全球化困境中福利国家的非可逆性》,《社会保障研究》2008年第2期。

业，加快国家经济复苏，以灵活的福利政策来推动福利公正的实现。从"权利"到"工作"，表明了福利国家政策的灵活性，福利国家政策调整正转向"工作导向型"和"社会投资型"，更加强调公民责任和权利的对等。

（三）资源调整向社会关系调整的转变

传统的福利国家制度以资源调整为核心，即以社会物质财富的再分配为核心。但是，随着福利国家面对的环境发生变化，福利国家制度也应该发生变化，才能够继续发挥其制度的有效性。自20世纪70年代以来，欧洲福利国家制度就陷入了危机之中，进入了"改革—危机—改革—危机"的恶性循环。欧洲福利国家制度建立的出发点在于缓解资本主义的阶级矛盾，维持资本主义的存在和发展，是作为一种社会的稳定器装置而存在的。但是，福利国家制度危机使其潜藏的缺陷暴露出来。福利国家制度以国家干预为特征，当其发挥失常时就会影响市场的正常运作，资本投资也受制于国家政策，国家财政负担日益加重。于是，"福利国家制度陷入了一种困境，即资本主义制度与福利国家制度之间的结构性矛盾日益突出，资本主义依赖于福利国家而存在，又不能与福利国家共存"[1]。

欧洲福利国家的执政党对福利国家制度大加批判，但是都不准备放弃福利国家制度。福利国家制度被看作社会稳定器，废除福利国家制度将会带来社会的动荡，给资本主义国家带难以承担的后果，只有对福利国家制度进行改革才能解决危机。欧洲各国通过重新定位政府在福利国家中的作用，充分发挥福利国家的功能，来应对福利国家面临的危机。改革的总体趋势是从以资源调整为主转向以社会关系调整为主，使福利国家制度与社会激励制度有机结合。传统的福利国家制度通过对社会资源的调整来维持社会公平，而未来福利国家制度改革的方向是通过对社会投资及人力资本的投资促进社会公平的实现，目的在于强调国家、市场、个人与社会组织的共同责任，保障国家"生产性"能力的存续。

---

[1] 〔德〕克劳斯·奥菲：《福利国家的矛盾》，郭忠华等译，吉林人民出版社，2011，第1~14页。

第三章　欧洲福利国家制度变迁的动力机制

　　研究推动欧洲福利国家制度变迁的动力机制，不仅要对在表象上推动欧洲福利国家制度变迁的因素加以汇总，还要在这些表象中进行抽象，找出共性的东西，为指导实践寻找理论依据。本章通过对众多影响欧洲福利国家制度变迁的动力进行分析，透过纷繁复杂的表象找到越来越晦涩的抽象，直到抽象成为最简单的规定。最后得出结论：推动欧洲福利国家制度变迁的动力机制可以分为外在动力机制和内在动力机制两个部分；外在动力机制与内在动力机制是辩证统一的关系，外在动力机制是影响欧洲福利国家制度变迁的外因，内在动力机制是影响欧洲福利国家制度变迁的内因，二者缺一不可；外在动力机制对欧洲福利国家制度的变迁有重要的影响，有时也能引起质的变化，但不管外在动力机制的作用有多大，都必须通过内在动力机制才能起作用。

第三章
欧洲福利国家制度变迁的动力机制

"制度变迁是制度创立、变更及随着时间变化而被打破的过程。"[①] 研究欧洲福利国家制度的变迁，必然要探索推动欧洲福利国家制度变迁的动力机制，分析是何种作用力促使欧洲福利国家制度发生调整和改变，以及这些作用力之间是如何发生联系并相互制约的。阐明欧洲福利国家制度变迁的动力机制，可以从表象的描述进入本质的揭示，制度变迁动力机制分析则可以从内在和外在两个方面入手。

第一节 制度主体的变化：欧洲福利国家制度变迁的内在动力机制

欧洲福利国家制度变迁的内在动力是制度主体的变化，这种变化主要包括三个方面。一是制度主体的选择。福利制度主体包括多种类型，"由于不同制度主体在制度环境中所处的地位不同，同一制度所带来的效益在不同制度主体中是截然不同的，甚至是对立的"[②]。二是同一制度主体对于自身价值、目标的主动调整。福利制度的发展与变化会受制度主体价值选择与目标定位的影响。三是制度主体对福利对象——公民福利诉求的回应。制度主体根据公民的诉求，调整公民权利与义务的关系，直至公民的福利诉求得以满足，进而导致福利制度发生变化。因此，本节将从制度主体变化的三个维度出发，分析其如何推动福利国家制度发生变迁。

一 制度主体的选择：政府与市场的博弈

制度主体指的是制度的制定者和实施者。实际上，福利国家制度的实现

[①] 〔美〕道格拉斯·C. 诺思：《制度、制度变迁与经济绩效》，杭行译，格致出版社、上海三联书店、上海人民出版社，2014，第111页。
[②] 辛鸣：《制度论——关于制度哲学的理论建构》，人民出版社，2005，第201页。

过程本质上就是一个由主体主导的过程，主体建构制度，同时又根据一定的价值尺度来调整、重构制度。并非所有进入制度主体认识范围的对象都会成为主体所要认识的对象，其中体现着主体的主观选择。制度主体具有主观选择性，所以制度既来源于实践，又指导实践。马克思认为："动物的产品直接同它的肉体相联系，而人则自由地对待自己的产品。动物只是按照它所属的那个种的尺度和需要来建造，而人却懂得按照任何一个'种'的尺度来进行生产，并且懂得怎样处处都把内在的尺度运用到对象上去。"[1] 至于在"任何一个'种'的尺度"中选择哪"种"尺度则完全看人的选择。纵观欧洲福利国家制度的发展历程，其变迁始终涉及政府与市场之间的博弈，制度主体对于政府与市场的选择实际上涉及在福利提供方面谁更有效的问题。对政府与市场的选择不是一道简单的非此即彼的选择题，而是需要在"不完全的政府"与"不完全的市场"之间选择的两难困境。于是，政府与市场总是处于不断博弈之中，其博弈的结果决定了欧洲福利国家制度改革的方向。

（一）政府与市场的二元抉择

在福利领域，理论界对于政府与市场选择争论的焦点在于政府干预与市场机制哪个更有利于消除贫困。制度主体是以政府为提供社会福利的主要手段，还是引进市场机制来提高福利提供的效率，成为欧洲福利国家制度变迁的核心问题。长期以来，制度主体在选择的过程中陷入了政府与市场非此即彼的二元困境，因为无论是政府还是市场都有其不可避免的弊端。制度主体对政府与市场之间关系的调整推动了福利国家制度的发展变迁。

1. 福利领域中的"市场失灵"

福利领域中政府与市场的博弈源于"市场失灵"，查尔斯·沃尔夫认为："市场分配的缺陷，以及其实际的或潜在的效率缺陷，常常导致对能够产生更公平或更有效率结果的非市场干预的强烈愿望。"[2] 市场失灵使政府在与市场的博弈中取得了优势，使政府干预取得了合法地位。在欧洲福利国

---

[1] 〔德〕马克思：《1844年经济学哲学手稿》，人民出版社，1985，第54页。
[2] 〔美〕查尔斯·沃尔夫：《市场，还是政府——不完善的可选事物间的抉择》，陆俊、谢旭译，重庆出版社，2007，第28页。

第三章
欧洲福利国家制度变迁的动力机制

家制度中,政府成为提供社会福利的主要手段和形式,政府的全面干预在特定历史阶段为欧洲福利国家制度的发展提供了肥沃的土壤,欧洲福利国家制度的建立恰好说明了这一点。制度主体想通过政府干预来消除市场失灵所带来的弊端,政府被认为是提供福利的有效手段。

国家干预主义思想认为福利领域中政府应当成为主要的福利提供者。从某种意义上说,欧洲福利国家制度的建立也是市场失灵所导致的,即市场失灵带来的经济危机、贫富悬殊、社会不平等现象严重等问题共同促成欧洲福利国家制度的建立。凯恩斯主义提倡政府干预,主张政府举办福利事业,通过高额累进税进行收入再分配,为社会弱势群体提供生活保障,提高穷人的收入水平,以缩小贫富差距。费边社会主义理论也为政府干预提供了重要的理论依据,费边社会主义认为政府应在对贫困者及弱者提供救助方面承担更多的责任,其主张实现国民生活最低标准,缩小收入差距等。《贝弗里奇报告》作为福利国家制度建立的基石,它主张依靠政府对福利制度进行框架性设计和支持。马歇尔公民权利思想提出政府提供福利能够更好地实现公民的社会权利,是实现公民权利的基本路径。

在实践中,欧洲福利国家制度的建立标志着政府在与市场的博弈中取得了优势地位,成为福利提供的唯一手段和方式。社会福利覆盖全体公民,使公民越来越依赖政府的帮助,政府在福利提供中扮演着越来越重要的角色,成了提供社会福利的唯一主体。欧洲福利国家制度的建立缓和了社会矛盾,推进了社会平等,使欧洲国家的经济得到了恢复和发展,这实质上是政府在与市场的博弈中取得的胜利,政府通过承担更多的责任,降低市场经济给公民个人带来的风险,使公民获得更多的生活保障,为经济的发展营造了有利的环境。

2. 福利领域中的"政府失灵"

20世纪70年代以后,欧洲福利国家普遍陷入了经济危机,导致危机的主要原因之一就是"政府失灵"。萨缪尔森就曾指出:"既然存在着'市场失灵',也存在着'政府失灵',当政府政策或集体行动所采取的手段不能改善经济效率或道德上可接受的收入分配时,'政府失灵'便产生了。"在政府与市场的博弈过程中，政府为了克服市场的缺陷，采取了一系列行政、法律和经济手段，这些手段的实施又产生了另外一种缺陷，即导致了政府干预的低效。为了弥补市场的缺陷，政府要提供一定的产品和服务。但是，这会导致福利的受益者与支付成本者之间产生分离，而使得政府提供服务偏离了既定的目标。最好的例证就是"搭便车"现象，即无论任何人是否付出、付出多少，利益都要均摊或给予特殊群体。"搭便车"现象的产生会造成个人自愿支付的动机被削弱，从而再次加重"搭便车"现象。福利的需求取决于多数人，而税收则来自少数人，这导致福利项目不断扩大、福利支出节节攀升，进而导致国家财政不堪重负。欧洲福利国家制度进入了一种发展的怪圈，福利需求的不断增加促使福利支出不断上升。

"政府失灵"促使市场在与政府的博弈中取得胜利，福利研究领域学者开始思考政府作为福利提供唯一主体的合理性。理论界关于选择市场还是政府的争论呈现了对政府干预的批判倾向，无论是"左派"还是"右派"都对福利国家制度持批判的态度。市场机制逐渐在这场论战中占据优势，市场成了解决政府失灵和政府干预低效的"万能良药"。新自由主义理论是支持引入市场机制的主要理论，代表人物主要有哈耶克、弗里德曼和诺齐克。哈耶克是一个彻底的自由主义者，他反对绝对保障，提倡有限度的保障，认为政府不应该成为唯一提供福利的机构，也不是唯一的手段，应该尽可能推动个人和私营组织参与福利提供，从而提高福利提供的效率。弗里德曼也是市场机制的坚定支持者，他认为市场可以使社会资源得到有效的利用，而政府干预只会降低资源的利用效率，并最终阻碍经济的发展。因此，弗里德曼积极提倡对福利国家制度的私有化改革，主张发挥市场机制的作用。诺齐克也对政府全面干预进行了批判，他认为"任何扩大政府职能的企图都会侵犯个人权利，从而失去道德的根据"[1]，他提倡一种最弱意义的国家。由此可见，政府在与市场的博弈中处于一种弱势地位，市场机制成了备受推崇的福利提供手段和方式，市场在这场博弈中取得了胜利。于是，理论界形成一种

---

[1] 吴春华：《当代西方自由主义》，中国社会科学出版社，2004，第245页。

第三章
欧洲福利国家制度变迁的动力机制

新的共识,即在福利领域限制政府的作用,让市场机制发挥更大的作用。市场机制能够为人们提供自由选择的权利,鼓励竞争,减少官僚体制无效率带来的弊端,更有利于发挥民主。政府应该只承担规则制定者和监督者的角色并为社会弱势群体提供服务,但不应该过多干预。因此,普遍型的福利国家制度不再具有可行性,它不仅威胁人类自由,还破坏社会政治、经济、文化的发展,政府过多地提供福利会使市场活力"窒息",削弱人们对工作、储蓄和投资的热情。因此,引入市场机制成为解决福利国家制度危机最好的办法。

在实践中,采用市场机制来提供福利可以使福利服务传送更加有效。市场机制不仅可以使人们对福利服务有更多的选择权利,而且可以推动福利提供者产生竞争,从而使其提供更令人满意的福利服务。因此,市场在与政府的博弈中取得了优势,欧洲福利国家制度的改革以引入市场机制、私营化为主要特征,由政府提供福利向福利的市场化转变,即通过私人保险和储蓄实现公民的自我保障。英国撒切尔政府根据哈耶克的思想进行了福利国家制度的改革,其核心内容就是降低国家责任,提升个人在福利领域的责任感。弗里德曼明确主张养老保险私有化改革,鼓励个人和企业参与到养老保险领域。虽然欧洲福利国家制度私有化改革的程度有所差别,但是事实证明,欧洲的绝大多数福利国家进行了私有化改革,在福利领域通过引入市场机制来提高效率,缓解了欧洲福利国家制度的危机。

(二)现实选择:福利国家制度多元主体的互补

政府与市场在福利提供主体中扮演的角色均有边界,超越边界即会"失灵",且随着同一制度主体提供福利时间的加长,边际效益呈现递减趋势,制度变迁也就难以避免。市场失灵与政府失灵的相继发生,证明无论是政府还是市场都有其自身难以克服的缺陷,无论选择哪一个主体都意味着要应对其缺陷所造成的问题。如果选择市场,就意味着可能会遭遇市场失灵;如果选择政府,就意味着可能会遭遇政府失灵。事实证明,政府与市场之间的选择并不是一种非此即彼的二元选择。欧洲福利国家充分利用个人和社会的力量,建立了一种政府、市场和社会相结合的多元主体模式，取得了一定效果。

吉登斯主张社会福利投资多元化和民主化，即在公私部门之间建立一种协调机制，利用市场机制发展社会福利事业，使福利事业不仅停留在国家层面上，而且延伸到整个社会，他还强调福利的分配应是自下而上的，而不是自上而下的。因此，要充分调动公民投入福利活动的积极性，创造一种更好的福利——"福利的民主化"。英国学者理查德·罗斯提出福利多元主义理论，他认为，"福利国家的危机并不是社会福利的危机。在混合社会中，家庭维持其福利的水平的方式也是复杂的。实际上，如果有多种来源而不只是单个垄断的供应者，社会的总福利可能会更多"①。罗斯指出，社会福利是由政府、市场和家庭三方提供的福利整合而成的多元福利组合。罗斯还指出，"社会福利可以被认为是各种各样制度综合的产物。在现代社会中，福利的总量等于家庭中生产的福利，加上通过市场买卖而获得的福利，再加上国家提供的福利"②。

约翰逊在罗斯的基础上又丰富了福利多元主义理论，他认为在提供福利的多元部门中政府的作用是有限的。在欧洲福利国家面对人口老龄化、失业率暴增、核心家庭增加等社会问题时，政府提供福利的能力是有限的，只能依靠其他社会部门分担福利责任，从而使福利的来源多元化，这是解决欧洲福利国家制度中政府与市场之争的出路之一。但是，有一点值得注意的是，在主张社会福利提供主体多元化时，应该明确不同的社会福利提供主体在许多方面的作用不尽相同，不能简单地相互替代。另外，政府在福利国家制度中不仅扮演福利提供者的角色，还应该承担对社会价值和社会活动监督的功能，其作为福利提供者与监督者的角色应该区分开来。当福利收缩或权力被剥夺时，政府只是退出提供者角色而不是退出监督者角色，这是在推进福利提供主体多元化改革时应该注意的一个非常重要的问题。

---

① 〔加〕R. 米什拉：《资本主义社会的福利国家》，郑秉文译，法律出版社，2003，第115页。
② 彭华民：《西方社会福利理论前沿：论国家、社会、体制与政策》，中国社会出版社，2012，第1页。

第三章
欧洲福利国家制度变迁的动力机制

在福利多元主义理论的指导下,欧洲福利国家相继对本国的制度进行了改革。一方面,在保持原有福利项目的基础上,适度地引入市场机制,目的是提高福利提供的效率。另一方面,关注弱势群体,解决贫富悬殊带来的社会问题。福利国家应调动社会力量投资社会福利,福利提供主体由政府、市场、志愿组织、慈善机构、社区以及家庭等组成,但政府还应该处于主导地位,发挥其监督的功能。如英国的布莱尔政府在消除贫困的行动上,通过社区建设"福利帮助网络",鼓励民众参与,注重自助和社会资本的培育,目的是避免"福利依赖"行为。从上述措施可以看出,欧洲福利国家在积极努力地尝试建立一种以政府为主导的多元化福利提供模式,试图充分地调动社会各方的力量,从而减轻政府的福利负担。

综上所述,政府与市场在福利领域不断地进行博弈,使得欧洲福利国家制度福利提供主体从政府唯一主体模式向以政府为主导的多元主体模式转变。市场失灵时,政府干预被认为是弥补市场缺陷的有效手段,政府承担提供社会福利的责任就理所当然了,政府就成了福利提供的唯一主体。但是,当政府干预走向了极致,"政府失灵"现象出现,制度制定主体认识到只依靠政府作为福利提供主体是不够的,还应该引入市场机制和社会各部门,以此来提高福利提供的效率。但是,社会福利作为一种公共产品,其属性决定了在有些方面市场和其他社会部门是无法发挥作用的。因此,福利提供的多元主体模式应该以政府为主,并充分发挥除政府和市场之外的志愿组织、慈善机构、社区和家庭等主体的作用。这种模式不仅可以破解政府与市场二元选择的怪圈,还成了一种发展福利国家制度的有益尝试,为以后福利国家制度的改革及发展指明了方向。

二 制度主体的自我调整:价值与目标的变化

制度变迁的内在动力机制源于制度主体对价值选择与目标定位的自我调整。随着制度主体所面临的制度环境发生变化,其自身价值和目标也会发生变化。欧洲福利国家制度亦不例外,在欧洲社会环境不断变化的过程中,福利制度主体对自身的价值和目标进行了调整。

（一）制度价值的变化：福利领域中公平与效率的平衡

研究制度的价值首先应该明确价值的含义。从哲学的范畴出发，可以把价值定义为在人的实践—认识活动中建立起来的、以主体目的和需要为尺度的一种客观的主客体关系，是客体的存在、性质及其运动是否与主体本性、目的、需要、能力等相一致、相适合、相接近的动态关系。[①] 从这个意义上说，价值就是主客体之间需要与满足需要的关系。在制度范畴内研究价值，主体就是制度的制定者，客体就是制度的对象。从整个福利国家制度变迁的历史来看，作为主体的制度制定者的需要，就是解决福利国家制度发展遇到的矛盾和问题，使福利国家制度日益发展和完善。

欧洲福利国家制度变迁过程中的价值选择与福利国家制度的改革息息相关。因此，考察欧洲福利国家制度变迁中的价值选择，总结其转变的规律，发现其转变的动因及路径，能够为之后福利国家制度改革提供一定的借鉴。纵观欧洲福利国家制度变迁，其过程始终存在公平与效率之间的价值选择。公平与效率之间的价值选择是制度主体对于客观现实所反映价值层面的思考，其目的在于协调社会与个人的需要，不同的价值选择则直接决定福利制度改革的方向。

1. 福利领域中公平与效率的含义

（1）福利领域中公平的含义。公平价值与主体的价值判断有关，不同的利益主体会有不同的价值判断。亚里士多德认为，公平有三层含义：一是人所具有的一种公正的品质，是人的一种品德；二是人的行为，即为人处世讲公正、正义；三是人的意愿和愿望，即做事公正。亚里士多德还将公正和正义与"善"联系起来，认为公正、正义就是善。边沁的功利主义公平观认为，公平就是使社会所有成员的总效用最大化。罗尔斯则认为，"在集体、民族、国家之间的交往中，公平指相互间的给予与获取大致持平的平等互利，同时还包含有对待两个或两个以上的对象时的一视同仁。在今天个人与社会之间的关系上，公平指个人的劳动活动创造的社会效益与社会提供给

---

① 李德顺：《价值论》，中国人民大学出版社，1987，第101~108页。

第三章
欧洲福利国家制度变迁的动力机制

个人的物质精神回报的平衡合理。在个人与个人之间的关系上，公平指他们之间的对等互利和礼尚往来"①。阿马蒂亚·森提出了一种"能力主义公平观"，即以满足人的需要为公平的基础，他认为更合理的公平应要求对人们潜在能力的分布予以关注。

由此可见，公平表示一种人的价值判断，是一种价值追求。所以，不同的历史时期和社会环境之下，从不同的角度出发，公平的内涵也会不同。福利领域的公平注重福利国家制度设计过程中的权利平等和机会均等，通过公平的分配原则，达到公民参与经济、政治和社会生活的资源分配公平。从制度的公平维度出发，公平是社会发展追求的基本价值目标，是福利国家制度设计中考虑的基本维度，即在制度的制定和实施过程中如何体现公平。在价值导向层面，公平关注的是人与人之间的关系，人与人之间的相互关怀和平等对待，人的生命、自由、财产得到保障。从指向的角度来看，公平指向的是制度设计过程中人与人之间尽量缩小差距或者存在微小的差距，否则就是不公平的制度；从结果来看，公平的制度设计有利于社会的和谐稳定，并推动经济社会稳定向前发展。

（2）福利领域中效率的含义。效率一词含有效力、功效的意思。萨缪尔森认为："在一个经济的资源和技术为既定的条件下，如果该经济组织能为消费者提供最大可能的各种商品和劳务组合，那么这个经济就是有效率的。也就是说，任何可能的生产重组都不能在其他人的情况变坏的情况下，使得任何一个人的情况变好，在这种情况下出现了配置效率。因此，在实现了配置效率的情况下，只有降低某一个人的效用才能增加另一个的满足或效用。"② 即效率是一种资源的有效配置和使用，"一定的投入有较多的产出或一定的产出只需较少的投入，意味着效率的增长"③。从制度的效率维度出发，效率与公平同样作为社会发展的基本价值目标，是福利国家制度设计中

---

① 〔美〕约翰·罗尔斯：《正义论》，何怀宏等译，中国社会科学出版社，1988，第3页。
② 〔美〕保罗·萨缪尔森、威廉·诺德豪斯：《经济学》，萧琛译，华夏出版社，1999，第43页。
③ 厉以宁：《经济学的伦理问题》，生活·读书·新知三联书店，1995，第26页。

一个重要的参考指标和维度。从价值导向的角度来看，效率追求"人尽其才，物尽其用"，多劳多得；从指向的角度来看，效率追求的是资源的有效配置和使用；从结果的角度来看，效率的提高有利于生产力水平的提高和社会财富的不断增加。而在福利领域中的效率价值的内涵不同于其在经济学上的含义，指的是适度的福利投入换取有效的福利保障，从而达到"最有效地使用"和分配社会资源，亦即福利国家制度运行的有效性。因此，福利领域中的效率价值更倾向于社会福利领域中更有效地分配与使用各种资源，从而更容易取得社会成员的认可和接受。

2. 福利领域中公平与效率的博弈

公平与效率之间面临的难题体现在"我们无法在保留市场效率这块蛋糕的同时又平等地分享它"。现实往往是"对效率的追求不可避免地产生出各种不平等。因此在平等与效率之间，社会面临着一种抉择"[①]。公平与效率是福利国家制度的两个基本维度，是两个指向性不同的价值取向，公平追求的是人与人之间的同一性，指向平等；效率追求的是人与人之间的差异性，指向不平等。纵观福利国家制度发展的历史，调节公平与效率的关系成了制度设计的难题，而公平与效率之间的博弈也推动着福利国家制度的变革。

（1）福利领域中公平对效率的悖离

工业革命之后，资本主义国家经历了高速的经济发展和资本积累，市场机制的弊端也逐渐显现。经济的周期性波动导致了经济效率的下滑，在市场机制调节下，个人所拥有的资源不同，从市场中获得收入的能力不同，导致不平等产生，社会贫富差距不断扩大。对市场经济来说，收入的不平等是市场起作用的条件，但对社会来说，不平等却是对文明的考验。[②] 对于公平的追求和不公平的收入，导致了民主的政治原则与资本主义经济原则之间的紧张关系，二者谁占主导地位会直接影响政府对于公平与效率价值的选择。二

---

① 〔美〕阿瑟·奥肯：《平等与效率》，王奔洲等译，华夏出版社，1999，第2页。
② 汪行福：《分配正义与社会保障》，上海财经大学出版社，2003，第291页。

第三章
欧洲福利国家制度变迁的动力机制

战之后,欧洲国家对于政治稳定的追求占了主导地位,直接导致政府对公平价值的追求占主导地位,福利国家制度的建立就是最好的证明。

从理论的角度来看,二战之后,福利领域对于公平的推崇体现在一些重要学派当中,诸如凯恩斯学派、德国新历史学派、庇古旧福利经济学派以及瑞典学派等。这些学派对于公平价值的推崇,表现在主张国家干预经济生活上,认为国家应当在调节收入分配方面承担更多的责任。理论界关于公平和效率的价值观念发生了变化,开始强调公平的价值取向。凯恩斯学派是二战后最重要的学派之一,凯恩斯的国家干预思想为战后欧洲国家建立福利国家制度提供了强有力的理论支撑。凯恩斯通过分析得出,资本主义社会大规模失业的深层原因是有效需求不足,而国家干预是解决有效需求不足问题的根本途径。他进一步分析了有效需求不足的原因,认为是资本边际效率递减规律、边际消费倾向递减规律以及流动偏好法则共同作用的结果。有效需求不足必须由国家干预来解决,即政府"最聪明的办法还是双管齐下。一方面设法由社会来统治投资量,让资本之边际效率逐渐下降。同时用各种政策来增加消费倾向"[1],也就是在提高消费水平的同时提高投资水平。因此,凯恩斯提出可以从两个方面提高边际消费倾向:一是实行高额累进税来调节收入分配;二是政府举办福利事业,提高穷人的收入水平。这样就可以"重新分配所得,以提高消费倾向,则对于资本之生长大概是有利无弊"[2]。由此可见,凯恩斯学派从提高经济效率的角度关注社会公平程度的提高,认为政府可以为公民提供一种有限的保障,但个人要承担主要责任,注重个人责任与国家责任的结合。凯恩斯学派的思想成为二战后欧洲国家建立福利国家制度的重要思想基础,客观上促进了社会公平的实现。

德国新历史学派强调国家干预的重要作用,论证了建立福利国家制度的合理性,倡导国家通过立法实施社会保险计划,承担起福利提供的责任。新历史学派的思想为德国建立社会保险制度奠定了基础,使德国成为最早建立

---

[1] 〔英〕凯恩斯:《就业利息和货币通论》,徐毓枬译,商务印书馆,1997,第321页。
[2] 〔英〕凯恩斯:《就业利息和货币通论》,徐毓枬译,商务印书馆,1997,第281页。

现代社会保障制度的国家，也为后来德国福利国家制度的建立奠定了基础。

以福利经济学之父庇古为代表的旧福利经济学派主张收入均等化和福利最大化。庇古主要是研究国民收入总量的增加和收入的均等化，并将二者作为检验社会福利的标准。庇古指出，"第一，对于一个人的实际收入的任何增加，都会使满足增大；第二，将富人的货币收入转移于穷人，会使满足增大"①。他主张国家通过收入再分配，运用"边际效用递减规律"，将富人的财富转移到穷人手中，这将会增进社会福利，有利于社会福利最大化。虽然在资本主义制度下不可能实现收入均等化，但是，庇古的这一思想为英国福利国家制度的建立奠定了理论基础，他提出的通过转移支付实现收入均等化的思想为实现公平价值提供了现实可能性。

瑞典学派主张收入均等和福利普享的思想，成为瑞典建立福利国家制度的理论基石，使瑞典享有"福利国家橱窗"的美誉，也使其成为实现公平价值最成功的国家之一。瑞典学派也主张通过再分配来实现社会收入的均等化，具体做法是通过累进所得税、转移性支付以及社会福利等方式缩小贫富差距，使社会各阶层之间的收入水平趋于均等化。此外，瑞典学派认为社会福利应该普遍提供给社会成员，这才是理想的社会福利制度模式。因此，瑞典学派的思想是推崇公平价值的最佳体现，它提出了实现公平的途径，从而实现人人平等、生活幸福的最终理想。

从实践的角度来看，由于福利国家制度本身就体现着追求公平的本质，福利国家制度的设计就是通过国民收入再分配缩小贫富差距、缓和社会矛盾，是一种以公平为导向的制度设计模式。政府通过建立福利国家制度来减少市场经济带来的社会不平等，这在福利国家制度建立初期的表现最为明显。欧洲福利国家制度建立时的框架设计包含免费的医疗、对社会弱势群体的救济、廉价的租房、平等的教育机会等，这都在一定程度上体现了公平。这一时期欧洲福利国家制度遵循普遍性原则，国家提供的福利惠及全体公民，这是对公平价值绝对推崇的体现。但是，国家因此承担了巨大的财政负

---

① 曾国安：《论17世纪以来西方社会保障思想的演进》，《江汉论坛》2001年第11期。

担,在经济发展缓慢时期负面效果就会逐渐显现。20世纪70年代末期以后,欧洲福利国家制度也陷入了前所未有的困境之中。由此可见,欧洲福利国家制度在建立初期对公平与效率关系的处理,体现了对公平价值的绝对推崇,却以牺牲经济效率为代价,呈现了公平对效率的悖离。

(2) 福利领域中效率对公平的悖离

"公平对效率的争斗以牺牲效率为代价,反过来也使公平失去了它实在的基础。"① 欧洲福利国家制度在建立初期对于公平价值的推崇,给欧洲福利国家的政府带来了沉重的负担。20世纪70年代以后,欧洲地区的经济进入了滞胀时期,福利国家制度给政府带来的负担开始显现。以国家为主导的福利国家制度陷入了信任危机和财政危机,最终导致了新自由主义的兴起。新自由主义理论推崇效率价值,认为提高市场经济的效率就可以解决社会贫困问题。

从理论上来看,福利领域中新自由主义的福利思想影响最大,新自由主义的代表人物是哈耶克和弗里德曼,二者从不同的角度阐述了如何提高经济效率,对过分强调公平价值的思想提出了批判。哈耶克提出了有限度的保障思想,他认为自由是"一个人不受制于另一人或另一些人因专断意志而产生的强制的状态,亦常被称为'个人'自由或'人身'自由的状态"②。所以,他反对绝对保障,主张有限保障。哈耶克的有限保障指的是"防止严重物质匮乏的保障,即确保每个人维持生计的某种最低需要"③。有限保障的实现方式是"向那些因自身无法控制的情势而蒙受极端贫困或饥馑的人提供某些救济"④,通过向公民提供一种低水平的保障,达到缓和社会矛盾、

---

① 钱宁:《社会正义、公民权利和集体主义——论社会福利的政治与道德基础》,社会科学文献出版社,2007,第101页。
② 〔英〕弗里德里希·冯·哈耶克:《自由秩序原理(上)》,邓正来译,生活·读书·新知三联书店,1997,第4页。
③ 〔英〕弗里德里希·冯·哈耶克:《通往奴役之路》,王明毅等译,中国社会科学出版社,1997,第117页。
④ 〔英〕弗里德里希·冯·哈耶克:《自由秩序原理(下)》,邓正来译,生活·读书·新知三联书店,1997,第44页。

维持市场经济活力的目的。与此同时,哈耶克强烈反对通过收入再分配获得平等,他认为平等应该是一种机会平等,而不是财富上的均等,通过收入再分配获得的平等只会侵犯富裕者自由的权利,挫伤富裕阶层参与市场竞争的积极性,从而降低市场经济活力,降低市场经济效率。换言之,哈耶克认为通过收入再分配获得的平等,只会降低市场经济的效率,从而造成更大的不平等,它并不是真正意义上的平等。弗里德曼也对福利国家制度过于追求公平的现象进行了批判,他认为"福利事业的目标是崇高的,但结果却是令人失望的"[1],"通过直接的生产或者与他人的自愿合作,每个人都应该可以自由地使用其他人力资源来获得食品、衣服、住处及医疗"[2],这也是政府应尽的职责,但政府的这一行为不能以牺牲效率为代价。针对这一问题,弗里德曼提出了负所得税方案,以此来解决社会贫困问题。实施负所得税方案,可以在不打击人们工作积极性的前提下使社会贫困群体维持最低的生活水平。此外,弗里德曼还提出了对养老保险制度的私有化。弗里德曼认为,"反对养老金机构国有化的论点是十分有力的,不仅按自由主义的原则而论,而且甚至按照福利国家的支持者的价值观来看,也是如此。假使他们相信,政府能比市场提供更好的业务,那么,他们应该赞成政府企业与其他私人企业在举办养老金上进行公开的竞争。假使他们是正确的,那么,政府企业会兴旺起来;假使他们错了,那么,人们的福利会由于私人的机构而得以提高"[3]。所以,在养老保险领域,应该积极引入企业竞争,使个人有自由选择的权利,同时减轻政府的财政负担,提高经济效率。由此可见,20世纪70年代末期,欧洲福利国家制度陷入危机之后,新自由主义理论对公平价值进行了批判,强调了效率的重要性,认为效率的提高才是实现公平的重要基础。这些思想对福利国家制度的改革产生了重要影响,公平价值逐渐被

---

[1] 徐大同、马德普:《西方政治思想史(第五卷):二战以来》,天津人民出版社,2005,第113页。

[2] 〔美〕米尔顿·弗里德曼:《弗里德曼文萃》,高榕等译,北京经济学院出版社,1991,第171页。

[3] 〔美〕米尔顿·弗里德曼:《资本主义与自由》,张瑞玉译,商务印书馆,2009,第202页。

摒弃，效率价值成为福利国家制度的价值首选，这一时期福利国家制度的改革都是围绕提高福利制度的效率进行的。但是，新自由主义理论对效率价值的过度推崇，必然会损害公平，体现了效率对公平的悖离。

在实践过程中，欧洲福利国家制度的改革也体现了效率对公平的悖离趋势。这一悖离体现在欧洲福利国家制度改革过程中实行大规模的私有化，积极引入私营经济来提供福利项目，但大规模的福利国家制度私有化必然会损害公平，造成福利水平的降低和享受福利范围的缩小。政府试图扭转以往对公平价值的过分追求，希望通过指导原则的转变来提高人们对工作的积极性，从而提高市场经济效率。但是，这一时期福利国家制度的改革体现了一种对效率的过分追求，并没有真正解决好效率与公平的关系，而是走向了效率对公平悖离的极端，带来的后果就是贫富差距扩大，社会鸿沟加深，不公平现象增多。

（3）福利领域中公平与效率的权衡

在欧洲福利国家制度发展的历史中，公平与效率之间的关系曾被认为是非此即彼的关系，公平与效率的矛盾被称为"哥德巴赫猜想"。但是，随着福利国家制度的不断发展和变革，学者们逐渐发现公平与效率的关系是可以协调的。正如奥肯所言，"提出效率与平等间的抉择问题，当然不意味着每件对一方说来是好的事情，就必然对一方是坏的。那些折磨着富人的措施可能会破坏投资，进而损害穷人就业的质量和数量，因而既有害于效率也有害于平等。另一方面，提高了非熟练工人的生产率和收入的科学技术，会以更高的效率，更多的平等给社会带来益处"[①]。因此，有些时候，为了效率就要放弃一点公平；另一些时候，为了公平必须牺牲一点效率。但是，原则上无论哪一方做出牺牲，必须以另一方的增益为条件，最终力求在公平与效率之间寻求一个平衡点。

在这种历史背景下，吉登斯提出了"第三条道路"的思想，他希望通过一种比较折中的手段来处理公平与效率之间的关系。他在肯定公平价值的

[①] 〔美〕阿瑟·奥肯：《平等与效率》，王奔洲等译，华夏出版社，1999，第3~4页。

基础上，希望通过提高个人的积极性来提高效率。他反对物质第一的福利主义，主张把精神福利纳入福利国家制度之中，把激发人的积极性看作实现人类幸福最重要的条件。他强调要建立一种积极的福利制度，从根本上改革福利国家制度，试图寻找一种能切实有效平衡公平与效率之间关系的途径。为此，吉登斯提出了许多具体可行的实施方案。首先，提出注重对人力资本的投资，"在可能的情况下尽量在人力资本上投资，而最好不要直接提供经济资助"[1]，将"授人以鱼"转变为"授人以渔"，以此提高失业者就业的能力，调动失业者的积极性。其次，提出投资主体多元化的构想。他指出，"我们应当倡导一种积极的福利，公民、个人和政府以外的其他机构也应当为这种福利做出贡献，而且，它还将有助于财富的创造"[2]。最后，提出建立社会投资型国家的设想，认为在社会投资型国家"不仅政府为人民的福利负责，而且，企业和个人也应该成为'负责任的风险承担者'"[3]。在这一思想的影响下，大多数国家实行了福利国家制度改革，在改革的实践中，不仅关注公平的实现，还关注效率的提高。福利国家制度在进行市场化改革的同时，也重视对弱势群体的关照。由此可见，这一时期福利国家制度的改革，既注重通过市场机制提高效率，也注重通过对弱势群体的关照来实现社会的公平，即试图在公平与效率之间寻求某种平衡，希望能解决二者之间的矛盾。

综上所述，公平与效率相互区别又紧密相连，是福利国家制度设计过程中两个基本的价值取向，二者发挥着不同的作用，从不同的角度推动着福利国家制度的发展。正如罗尔斯所说："仅仅效率原则本身不可能成为一种正义观。因此，它必须以某种方式得到补充。在自然的自由体系中，效率的原则受到某些背景制度的约束，一旦这些约束被满足，任何由此产生的有效率

---

[1]〔英〕安东尼·吉登斯：《第三条道路——社会民主主义的复兴》，邓戈译，北京大学出版社、生活·读书·新知三联书店，2000，第122页。

[2]〔英〕安东尼·吉登斯：《第三条道路——社会民主主义的复兴》，邓戈译，北京大学出版社、生活·读书·新知三联书店，2000，第121页。

[3] 钱宁：《现代社会福利思想》，高等教育出版社，2006，第312页。

的分配都被承认是正义的。"① 认清公平与效率的关系才能解决二者协调的问题。缺乏公平的制度和缺乏效率的制度都是不健全的制度。但是，福利国家制度在设计过程却总是陷入效率与公平非此即彼的选择中。正如奥肯所说，"在社会和政治权利领域，社会至少在原则上把平等的优先权置于经济效率之上。当我们转入市场和其他经济制度时，效率获得了优先权，而大量的不平等却被认可"②。因此，要协调好公平与效率的关系，就应当先转变思维方式。总之，对于公平与效率的关系，不能做非此即彼的简单化处理，"要破解这一难题，超越效率和公平的两难选择，就要在结构性存在和结构性关系中观察效率、公平及其关系，并在经济效率和经济公平、社会效率和社会公平的二级层次结构相互整合的基础上，使效率和公平处于一种动态的平衡之中"③。

（二）制度目标的变化：由单一目标向融合目标转变

价值代表着客体的主体化程度，客体的价值性实际上就是凝聚在客体中的主体性。价值的本质在于主体的能动性和创造性，是主体的对象化过程。因此，要有明确的价值目标才能使主体更加完善。所谓价值目标，就是主体根据需要以及客观发展趋势设想的未来发展模式。如果价值目标符合主体与客体的发展趋势，并具备实现的条件，就是正确的价值目标；相反，如果价值目标不符合主体与客体发展的客观趋势，且不具备实现的条件，则是错误的价值目标。价值目标具有主观性，是主体情感与意志的体现；但是它又建立在客观的基础上，所以又具有客观性，是客观规律与主体需要的统一。同时，价值目标具有多样性，不同的历史时期存在不同的价值目标，同一时期也会存在不同的价值目标。福利国家制度的目标包括政治目标、社会目标、经济目标和道德目标。在福利国家制度发展的不同时期存在不同的制度目标，制度目标又对福利国家制度的改革产生了导向性作用。

---

① 〔美〕约翰·罗尔斯：《正义论》，何怀宏等译，中国社会科学出版社，1988，第67页。
② 〔美〕阿瑟·奥肯：《平等与效率》，王奔洲等译，华夏出版社，1999，第86页。
③ 史瑞杰：《公平与效率：社会哲学的分析》，山西教育出版社，1999，第226页。

1. 政治目标推动福利国家制度的建立

欧洲福利国家制度的政治目标主要指通过实施福利国家制度实现社会的基本稳定。20世纪初，欧洲各国的社会发展状况决定了福利国家制度的基本目标取向是重视实施福利国家制度的政治目标，即通过推行福利国家制度，缓和阶级之间的利益冲突和对抗，实现国家的政治稳定。当时，工人阶级对福利国家制度的诉求成为政府实施福利国家制度的重要原因，阶级矛盾和冲突又促使资产阶级对工人福利的关注由被动转变为主动。在二战期间，一些欧洲国家为了应对战争需要而对国家资源进行了统一计划和管理，这实际上是一种国家干预的实践，使社会各阶层认识到国家干预也可以更有效率，对国家干预达成心理共识。所以，欧洲福利国家制度的建立也可以说是各阶层之间政治妥协的结果，或者说是阶级矛盾与利益冲突缓和的政治结果。从理论上来说，德国的新历史学派和英国的激进自由主义学派均强调建立福利国家制度、为公民提供福利是国家的重要职能之一，这为"要不要建立福利国家制度"这一政治性问题提供了理论依据。新历史学派强调国家在经济和社会发展中的重要作用，主张实行强有力的国家干预，并且认为国家在为公民提供福利方面要承担重要责任，提倡社会改良主义，主张实施社会立法以促进社会福利事业的发展。新历史学派认为，资本主义经济组织形式的变化可以避免经济发展中弊端的产生，国家干预和社会改革可以阻止社会主义运动的发展，从而维护国家的政治稳定。英国激进自由主义出现于19世纪90年代，代表人物是霍布豪斯和霍布森，他们认为应该提出一种既避免社会主义色彩，又躲开保守主义道路，亦不是实用集体主义的"社会改革理论"，即英国激进的自由主义理论。霍布豪斯主张国家干预，认为国家有责任为公民创造条件，使他们能够依靠自身的努力获得所需要的一切。霍布豪斯进一步指出，国家有责任保障公民的工作和基本生活权利，这是维持一个社会良好秩序的必要条件。这一思想也成为欧洲福利国家制度建立的重要理论依据。由此可见，欧洲福利国家正是在维护社会稳定这一政治目标的指引下建立的。以维护社会稳定为主要内容的政治目标解决了"要不要建立福利国家制度"的问题，调和了政党之间、劳资之间和社会其他利益集团之间的严重分歧,推动了欧洲福利国家制度的建立。

2. 社会目标推动福利国家制度的发展

欧洲福利国家制度的社会目标取向表现为重视福利国家制度的实施,通过实施福利国家制度缩小不同阶级、阶层之间的收入差距,推进社会的公平发展。欧洲福利国家制度建立和发展的主要目标就是缩小贫富差距,推进社会公平,并促使政府及社会群体关注社会福利问题。因此,以促进社会公平为主要内容的社会目标成为欧洲福利国家制度发展的指引,这一社会目标解决了"政府如何干预"以及"建立什么样的福利国家制度"的问题。凯恩斯主义和社会民主主义成为这一社会目标的理论来源。凯恩斯关注资本主义宏观经济发展问题,主张国家干预经济,认为自由放任的资本主义经济必须被国家干预主义代替,没有限制的资本主义经济是不稳定的,这种不稳定会影响资本主义社会的发展,而国家干预是实现消费和投资增加的有效途径,也是避免资本主义经济崩溃的必要条件。虽然凯恩斯的理论没有对具体的社会福利问题进行论述,但其经济理论对福利国家制度的建立和发展产生了重要影响。社会民主主义强调阶级合作、发展社会民主,主张国家应对经济和社会生活强进行有力的干预,强调国家应该尽可能承担起全面的社会责任,采取有效的措施为民众提供各种保障。社会民主主义与凯恩斯主义都强调国家应该为公民提供有效的福利制度保障,通过社会财富的再分配,促进社会公平,缩小贫富差距,二者共同成为欧洲福利国家制度社会目标的理论来源。由此可见,欧洲福利国家制度发展时期的目标取向主要是实现社会公平的社会目标,这一目标取向推动了欧洲福利国家制度的发展,维护了社会的稳定,促进了社会公平。这一导向作用具体体现在福利国家制度建立以后,各国不断施行社会保障立法,扩充社会保障项目,扩大社会保障的范围,加大政府对社会福利的支出力度。欧洲各国逐渐完善本国的社会保障体系,试图构建本国福利国家制度框架,福利国家制度进入稳步发展时期。欧洲福利国家制度发展时期的社会目标取向对欧洲社会政治稳定产生了积极的作用,促进了政治目标的实现。

3. 经济目标促使福利国家制度的改革

20 世纪 70 年代中期到 90 年代中期,欧洲社会发展状况决定了这一时期欧洲福利国家制度的目标取向是重视社会保障制度实施的经济目标,并且兼顾道德目标,即福利国家制度应该与社会经济发展水平相适应,施行紧缩的社会保障政策以减少社会福利开支和福利病。这一时期欧洲福利国家面对的现实是经济日益下滑及其与福利支出之间的矛盾日益突出。这就使得过去曾被忽视的经济目标重新被重视,这一制度目标来源于新自由主义理论。新自由主义主张限制国家干预,充分利用市场机制促进经济发展。新自由主义认为福利国家瓦解了市场经济自由竞争的基础,主张福利的市场化,即通过私人保险和储蓄实现自我保障,这实际上强化了个人在社会保障中的责任。这一时期欧洲福利国家制度的经济目标对20世纪70年代以后欧洲福利国家制度的改革起到了很重要的导向作用。这种导向作用具体体现在欧洲福利国家对本国的社会保障体系进行了市场化和私营化改革,适当弱化了政府在社会福利提供中的责任,强化了个人的责任,从而解决了"如何实现福利国家制度与社会经济协调发展"的问题,使改革过程取得了不同阶级、不同阶层、不同政党之间的共识。在这种经济目标的引导下,欧洲福利国家经济出现了明显的好转,但是公民的社会保障水平有所下降。由此可见,20世纪70年代以来,欧洲福利国家制度改革的基本制度目标就是实现经济增长,这在一定程度上减少了福利病,从而推动了道德目标的实现。但是,改革在一定程度上牺牲了社会公平,影响了社会的稳定,进而在一定程度上影响了社会目标和政治目标的实现。

4. 欧洲福利国家制度目标的融合趋势

20世纪90年代以来,欧洲社会发展状况发生了新的变化,这就促使欧洲福利国家制度的目标取向也随之发生了变化,福利制度改革不再以某一种单一的制度目标为基本目标,而是呈现了一种政治、经济、社会、道德目标相融合的趋势。新的社会发展状况要求福利国家制度不仅要促进社会公平的实现、维护政治的稳定、促进经济的发展,还要促进社会道德水平的提高。这一发展趋势的理论基础来源于"第三条道路"思想避免过分强调国家责任或过分强调市场机制的倾向。"第三条道路"思想主要在欧洲福利国家制度改革中强调责任与权利的统一,强调建立积极的社会福利观、构建社会投资型国家；在社会福利的提供上强调国家、市场、个人以及社会志愿组织共同的责任。这实际上就解决了福利国家改革中各价值目标协调的问题，并使改革过程中各阶级、各阶层、各政党之间的趋同性得以重建，福利国家制度改革依靠政府和社会的广泛参与，改革效果明显，既促进了社会经济的发展、社会公平的实现，又提高了社会道德水平，进而保障了社会的政治稳定。由此可见，20世纪90年代以来，欧洲福利国家制度的基本目标不再是单一的目标，而是趋向于政治、经济、社会和道德价值目标相融合的制度目标，这既是欧洲福利国家制度发展变迁的必然选择，也是欧洲福利国家制度改革未来发展的必然趋势。

综上所述，从欧洲福利国家制度历史发展的总体方向来看，福利国家制度的发展具有不以人的意志为转移的客观规律，但发展的过程又是一个曲折的过程，有时甚至会出现倒退和反复的现象。从主体角度来讲，欧洲福利国家制度的发展是一个自我选择的过程，而主体的选择又是根据利益和需要做出的，即根据主体的制度目标做出的。在特定的历史时期，福利国家制度发展所遇到的问题是错综复杂的，这就需要对问题有清晰的认识，并建立合理可行的制度目标。另外，虽然在不同时期欧洲各福利国家政治目标、社会目标、经济目标和道德目标的地位和影响存在不同，但这并不意味着欧洲各国在不同历史时期制度目标的变化没有普遍规律，也不意味着欧洲不同福利国家在不同历史时期只有一种制度目标，其他目标可以被忽视甚至被无视。事实上，欧洲福利国家制度发展变化过程中，其制度目标的发展变化既存在从重视政治目标到重视社会目标、经济目标，再到重视道德目标的单一性目标取向变化，也存在从强调单一性目标发展到强调政治目标、社会目标、经济目标、道德目标相互协调发展的趋势。

三 制度主体回应客观需要：公民权利与义务的调整

从哲学的意义来说，人是制度的主体，但就制度本身而言，人又变为制度的客体。因此，人之于制度是主客统一体。"不仅制度的结构包含有重要的人格决定，而且即使是最好的制度……也常常在很大程度上依赖于相关的人。制度好似堡垒，它们得由人来精心设计并操纵。"[1] 因此，制度主体的变化基于自身主动调整价值目标的需要，亦同时来自福利对象——"人"（公民）对于社会福利的诉求，制度主体根据公民的诉求，调整公民的权利与义务关系，直至公民的福利诉求得以满足，进而导致福利制度主体发生变化。纵观欧洲福利国家制度的变迁过程，欧洲福利国家制度的危机不仅仅是政府的责任，作为福利对象的公民也发挥了关键作用，公民权利和义务的失衡推动了福利国家制度主体的变化，进而推动欧洲福利国家制度变迁。因此，福利国家制度的每次改革实际上都涉及调整权利与义务关系的问题，能否处理好权利与义务的关系直接关系到改革能否成功。

（一）固有矛盾：公民福利权利与义务失衡

1. 福利国家制度与公民权利的关系

从某种意义来说，福利国家制度是在承认现有社会制度合理的基础上，作为纠正自由市场经济偏差而存在的一种制度安排。从根源来说，福利国家是一种以公民社会权利为核心的制度建构。首先，公民的社会权利被赋予同公民的财产权利一样的地位。福利国家制度将公民的社会权利建立在公民权利之上，赋予公民的社会权利合法的地位，以使个人拥有对抗市场的力量，即个人去商品化。"去商品化是出现在当服务是被视为一种权利时、当一个人不必依赖市场而能维持其生活时……如果社会救助或保险的存在并不能实质地消除个人对市场的依赖，则未必能够带来明显的去商品化的效果。"[2] 其次，福利国家是一个阶层化的体系。公民权利的实施导致了社会阶层化，在福利国家制度下，不同地位的人会因为不同的福利需求而形成不同的利益集团，于是公民因所拥有的权利不同而被阶层化为不同的社会阶层。福利国家制度把阶级斗争转化为阶层之间权利和社会资源分配的斗争，这就从根本上缓解了激烈的阶级斗争。最后，福利国家制度将国家、市场和个人结合为

---

[1] 〔英〕卡尔·波普尔：《开放社会及其敌人（第一卷）》，陆衡等译，中国社会科学出版社，1999，第237页。

[2] 〔丹〕考斯塔·艾斯平-安德森：《福利资本主义的三个世界》，古允文译，巨流图书有限公司，1999，第38~39页。

第三章
欧洲福利国家制度变迁的动力机制

一个整体，并通过社会政策的实施把三者整合成一种社会福利体制，现代福利国家制度正是在这些福利要素的整合中发展起来的。

总之，公民权利是福利国家制度建立的基础，而福利国家制度的发展又促进了公民权利的发展完善。所以，福利国家制度与公民权利互相促进、互相影响，是同一问题不可分割的两面。

2. 公民权利理论的局限

马歇尔在20世纪五六十年代提出了公民权利理论，他指出公民除了拥有民权和政治权，还应该拥有社会权，即公民权利应该由民权、政治权和社会权组成。公民权利意味着每个人拥有平等的法律、人身自由、政治以及基本生活保障的权利，这种公民权利的平等有助于被市场竞争淘汰的弱者得到基本的生活保障。社会权利地位的确立实质上确认了政府履行保障的责任，公民所要求的福利已经不再是出于人道主义的慈善机构的救济，而是公民不可剥夺的权利。福利国家制度的建立是社会权利的实践，福利国家制度将个人、市场和社会高度融合在一起。但是，这个充分实现公民权利的福利国家制度，其福利观也存在局限性。

从理论上讲，马歇尔的公民权利理论存在权利和义务分离的内在矛盾。马歇尔的公民权利理论尽管是站在中间道路的立场，试图调和自由主义和社会主义、个人主义和集体主义之间的矛盾，但其对个人权利的过分强调使权利和义务分离，使社会权利成了个人对国家单方面的福利要求权，强调国家对个人福利的责任却忽视了对个人所承担责任的要求。在这一观念的支配下，权利成为人们满足自己需要的手段，结果导致公民权利不断地扩张，但"对实现这些权利所需要的义务和责任却保持沉默"[1]。这种权利与义务分离的内在矛盾实际上与公民权利理论本身的缺陷有直接关系，这一缺陷就在于过分强调社会权利而忽视了个人所要承担的相应责任。厘清公民权利与义务的关系首先要弄清二者的性质。自由市场竞争的存在产生了社会排斥，社会排斥造成了个人与社会的脱离，公民权利观念被认可的关键就是在于其消除

---

[1] 〔美〕托马斯·雅诺斯基：《公民与文明社会》，柯雄译，辽宁教育出版社，2000，第1页。

社会排斥的努力。公民权利的去商品化功能就在于通过政治的手段对自发市场进行干预，以达到纠正市场偏差、维护社会公正的目的。但是，公民权利应该是与义务相联系的，公民权利的实现还要求公民个人承担起相应的义务，即公民有为自己的生活和幸福负责的义务，同时对他人的幸福和社会的繁荣也要承担一定的责任和义务，这样才能使社会权利真正实现。从根源上来说，马歇尔公民权利理论的缺陷在于该理论虽然以福利的集体主义为落脚点，但实际上它的基础是个人主义的。个人主义的着眼点在个人，而社会权利往往会违背个人的原则，义务是不被强调的。要达到权利与义务的平衡，需要通过阐述二者关系的政治理论来克服个人主义原则的片面性，而这只有在集体主义中才能找到答案。

马歇尔的公民权利理论试图用公民权利的概念来取代阶级划分的概念，以政策分析取代政治、经济关系的分析，忽视了思想、价值在社会福利中的作用。这是一种非意识形态化的思维取向，这种取向导致许多理论家在对待公民身份和福利国家的问题上，会采取"功能主义"的方法排除社会福利中的主观价值，使公民社会权利这一蕴含政治、道德因素的思想主张被政策化为政客操作的工具。福利国家制度作为维护社会正义的政治举措也沦为选举政治的筹码，用公民身份来模糊阶级地位的差别，用普遍主义、制度化的福利来解释福利国家无阶级差别的社会正义的理性取向，但是这都不能忽视公民权利理论的局限。公民权利理论中权利与义务相分离的内在矛盾，导致福利国家制度不断陷入危机的怪圈。福利国家中社会服务、福利供给的平均化导致一些不需要帮助的人享受"免费的午餐"，而另一些真正需要帮助的人却得不到应有的帮助，以至于自由主义理论家批评福利国家制度降低了人们工作的积极性，造成了人们对福利的依赖，庞大的福利支出使政府不断地陷入财政危机，政府的官僚化导致福利提供效率低下，有限的福利资源不能得到有效的利用，所有这些因素共同导致了经济增长缓慢，福利国家陷入财政危机、价值危机和信任危机的困境之中。

总之，公民权利理论的局限性在于其权利与义务相分离的内在矛盾，这一矛盾直接导致福利国家制度从建立时起就蕴藏危机。福利国家制度作为纠正市场偏差而存在的一种制度化安排，试图以国家干预市场、社会再分配的方式来平衡市场与社会之间的关系。但是，在资本主义固有的政治、经济矛盾没有根除的情况下，福利国家制度的构建显然不能达到预期目的，只能成为一种"免费的午餐"，滋生福利依赖。因此，要解决福利国家制度的危机就必须平衡权利与义务的关系。

（二）现实选择：公民福利权利与义务的均衡

福利国家制度从建立起就存在公民权利与义务失衡的矛盾，协调权利与义务的关系成为每一次福利国家制度改革的重要动因，平衡二者之间的关系也成为福利国家制度改革的目标之一。

1. 理论整合——发展公民权利新思路

欧洲福利国家制度建立初期，权利与义务关系的失衡滋生了"福利依赖"的现象，致使欧洲福利国家陷入了危机。"福利依赖"所暴露出的问题揭示了公民权利理论中公民个人权利与义务失衡的问题，引发了新自由主义者对福利国家制度的质疑。新自由主义者反对国家为个人的不幸承担责任，"在他们看来，公民权利把社会福利制度化，使政府获得了干预市场的权利，并且使社会福利日益成为一种行政事务，成为官僚机构程序运行的一部分，而人在这种官僚体制中变得越来越渺小，越来越没有价值"[1]。所以，新自由主义者认为应该用市场来代替福利国家的强制行为，而公民的社会权利就是在国家的强制行为中实现的，要抛弃这种强制行为，就必须抛弃作为福利国家政治基础的公民权利理论。另外，社会权利的实现也是有条件的，在个人与社会需要一致的情况下，国家对市场的干预才是合理的，如果个人与社会的需要不一致就会产生"福利依赖"，国家为公民提供的福利就会成为"免费的午餐"。要想使个人与社会的需要相一致，唯一的途径就是把公民个人的权利与义务结合起来，这也成为发展公民权利的新思路。回顾自由主义者和社会民主主义者对待个人权利与义务关系的态度，我们会发现，

---

[1] 钱宁：《社会正义、公民权利和集体主义——论社会福利的政治与道德基础》，社会科学文献出版社，2007，第230页。

"老一代平等主义者坚持认为，一个政治共同体负有向全体公民表示平等关切的集体责任，但他们解释平等的方式却忽略了公民的个人责任。新老保守主义者都坚信这种个人责任，但他们对个人责任的解释却使集体责任受到了漠视。从这两种错误中进行选择非但没有吸引力，而且没有必要。如果接下来的论证是充分而有力的，我们就能得到一个有关平等和责任的完美说明，它对双方都给予尊重"①。

吉登斯提出超越"左与右"的"第三条道路"思想，他试图调和传统社会民主主义过于强调集体责任的社会福利观和新自由主义市场取向的个人主义福利观，建构一种超越二者的积极福利观，即"超越'把国家当敌人'的右派和'认国家为答案'的左派，重构国家并重新理解福利国家的起源与本质，就成为第三条道路解决现代福利制度困境的主要纲领"②。吉登斯"第三条道理"的福利主张是建立在混合经济的基础上的，这种混合经济的特点就是"试图在公共部门和私人部门之间建立一种协作机制，在最大限度地利用市场的动力机制的同时，把公共利益作为一项重要的因素加以考虑"③。从这种混合经济的立场出发，吉登斯提出"没有责任就没有权利"的公民权利理论，以此为他积极福利观的基础。传统的福利观"削弱了个人的进取和自立精神"④，福利国家制度过分强调个人的社会权利而忽视了个人应尽的义务，只注重给予个人保护和照顾，却没有给个人自由留下空间，导致了福利依赖现象的产生。吉登斯的积极福利观不仅强调公民享有福利的权利，也强调个人的责任，还倡导其他社会组织也应为福利做出贡献。该福利观认为，为避免福利依赖的产生，应尽量不提供直接的经济资助，而

---

① 钱宁：《社会正义、公民权利和集体主义——论社会福利的政治与道德基础》，社会科学文献出版社，2007，第231页。
② 〔英〕安东尼·吉登斯：《第三条道路——社会民主主义的复兴》，邓戈译，北京大学出版社、生活·读书·新知三联书店，2000，第74页。
③ 〔英〕安东尼·吉登斯：《第三条道路——社会民主主义的复兴》，邓戈译，北京大学出版社、生活·读书·新知三联书店，2000，第103~104页。
④ 〔英〕安东尼·吉登斯：《第三条道路——社会民主主义的复兴》，邓戈译，北京大学出版社、生活·读书·新知三联书店，2000，第14页。

第三章
欧洲福利国家制度变迁的动力机制

是以培育人的能力为主,鼓励人们通过工作来解决自身的生存困境。由此可见,吉登斯的"第三条道路"试图通过提倡个人责任和自主性来克服公民权利理论的局限,用工作福利代替"免费的午餐"式的福利。

2. 实践契合——权利与义务的平衡

理论必须付诸实践才会有意义,解决"福利依赖"的问题,其根本在于公民个人权利和义务的有机结合。在实践中,以撒切尔政府为代表的欧洲福利国家政府提出了由"普遍性原则"向"选择性原则"转变的主张,目的在于增强个人的责任意识。这一举措促使社会价值观发生了微妙的变化,人们重新接受了以强调"个人责任"为核心的自由主义的价值观,这实际上是为了平衡权利与义务关系所做出的一种努力,是在试图扭转以往过分强调个人的权利而忽视个人义务的现实。这一努力延续到布莱尔时期的福利国家制度改革。在此基础上,布莱尔政府更进一步提出了"社会积极参与福利"的新思路,以此来克服国家提供福利带来的弊端。与此同时,提出"积极福利"的概念,重新阐释了"没有责任就没有权利"的公民权利理论,既强调公民的福利权利,也强调公民所要承担的义务。从社会政策的层面来看,这种积极的福利观不仅关注人的经济利益,更加关注人的心理利益的培育。实践中布莱尔政府采取了一系列措施:首先,强调以工作代替福利,增加教育培训方面的支出,为人们能够找到工作创造条件,并且减少社会福利方面的支出;其次,强调以社会服务为主、以现金福利为次,鼓励个人承担更多的义务,强调个人在福利制度中的责任,减轻国家在福利方面的责任。这一时期欧洲福利国家制度改革在强调个人责任的同时,也强调国家的责任。可以说,这一时期的福利国家制度改革是一种试图平衡个人在福利制度中权利与义务关系的有益尝试,并在实践中取得了很好的效果。但是,这一时期的改革也存在一些局限性。从理论方面来看,吉登斯的"第三条道路"理论站在中间立场,通过提倡个人责任、自主性,以工作福利来克服公民权利理论的局限。但实际上,它只能通过向"右"靠拢来消除社会民主主义的社会平等和社会正义等政治道德主张,以牺牲公民的经济安全来实现所谓"福利国家的改革"。从这一意义上来讲,这一时期的改革也埋下了隐患，并没有真正解决福利国家的矛盾。

综上所述，从制度的客体层面探究公民权利与义务关系的失衡对福利国家制度变迁的影响，我们发现欧洲福利国家"创设公民权和福利项目的主要目的就是拉拢人民并获得他们的支持"，这样明显带有机会主义烙印的政治动机"导致了福利国家与公民权利理论的政治道德追求的分裂，使它们的政治目的与道德前提相分离"①。因此，公民权利被政治化以后，虽然社会福利的本质有着深厚的利他主义道德基础，但是在实践中被政治的要求掩盖起来。这种对道德本质的忽视，导致了社会福利实践的盲目，从而产生了一系列不良后果，包括对个人权利与义务的认知错位，也包括对人的工作积极性和进取精神的破坏，这也是公民权利与义务关系失衡问题一直未得到解决的根本原因。

第二节　社会规定性的变化：欧洲福利国家制度变迁的外在动力机制

欧洲福利国家制度是社会发展到一定阶段的产物，其发展变化受到一定社会因素的影响，尤其是经济、政治、社会和文化因素，这些因素的发展变化共同促使欧洲福利国家制度发展、变迁。

一　经济因素：欧洲福利国家制度变迁的物质基础

欧洲福利国家制度的建立是资本主义国家经济水平发展到成熟阶段的产物。只有经济发展到一个相当高的水平，社会物质财富积累到一定程度，国家才有足够的物质基础建立起一整套全民性福利国家制度。而经济的发展变化又与福利国家制度的变化有着密切的联系，经济的快速发展会促进福利国家制度的发展，经济危机会导致福利国家制度陷入危机。因此，经济因素是

---

① 〔英〕安东尼·吉登斯：《第三条道路——社会民主主义的复兴》，邓戈译，北京大学出版社，2000，第75~76页。

欧洲福利国家制度变迁的物质基础。我们可以从经济发展水平、增长幅度以及发展模式的角度来研究经济发展对欧洲福利国家制度产生的影响。

（一）欧洲经济发展水平影响福利提供水平的高低

欧洲经济发展水平对欧洲福利国家制度的发展水平会产生重要影响。二战之后到20世纪70年代是欧洲经济快速发展时期，社会物质财富快速增长，政府财政转移支付的力度加大。1951~1975年，欧洲国家转移支付占国民生产总值的比例呈总体上升趋势，从1951年的7.2%上升到1975年的16.1%（见表3-1）。从数据中可以发现，除个别年份外，国民生产总值的年均增长率与转移支付的年增长率呈正相关，即国民生产总值年均增长率高，转移支付年增长率就会上升；国民生产总值年均增长率低，转移支付年增长率就会下降。这就说明经济增长水平对福利国家制度的发展水平会产生重要的影响，有时甚至起到决定性作用。

欧洲经济的高速发展决定了这一时期欧洲福利国家制度的蓬勃发展。这一时期欧洲福利国家制度的典型特点就是福利国家制度的完善和发展，福利国家制度的覆盖面不断扩大，社会保险制度不断完善，社会救助和公共福利制度建立和发展，福利国家制度成了保障公民基本生存权利的主要手段。由此可见，在这一时期欧洲经济的高速发展对欧洲福利国家制度的建立和快速发展起了重要的推动作用。

表3-1 1951~1975年欧洲国家平均国民生产总值与转移支付增长情况

单位：%

年份	转移支付年增长率	国民生产总值年均增长率	转移支付占国民生产总值的比例
1951	17.3	17.9	7.2
1953	9.9	5.8	8.1
1955	10.5	8.6	8.3
1957	14.6	7.3	8.9
1959	8.5	6.7	9.3
1961	11.1	9.1	8.8
1963	13.7	8.6	9.7

续表

年份	转移支付年增长率	国民生产总值年均增长率	转移支付占国民生产总值的比例
1965	17.4	9.4	10.4
1967	13.2	7.6	11.3
1969	13.8	11.2	12.0
1971	15.1	11.0	13.0
1973	17.0	14.7	13.7
1975	23.7	12.5	16.1

资料来源：W. J. Mommsen, The Emergence of the Welfare State in British and Germany, Crom Helm Ltd, 1981, p. 360。

20世纪70年代以后，欧洲的经济萧条和通货膨胀引发了经济发展的滞胀，随后欧洲经济进入了一个缓慢发展的时期。欧洲经济增速放缓使得欧洲福利国家制度陷入了困境。随着经济问题而来的是失业率不断上升、贫困人口不断增加，给福利国家制度带来了沉重的负担，这就迫使福利国家制度发生变革。这一时期福利国家制度的特点是实施紧缩性政策，压缩福利国家制度的支出，降低福利待遇标准，提高缴费率，积极引入市场机制来进行福利提供，目的在于实现福利国家制度与经济发展水平相协调，促进经济复苏和发展。

20世纪90年代以后，经济全球化的进程加快，对欧洲福利国家制度造成了巨大的冲击：促使社会福利预算削减，限制福利国家政策选择的空间；促使一些国家的失业问题进一步恶化，导致福利国家制度压力增大。这些推进了欧洲福利制度的又一次改革。

进入21世纪以后，国际金融危机、欧洲债务危机都对欧洲福利国家制度造成巨大的冲击。欧洲福利国家重新实施凯恩斯的国家干预政策，纷纷对本国的福利国家制度进行一系列改革，诸如削减福利支出、加大对人力资本的投入、提高危机抵御能力等。

综上所述，无论是欧洲福利国家制度历史上的哪次改革，都与经济因素有密切的关系，每一次大幅度的改革都涉及经济因素的变化，而且福利国家制度的发展水平也受到本国经济发展水平的制约。经济危机时福利国家制度备受压力，面临改革；经济复苏、快速发展的时期，福利国家制度快速发展。

（二）欧洲经济增长幅度影响福利保障范围的增减

欧洲经济增长幅度影响福利保障范围的增减，经济的发展是福利国家制度水平提高的必要条件。欧洲地区的经济在整个20世纪中期以来呈现总体上涨的趋势，只不过增长幅度有大有小。20世纪50~70年代是欧洲经济快速发展的时期，其经济增长幅度也比较大，从国民生产总值每10年的增长率来看，英国1954~1967年为34.9%，高于1925~1954年的16.3%；德国1954~1967年为83.2%，高于1925~1954年的26.5%，由此可见，20世纪50~70年代是欧洲经济发展比较快速的阶段（见表3-2）。与此相适应的是欧洲福利国家制度的保障范围逐步扩大，具体表现在这一时期欧洲福利国家制度项目内容不断增多，保障体系不断完善。如英国在1952年的家庭补贴与《国民保险法》将国民津贴标准提高了25%，将雇工与雇主缴纳的国民保险费的标准分别提高到4先令8便士半和4先令5便士半；1954年的《国民保险法》将单身人士的国民保险津贴标准提高到每周40先令，将一对夫妻的国民保险津贴标准提高到每周65先令；1957年的《国民保险法》将每一个被保险人的国民津贴标准提高到每周50先令，同时也对《国民保险》缴费标准做了较大的提高。[①]

表3-2　20世纪前期英、法、德国民生产总值增长率

单位：%

国家	时间	国民生产总值每10年增长率
英国	1925~1954年	16.3
	1954~1967年	34.9
	1925~1967年	22.3

---

① 丁建定：《西方国家社会保障制度史》，高等教育出版社，2010，第230页。

续表

国家	时间	国民生产总值每10年增长率
法国	1929~1954年	11.5
	1954~1966年	61.0
	1929~1966年	26.9
德国	1925~1954年	26.5
	1954~1967年	83.2
	1925~1967年	43.6

资料来源：〔美〕库兹涅茨《各国的经济增长》，常勋等译，商务印书馆，1999，第45~47页。

20世纪70年代以后，欧洲经济的增长速度明显放缓，导致福利国家制度的福利保障范围明显缩减。如德国在1977~1984年先后5次发布《疾病保险控制法》，试图控制疾病保险支出的增长幅度。法国在1982年底决定将领取失业保险津贴的人数由失业人口的70%降低到60%；1984年实施的失业保险制度将失业保险津贴项目由1979年的5项减少为4项。[①]

（三）欧洲经济发展模式影响福利国家制度的模式选择

欧洲经济发展模式影响福利国家制度的模式选择。二战之后，欧洲国家纷纷建立福利国家制度，但是不同国家经济发展模式的不同决定了其建立的福利国家制度模式的不同。英国在二战后，为了尽快恢复战后萧条的社会和经济，奉行以国家干预为主的经济发展模式，其福利国家制度选择了以保障范围大、福利水平高、保障体系广而著称的社会民主主义模式。但20世纪70年代以后，随着福利国家陷入困境，英国在新自由主义理论的影响下，重新选择了自由的市场经济模式，这也决定了其福利国家制度从典型的社会民主主义类型的福利国家制度转变为自由主义类型的福利国家制度。德国在社会市场经济理论的影响下，始终以市场经济的发展模式为主，这一模式强调市场在经济发展过程中的作用以及个人在福利国家制度中应承担的责任，

---

① 丁建定：《西方国家社会保障制度史》，高等教育出版社，2010，第325页。

从而使德国选择了保守主义类型的福利国家制度。瑞典在瑞典学派的影响下，发展出典型的"瑞典模式"，选择了社会民主主义类型的福利国家制度。这些例证表明，经济发展模式与福利国家制度模式的选择息息相关，二者具有较大的关联性，这主要是因为福利国家制度本身是经济发展模式和社会政策的重要组成部分，经济发展模式的变化必然影响福利国家制度的变迁。

二 政治因素：欧洲福利国家制度变迁的推动力量

经济因素是欧洲福利国家制度变迁的物质基础，政治因素则在欧洲福利国家制度变迁中发挥了强有力的推动作用，尤其是执政党、阶级关系、利益集团的合力在某种程度上决定了福利国家制度的变迁方向。

（一）执政党更迭推动欧洲福利国家制度的变迁

"传统的政党政治理论认为，执政党的类型（如社会民主党或保守党）与政策输出之间存在线性的、直接的关系……政党代表了以产业阶级为基础进行划分的选民的利益，在福利政策上持有明确的意识形态立场，或者支持社会民主主义政策，或者支持保守主义政策。"[1] 这说明，执政党政见的不同会直接影响欧洲福利国家制度的发展。

一方面，欧洲福利国家执政党的更迭直接决定福利国家制度的变革。不同的执政党所持的政治主张不同，所制定的社会政策不同，这就直接决定了对福利国家制度的改革也会不同。"福利制度扩张的重心理论认为，由社会民主党、对跨阶级选举人联盟具有吸引力的'中间主义'基督教或世俗党派或右翼市场自由党派控制的长期政府联盟，将会产生不同的福利制度。"[2] 如1979年以撒切尔夫人为代表的保守党政府上台执政，对英国福利国家制度进行了一系列的改革，降低福利国家制度的津贴标准，将原有的普遍性原则向选择性原则转变，推行福利国家制度的私营化，目的在于提高福

---

[1] 西尔雅·豪泽曼等：《对政党政治与福利国家关系的再思考——近期文献述评》，《国外理论动态》2014年第7期。

[2] 〔英〕保罗·皮尔逊：《福利制度的新政治学》，汪淳波等译，商务印书馆，2004，第384页。

利国家制度的效率，减轻福利国家的财政负担。1997年，以布莱尔为首的工党政府上台执政，英国又推行了新的福利国家制度改革，提出以"第二代福利"为核心的"第三条道路"福利国家制度的主张，提出"积极福利"概念，主张推行"从福利到工作"的新政，提高公民自我救助的能力。由此可见，执政党更迭直接推动了福利国家制度的改革。

另一方面，执政党更迭既使福利国家制度发生变化，又保留一定的连续性。虽然每个政党上台执政都会全力实施自己的执政理念，这些理念都体现在福利国家制度的改革过程中，但是，从一段时期来看，欧洲福利国家制度的发展变化蕴含着多种政治力量的博弈，任何一个执政党的改革都不能完全改变之前政党的政策，而是会保留一部分政策并在此基础上进行改革。如英国布莱尔工党政府与撒切尔保守党政府的改革相比，虽然有一定的差异，但这种差异不是根本性的，而是存在明显连续性的，两次改革共同的目标在于提高福利国家制度的效率，提升公民个人的责任感，协调国家、个人与市场之间的关系。

因此，执政党更迭促进了欧洲福利国家制度的改革。从短期效果来看，欧洲福利国家执政党的更迭直接影响福利制度的变革；从长期效果来看，执政党更迭既使福利国家制度发生变化，又保留一定的连续性。

（二）阶级关系变化直接影响欧洲福利国家制度的变迁

阶级关系问题一直是存在于资本主义国家中的主要矛盾，阶级关系直接影响社会的稳定和发展。与此同时，阶级关系也是影响福利国家制度发展的重要因素之一，阶级关系的紧张直接推动福利国家制度的变革。如20世纪30年代，欧洲经济大萧条使得英国失业率不断上升，阶级关系紧张，对资产阶级的统治合法性产生了威胁。二战之后，英国的经济进入了一个新的低谷，阶级矛盾日益尖锐，对政府的统治造成了巨大的压力。因此，英国政府不得不考虑通过建立福利国家制度来缓和阶级矛盾，福利国家制度成为缓和阶级矛盾的产物。20世纪末，以英国为代表的福利国家内部阶级结构发生了变化，导致阶级关系复杂化。信息技术的兴起促进了产业结构的变革，从而使原来的蓝领工人不断减少，白领工人成为阶级中的主导力量，传统工人

第三章
欧洲福利国家制度变迁的动力机制

阶级由于没有掌握新的技术而大量失业，社会地位和处境日益恶劣，知识精英和技术精英等白领阶层成为先进生产力的代表。在这种情况下，阶级关系变得日益复杂化，进而推进了福利国家制度的变革，即执政党要调整思想理念，寻求一种超越"左"与"右"的对立思想，向中间路线靠拢，解决这一复杂的阶级关系问题。由此可见，阶级关系的变化，无论是阶级关系紧张，还是阶级关系复杂化都会直接导致福利国家制度的变革，它是欧洲福利国家制度变迁的重要推动力量。

（三）利益集团对欧洲福利国家制度变迁的影响

利益集团政治已经成为现代西方政治的重要内容，社会各阶层的利益通常都是通过利益集团的形式表现出来的，不同的利益集团各有其所代表的阶级基础，从而形成不同的政治团体，不同的执政党成为其代言人。西方的利益集团政治已经发展成为一种稳定的政治形式，在国家政治生活中起到非常重要的作用。

在福利领域，利益集团的影响尤为明显，福利国家制度涉及社会各阶层的利益，在福利国家制度建立和发展的过程中无不体现着各利益团体的博弈，利益集团之间的关系直接影响欧洲福利国家制度的变革。杜安·斯旺克曾说："利益集合与利益代表民主制度的基本特点，应该在限制国内和国际结构性变化影响福利制度政策轨道的方式上起到相当重要的作用。"[①] 在欧洲福利国家制度的建立过程中，这一影响体现得更为明显。不同类型福利国家制度的建立都是该国各利益集团之间博弈的结果。如英国社会民主主义类型福利国家制度的建立，正是社会各阶层的利益集团达成共识的结果。二战期间，英国战时联合政府为了解决物资紧缺的问题，对社会生活实施全面干预，对全国的物资进行统一管理，这成为英国战争取得胜利不可或缺的因素。社会各阶层发现，虽然他们接受了一定程度的管制，但国家可以更充分地利用资源，这就成为达成建立福利国家制度共识的前提条件。因

---

① 〔英〕保罗·皮尔逊：《福利制度的新政治学》，汪淳波等译，商务印书馆，2004，第299页。

此，可以说英国福利国家制度的建立是利益集团达成政治共识的结果，社会利益集团发展的稳定化、复杂化使得其对福利国家制度的影响更加明显。因此，不同利益集团之间的博弈、斗争或妥协都直接影响了福利国家制度改革的方向。

三 社会结构：欧洲福利国家制度变迁的社会基础

欧洲福利国家制度的变迁与其社会环境的发展变化密不可分，社会环境的变化是欧洲福利国家制度变迁的基础。在社会环境变化的过程中，就业状况和人口结构的改变对福利国家制度的影响是最为明显的，往往成为推动福利国家制度变迁的关键因素。

（一）就业状况对欧洲福利国家制度变迁的影响

福利国家制度建立的一个重要的目标就是实现充分就业，就业状况对欧洲福利国家制度变迁产生重要影响。一方面，就业状况影响欧洲福利国家制度的发展过程。20世纪30年代前后，欧洲福利国家的就业状况恶化，失业问题非常严重，失业保险和失业救助制度应运而生，为福利国家制度的建立奠定了实践基础。二战后，欧洲福利国家制度建立的目的之一就是实现充分就业，以实现经济的稳定发展。因此，充分就业成为福利国家制度建立和发展的重要基础。在20世纪70年代经济危机的影响下，福利国家失业问题严重，失业率一直维持在较高的水平。就业状况的恶化又一次推动了福利国家制度的变革，欧洲福利国家都把失业保险制度的改革放在重要的位置，并且推行积极的就业政策鼓励就业。20世纪90年代，欧洲福利国家在改革失业保险制度的同时，更加注重对人力资本的投入，对失业人员进行再就业培训，鼓励失业人员的积极就业。欧洲主要福利国家失业率的高低与福利国家制度的发展变化具有高度重合性，如1930年英国、法国、德国的失业率分别是11.2%、2.0%、15.3%，到了1955年福利国家制度建立，英国、法国、德国的失业率分别是1.2%、1.5%、5.1%，1970~1985年，欧洲主要福利国家的失业率呈不断上升趋势，直到1990年才有所下降（见表3-3）。

表 3-3　1930~2000 年欧洲主要福利国家失业率情况

单位：%

年份	法国	德国	英国
1930	2.0	15.3	11.2
1935	14.5	11.6	11.0
1940	—	—	3.3
1945	—	—	0.5
1950	—	10.2	1.6
1955	1.5	5.1	1.2
1960	1.3	1.3	1.7
1965	1.4	0.6	1.5
1970	1.7	0.7	2.5
1975	4.1	4.7	3.9
1980	6.3	7.5	5.0
1985	10.2	9.3	10.8
1990	8.9	7.0	5.9
1995	11.6	12.9	8.5
2000	10.0	7.9	5.5

资料来源：丁建定：《西方国家社会保障制度史》，高等教育出版社，2010。

另一方面，就业状况对欧洲福利国家的财政也产生一定的影响。就业状况的好坏直接决定了福利国家财政状况的好坏。就业状况好意味着社会保障缴费的稳定增长，社保支出相对减少，福利国家的财政收支能够保持平衡或有所盈余。相反，在就业状况不好的情况下，也就是失业问题比较严重的时期，福利国家的财政就会入不敷出，难以为继，面临巨大的财政压力。二战后，欧洲福利国家制度建立，充分就业政策实施，使得就业状况明显好转，失业率下降，福利国家的财政稳定增长。20 世纪后期，欧洲福利国家失业率居高不下，福利国家制度中社会保障的缴费人数减少，这不仅使社会保障基金收入减少，还导致失业保险金支出增加，从而使福利国家面临巨大的财政压力。

（二）人口结构对欧洲福利国家制度变迁的影响

人口结构也是影响欧洲福利国家制度变迁的重要因素，人口规模和年龄结构的变化对福利国家制度产生冲击，并促使其发生变迁。

首先，人口规模是欧洲福利国家制度发展的制约条件。诺斯的"外生变量"理论提出人口增长是社会演进基础，他认为人口规模的大小对制度变迁的动力起到增强或削弱作用。在生产水平一定的情况下，假设每个人的需求水平不变，人口规模的增大则必然会带来人需求总量的增加，随即产生推动制度变迁的动力。福利国家制度的资金保障依靠个人缴费来获得财政收入，适度的人口规模会带来稳定的社会保障财政收入。因此，适度的人口规模是福利国家制度建立的前提。

其次，人口的年龄结构影响福利国家制度的发展。如20世纪前期，欧洲国家人口的年龄结构相对合理，成为福利国家制度建立和发展的有利条件。但是，到20世纪70年代以后，欧洲国家人口出现了明显的老龄化趋势，人口老龄化使养老保险支出不断增大，给福利国家制度的财政支出带来巨大压力。根据国际劳工局的研究报告，1980年，英国老年人口赡养比为23.5%，法国为21.9%，德国为23.7%；2000年，英国老年人口赡养比提高到24.6%，法国为24.4%，德国为24.0%；到2050年，英国老年人口赡养比将提高到42.2%，法国为44.2%，德国为48.0%。[①] 人口老龄化趋势加快带来的后果就是福利国家财政支出的增加，尤其是养老金部分支出的增加。1978~1983年，英国养老金支出占社会保障支出的44%~45%，德国为50%~53%，法国为42%~45%，意大利为50%~65%。[②] 由此可见，人口老龄化趋势加快，造成了养老金缴费人数减少与养老金支出不断增加之间的矛盾，给福利国家带来了巨大的压力，促使福利国家制度改革。因此，20世纪70年代以后，欧洲福利国家制度的每一次改革都以养老金制度的改革为重要内容。

由此可见，人口结构是推动欧洲福利国家制度变迁的重要因素。

---

① 《2000年世界劳动报告》，中国劳动社会保障出版社，2001，第165~172页。
② 《世界主要国家和地区社会发展比较统计资料（1991）》，中国统计出版社，1992，第108~109页。

四 思想文化：欧洲福利国家制度变迁的人文导向

思想文化是一个国家和时代社会状况的真实反映。欧洲的思想文化为欧洲福利国家制度发展提供基调，思想文化的变化是欧洲福利国家制度改革的前提条件，引导着福利国家制度变迁。

（一）文化传统是欧洲福利国家制度发展的历史基础

文化传统对欧洲福利国家制度发展的影响更为深远，在某种程度上文化传统构成了欧洲福利思想的精神内核。中世纪的基督教文化是欧洲文化传统的一个重要渊源，基督教教义中的慈爱和行善的思想对早期欧洲福利国家制度的发展产生重要影响。欧洲福利国家制度建立之前欧洲的社会救济都被打上了宗教的烙印，社会救济主要源于教会所举办的慈善和救济活动，这成为欧洲福利国家制度建立、发展的历史基础。真正对欧洲福利国家制度产生巨大影响的是从文艺复兴开始的近代欧洲文化，尤其是人文主义与启蒙运动的兴起，为欧洲福利国家制度的产生奠定了基础。文艺复兴具有广泛的思想内容，但其精髓是人文主义，伯恩斯认为，"文艺复兴包括一些当时占统治地位的理想和看法，使文艺复兴引上了一个独特社会的标记。总的来说，在这些理想与看法中特别突出的是乐观主义、世俗主义和个人主义；但是它们中间最重要的是人文主义。就广义而论，人文主义的定义可以说是强调古希腊和罗马人的著作中人的价值"[①]。文艺复兴结束了欧洲长期的宗教神学统治，确立了人文主义的核心地位，为欧洲福利国家制度的出现奠定了重要基础。启蒙运动在欧洲掀起了一场新的思想革命，启蒙运动是以理性主义为主要特征的社会思潮，它所主张的天赋人权的思想、社会契约思想以及人民主权学说共同构成了近代以来福利思想的主要内容。文艺复兴和启蒙运动共同奠定了近代欧洲社会、政治思想的基础，为欧洲福利国家制度的建立奠定了文化基础。由此可见，文化传统的发展对福利国家制度发展的影响是一个潜移默化的过程。

---

① 〔美〕爱德华·麦克诺尔·伯恩斯等：《世界文明史（第二卷）》，罗经国等译，商务印书馆，1995，第119页。

（二）福利思想之争促进欧洲福利国家制度的变迁

福利思想主流派别之间的争论导致了欧洲福利国家制度主导思想的变化。纵观欧洲福利国家制度的发展历史，社会民主主义思想与新自由主义思想之间有关福利的争论推动着欧洲福利国家制度的变迁，这两种思想博弈的结果最终决定了欧洲福利国家制度发展的走向。长期以来，社会民主主义思想与新自由主义思想争论的焦点在于福利的提供方式、国家与个人的责任划分以及福利国家制度的类型。社会民主主义福利思想的主张是国家应对社会生活进行强有力的干预，国家应承担一定的社会责任，应该为全体公民提供充分的社会福利保障。新自由主义福利思想的主张则是反对国家对社会生活的干预，提倡市场机制在社会福利领域发挥调节作用，强调个人在福利领域的责任。

在实践当中，二战之后直到20世纪70年代，欧洲福利国家社会经济快速发展、政治稳定，以强调国家责任、提供全面国家福利的社会民主主义福利思想成为这一时期的主流思想，这一时期欧洲主要福利国家实行的是提供全面福利的福利国家制度。20世纪70~90年代，欧洲福利国家面临严重的经济危机，为改变这一现状，新自由主义的福利思想成为这一时期主流的福利思想，它引导欧洲福利国家制度向减少政府干预、充分发挥市场机制的方向发展。20世纪90年代，"第三条道路"理论的出现实际上也是社会主义思想与新自由主义思想博弈的结果，"第三条道路"理论是在协调社会民主主义思想与新自由主义思想基础之上产生的，因此，也可以说是二者之间博弈的产物。由此可见，这两种思想所代表的是两种截然相反的福利观点，二者之间的博弈结果决定了欧洲福利国家制度变迁的方向。

（三）福利国家制度基本理念的变化推动欧洲福利国家制度的变迁

理念作为制度的核心，理念的变化必然引起制度的变迁。由于社会政治、经济环境的变化，主流的福利思想也相应发生了变化，福利国家制度的基本理念也要随之发生变化，这一变化又影响着福利国家制度的改革实践。欧洲福利国家制度建立初期，福利国家制度的基本理念是强调国家在福利领域的主导地位和全面责任，认为社会贫困的出现不是由个人原因导致的，而是由社会原因造成的。因此，国家应该为个人提供保障。在这一理念的指导下，欧洲国家建立起覆盖社会保险制度、社会救助制度以及公共福利制度的福利国家制度，社会保障的覆盖面不断扩大，津贴的标准也不断提高，福利国家制度全面建成。

20世纪70年代以后，欧洲福利国家制度的危机导致其基本理念发生了变化。国家不再负有绝对的责任，强调国家保障与个人自助、互助相结合的理念成为这一时期欧洲福利国家制度的基本理念。这一理念认为，社会贫困不只是社会原因导致的，还有个人原因影响，个人应该为自己的失败负有责任；福利国家制度应该调动国家、社会和个人的力量，强调责任共担。在这一理念的指导下，欧洲福利国家制度发生了变革，具体的措施是提高享受保障的资格要求、降低津贴标准、推进福利领域的私营化、鼓励福利提供的多元主体模式。由此可见，福利国家制度基本理念的变化直接推动了欧洲福利国家制度的改革，并为欧洲福利国家制度的改革提供了实施方案。

第四章　欧洲福利国家制度变迁的哲学审视

本章以欧洲福利国家制度变迁历史为研究背景，理性审视变迁的本质和理性规律，最终得出路径依赖与制度创新的平衡、价值理性与工具理性的抉择、集体主义与个人主义的冲突对于推动欧洲福利国家制度变迁具有关键性作用。欧洲福利国家制度变迁绝不是哪一对关系单独作用的结果，而是几对关系的"分力"组成"合力"的结果，每一次变迁并不是孤立的历史节点，而是呈现历时态的路径演进，历次变迁组成了欧洲福利国家制度的历史发展链条，在这个自我扬弃的链条上，每一次变迁都体现着历史必然性和现实合理性的有机结合。理性审视欧洲福利国家制度变迁的客观规律，有助于我们更好地理解其存在的真正意义和目的。

第四章
欧洲福利国家制度变迁的哲学审视

从社会发展视角来看,"制度是一系列被制定出来的规则、守法秩序和行为道德、伦理规范,他旨在约束主体福利或效应最大化利益的个人行为"[①]。制度决定着当代社会生活的基本秩序,尤其是在当代政治生活领域,公共权力只有通过制度才能有效地发挥社会整合力量。制度不仅关乎政权的合法性,亦对社会发展的合理性和价值判断具有十分重要的影响。但制度并不是某种"人类无知状态下自发演化"的结果,从制度本身来讲,制度需要维持自身的稳定性,多变和易变并不是制度的最佳选择。"但事实上制度又必须也确实是发展变化着的,不仅因为这是出于适应生产力发展变化而变化的客观必然事实,也是因为只有这样才能适应发展变化着的社会与人的需要。"[②]欧洲福利国家制度变迁研究应当是基于实证主义的历史研究,更应该是基于理性主义的客观审视。从前文可以看出,欧洲福利国家制度变迁过程十分复杂,但并非毫无规律可循。理性分析欧洲福利国家制度变迁的规律,客观审视欧洲福利国家制度变迁背后的路径选择,有助于我们跳脱历史的束缚,尽可能地回归和还原不同历史阶段下的制度变迁。

第一节 福利国家制度的理性抉择:价值理性与工具理性的张力

现代社会是一个复杂而多元的系统,其有效运行依赖于各种制度的确立和规范,制度作为某一共同体内成员共同遵守的、按一定程序运行的规程或行动准则,具有约束和规范作用。制度可以有效地维护社会系统的规范化运

[①] 〔美〕道格拉斯·C.诺思:《经济史中的结构与变迁》,陈郁等译,上海三联书店,1991,第226页。

[②] 辛鸣:《制度论——关于制度哲学的理论建构》,人民出版社,2005,第163页。

转，帮助社会避免或减缓冲突，为个人自由和社会权利提供实质性的保护，进而促进社会政治经济文明的发展和繁荣。在社会发展的进程中，制度的内在价值目标和外在环境需求必然会随着社会的发展而发生变化，制度的创新与发展存在双重动因，外在动因是制度所处社会客观环境的变化，存在着不以人的意志为转移的历史必然性；而内在动因则源于制度主体合目的性、合规律性的理性认知能力，制度主体的理性认知能力所达到的程度决定着制度主体对客体的本质和规律的揭示与把握。因此，在一定历史阶段，价值理性和工具理性分别在制度主体理性思考中扮演了不同的角色和发挥了不同的作用，二者间的统一和分化推动了制度的创新与发展，成为决定制度变迁的主体性因素。

从当代欧洲社会发展历史来看，福利国家制度变迁是一种具有制度设计特征的理性行为，在一定程度上体现了制度主体的理性思辨、理性抉择过程。"在现代国家的建构过程中，国家既体现为理性的行动者，亦作为制度综合体。现代国家制度的成长主要体现为国家制度的理性化与民主化。制度的理性化意味着国家具有了'计算'能力，把'成本—收益'作为行为的首要原则，国家解决社会问题的能力日益提高，以法理型权威为基础的国家政治生活日益制度化与程序化。"[①] 欧洲福利国家制度变迁体现了制度理性的指向和特征。本节的主要目的是以当代欧洲福利国家制度的变迁为历史背景，梳理欧洲福利国家制度变迁过程中制度主体对于价值理性和工具理性的艰难抉择，分析价值理性与工具理性的选择对于欧洲福利国家制度变迁的影响以及推动作用，以期对欧洲福利国家制度变迁的本质理解有所帮助。

一 欧洲福利国家制度的建立：价值理性与工具理性的混沌统一

作为一种"托底性"制度设计，福利国家制度的建立和发展对战后西方世界经济的复苏及社会的稳定发展起到积极的促进作用，为社会民众的基

[①] 唐皇凤：《理性化与民主化——西欧现代制度文明成长的内在机理分析》，《武汉大学学报》（哲学社会科学版）2007年第4期。

第四章
欧洲福利国家制度变迁的哲学审视

本权利提供了基础性保障,发挥了"安全网"和"稳定器"的双重作用。在福利国家制度建立之初,工具理性和价值理性混沌统一于西方资产阶级的理性思考过程之中,呈现一种"显性"和"隐性"相融合的逻辑进路。"隐性存在的是以维护资本的运行方式和运行效率为目的,通过资产阶级政府做有利于人民的制度安排来降低剥削程度及缓和劳资矛盾的逻辑;显在的逻辑却是为了实现全体社会成员的分配公平和生活平等。当然,无论是其理论解释还是政策宣传,标示出来的都只会是显性的公平逻辑。"[①]

一方面,欧洲福利国家制度建立的本质目标带有工具理性色彩。欧洲福利国家制度建立之初,追求资本效率、经济实效性、政治实用性始终是欧洲各国资产阶级的隐性逻辑,制度设计过程具有典型的工具理性色彩。二战结束后,西方各国付出了惨痛的代价,社会经济处于崩溃的边缘,资产阶级政府的当务之急即在于恢复经济运行,以资本效率推动经济增长,维护自身的合法性。因此,福利国家制度的建立在很大程度上来源于欧洲国家复兴和发展的物质渴求,资本主义经济的迅速增长理所当然地成为衡量社会发展的重要的甚至是唯一的指标。譬如,"作为最早建立福利国家体制的资本主义国家,英国自20世纪40年代初期就开始策划一种旨在保障国民基本生活需要、促进就业和经济发展的国家制度,以对抗战争国家。第二次世界大战结束后,英国全面推行凯恩斯主义宏观干预的经济政策和实行以充分就业为目标、促进公民社会权的福利国家政策,以减少阶级冲突,促成国家的繁荣和发展"[②]。福利国家制度的建立,不仅极大地提升了劳动阶层的生活水平,同时间接推动了欧洲经济的飞速发展,为欧洲战后复兴奠定了坚实的物质基础。

另一方面,欧洲福利国家制度的建立亦带有价值理性色彩。"福利国家是资本主义国家通过创办并资助社会公共事业,实行和完善一整套社会福利

[①] 曾瑞明:《在保障公平与保障效率之间摇摆——当代西欧福利国家转型论析》,《中共福建省委党校学报》2007年第7期。

[②] 熊跃根:《如何从比较的视野来认识社会福利与福利体制》,《社会保障研究》2008年第1期。

政策和制度，对社会经济生活进行干预，以调节和缓和经济矛盾，保证社会秩序和经济生活的正常运行，维护垄断资本主义的利益和统治的一种方式。"①从福利国家制度的设计思路来看，欧洲福利国家制度建立之初亦带有"显性"的价值理性色彩，福利国家最初的成功正是因为其较好地体现了资本主义制度下的公平价值，在资本主义制度框架内维护了社会公平、缩小了贫富差距，福利国家制度"是现代国家政权从'以权力阶级的需求为核心来考虑制度安排'到'以公民社会的需求为核心考虑制度安排'转变的产物，这一转变正是显性公平逻辑越来越成为维护资本主义制度的主导逻辑之后的结果"②。可以说，福利国家制度间接推动了资本主义经济制度的自我改良和自我发展，缓解了日益凸显的社会阶级矛盾。

可以看出，欧洲福利国家制度建立之初糅合了价值理性和工具理性，二者混沌统一于福利国家的制度理性之中，工具理性以维护资产阶级利益和资本主义效率为出发点，而价值理性则凸显了维护社会公平、缩小贫富差距的现实目标。价值理性与工具理性在福利国家制度框架内构成双重逻辑："显性逻辑即社会公平导向逻辑，隐性逻辑即资本效率导向逻辑，通过解决社会公平问题能使资本效率得以保持并提高，资本效率的提高反过来又能为社会公平的实现提供更多的物质支持。如此看，表面上两者并不矛盾，相反还是互补的"③。价值理性与工具理性既互补又存在难以调和的矛盾，这为日后欧洲福利国家制度的困境与危机埋下伏笔，成为欧洲福利国家制度变迁和发展的内在因素。

二 欧洲福利国家制度的变革：工具理性对价值理性的偏离

欧洲福利国家制度是西方现代政治文明的重要表现。随着欧洲社会经济

---

① 王惠岩：《政治学原理》，高等教育出版社，1999，第78页。
② 曾瑞明：《在保障公平与保障效率之间摇摆——当代西欧福利国家转型论析》，《中共福建省委党校学报》2007年第7期。
③ 曾瑞明：《在保障公平与保障效率之间摇摆——当代西欧福利国家转型论析》，《中共福建省委党校学报》2007年第7期。

第四章
欧洲福利国家制度变迁的哲学审视

的不断变化和发展,福利国家制度不断改革和发展,从其发展过程来看,其变迁并不是某种"无知状态下自发演化"的结果,而是蕴含了制度主体的理性思考和理性设计,这种基于制度框架的理性思考决定了制度变迁过程中本身所固有的、本质的、必然的、稳定的联系,它规定着制度变迁的发展趋势、转换路径和演进图景。欧洲福利国家制度变迁过程中的理性设计和理性思考亦无法脱离价值理性和工具理性的权衡过程。作为人类认识和改造世界的两种不同思维方式,价值理性与工具理性混沌统一于欧洲福利国家制度理性中,二者各司其职,分工亦合作。价值理性和工具理性都无法单独构成欧洲福利国家制度建立的本质目的,无法单独规定和阐释资产阶级的本质意图。因此,价值理性和工具理性在欧洲福利国家制度建立之初,构成了福利制度体系的两翼,对于制度主体或制度客体而言,都是不可或缺的,二者在福利国家制度的理性设计之初基本能够处于混沌统一的状态,并未发生激烈的冲突。

然而,进入20世纪70年代以后,随着战后重建和资本主义经济复苏的基本完成,西方经济增长速度开始明显放缓,整个欧洲经济开始出现滞胀和萧条,部分国家的国内生产总值甚至开始出现负增长态势。经济衰退和第三次科技革命导致大量的产业工人失业,高失业率成为当时欧洲各国的普遍现象,福利国家制度成为众矢之的。在各种责难声中,以新自由主义为理论基础的右翼政党纷纷登上欧洲政治舞台,欧洲各国开始大刀阔斧地进行福利国家制度改革。欧洲福利国家制度改革并未像美国那样激进和彻底,"因为那样的连接将意味着欧洲福利国家步美国的后尘,而'福利国家美国化'是为欧洲的民众和政治家们难以接受的选择"[①]。但是以工具理性为主导的福利制度改革已经悄然发生在欧洲福利国家制度体系之中,工具理性和价值理性的混沌统一状态被打破,以公平为导向的价值理性开始逐渐淡出福利国家制度改革者的视野,工具理性日益占据了欧洲福利国家的理性思维。工具理性思维强调技术至上逻辑、效率优先逻辑、经济实用逻辑,深深影响了20

---

① 周弘:《福利国家向何处去》,《中国社会科学》2001年第3期。

世纪70年代以来的欧洲福利国家制度变迁。

首先,"技术至上逻辑"推动欧洲福利国家制度发生变迁。工具理性与科学技术的发展密不可分,第三次科技革命推动西方科学技术的蓬勃发展,为欧洲战后的复兴提供了有效的技术支撑;现实工业与经济的飞速发展带来了社会生活的理性化与科学化。但"从工业社会到信息社会,这种整体性的结构性的社会变迁,对欧洲发达国家的经济结构、职业分布、社会阶层、家庭结构等诸多方面产生深刻影响,加之老龄化趋势带来的欧洲国家人口构成的深刻变化,使欧洲福利国家日益呈现出严峻的结构性危机"[1]。与此同时,科技革命使得大规模结构性失业成为常态,欧洲福利国家制度赖以生存的高就业率出现急剧下滑,普通民众成为科技浪潮下的受害者,"人在整个生产过程中,将成为成本最昂贵、却可有可无的部分。科技却成为成本最低廉的要素。任何时候只要发展出一种可以取代人力的科技,原来从事这些工作的人马上就被取代"[2]。面对急剧变化的社会结构和福利需求,欧洲新右翼政党对原有政治经济制度进行了适时调整和重建,首先调整的是就饱受争议福利国家制度,降低福利保障支出比例、减少全面社会福利承诺等成为这一时期欧洲政府的主要政策取向。"在技术的媒介作用中,文化、政治和经济都并入了一种无所不能的制度,这一制度吞没或拒斥所有历史替代性选择。这一制度的生产率和增长潜力稳定了社会,并把技术进步包容在统治的框架内。技术理性已经变成了政治的合理性。"[3]

其次,"效率优先逻辑"成为欧洲福利国家制度变迁的目标。以新自由主义为理论基础的欧洲右翼政党认为,完全依赖政府干预而进行的传统福利制度改革也被历史证明是没有效率的,"他们对福利国家的批评主要是,认为福利国家强制性地开征相关税收,政府提供给公民过多的、慷慨

---

[1] 代恒猛、颜永琦:《社会变迁与欧洲福利国家的结构性危机》,《中共福建省委党校学报》2010年第12期。
[2] 〔美〕理查德·隆沃思:《全球经济自由化的危机》,应小端译,生活·读书·新知三联书店,2002,第96页。
[3] 〔美〕赫伯特·马尔库塞:《单向度的人:发达工业社会意识形态研究》,刘继译,上海译文出版社,1989,第7~8页。

第四章
欧洲福利国家制度变迁的哲学审视

的社会福利津贴和服务不仅影响了政府的能力和市场配置资源的效率，还极大伤害了公民的选择自由和能动性，福利最终助长懒惰和不负责任地依赖国家救助，导致社会的道德衰败"[1]。譬如，以撒切尔为首的英国保守党政府掀起"私有化浪潮"，超过2/3的国有企业实行了私有化，以大范围、高水平著称的传统福利制度被大幅度削减，减税、私有化、削减社会福利成为一种潮流，政府主动地将部分社会福利保障责任转交给企业、家庭或社会团体，非政府组织承担了大多数社会福利保障开支。在所有的改革路径之中，效率优先逻辑始终是20世纪70年代欧洲福利国家制度改革的主旋律。

最后，"经济实用逻辑"成为福利国家制度变迁的现实路径。"自20世纪70、80年代以来，随着世界性的市场化转向以及全球性的资本扩张，'经济—技术'系统再次被赋予'自由'去重构现代社会的基本制度安排。'经济—技术'系统以其工具理性改造着福利国家改革所释放的制度空间，为塑造一种新型社会形态提供了重要的动力。"[2] 经济实用逻辑是工具理性的核心表征。在经济全球化引起的西方社会转型的过程中，传统福利国家"无法及时调整自己的步伐，以便覆盖那些新的风险，比如与技术变迁、社会排斥或者不断增加的单亲家庭有关的风险"[3]。经济实用逻辑成为福利国家制度变迁的重要思维模式。对西方福利国家而言，经济实用逻辑最重要的影响是政府对于经济发展的渴求，尤其是寄希望于经济发展能够满足政治经济和社会结构变化以及新的社会需求，这种思维逻辑给传统福利国家制度带来巨大冲击，以往高福利所带来的沉重经济负担已不再被时下政府所接受，新右翼政党希望以"开源"（经济发展"做大蛋糕"）和"节流"（削减福利造成紧缩效应）相结合的方式对传统福利制度进行改革。"总体来看，各福利国家都在全球化背景下对社会政策进行了调整，为维持福利国家所依赖

---

[1] 熊跃根：《全球化背景下福利国家危机与变革的再思考》，《学海》2010年第4期。
[2] 彭宗峰：《论风险社会中的公共治理变革》，《理论月刊》2014年第4期。
[3] 〔英〕安东尼·吉登斯：《第三条道路——社会民主主义的复兴》，邓戈译，北京大学出版社、生活·读书·新知三联书店，2000，第120~121页。

的税收基础，刺激经济增长和维护社会福利的结构成为福利国家的政策优先性考虑。"①

三 欧洲福利国家制度的发展：价值理性与工具理性的整合

价值理性和工具理性作为人类认识和改造世界的两种不同思维方式，存在于人的社会实践活动之中，欧洲福利国家制度变迁过程中的理性思考无法脱离价值理性和工具理性的权衡过程。基于制度主客体的现实需要，价值理性和工具理性由原来的混沌统一逐渐走向冲突，并陷入二元分化的样态，尤其是现代科技的飞速发展和资本主义对于效率的渴求，使得工具理性在20世纪70年代的欧洲福利国家制度改革过程中占据主导位置。然而，我们并不能否定这样一个基本的事实：欧洲福利国家制度并不因为二者的分化而固化或停滞，恰恰相反，欧洲福利国家制度始终在不断地向前变迁和发展。这说明，价值理性和工具理性的关系变化推动了欧洲福利国家制度的变迁，这不仅是欧洲政府的主体抉择，也是社会发展阶段的现实需要，具有历史合理性。但与此同时，随着20世纪末西方政治社会的日益理性化和民主化，工具理性与价值理性的重新整合是欧洲政治经济社会健康发展的内在需要。20世纪末，欧洲各国政府尝试在福利国家制度框架内整合价值理性和工具理性，以中间道路为理论基础的社会民主主义政党纷纷登上欧洲政治舞台，在政治经济等实践层面有意识地协调工具理性与价值理性的关系，推动欧洲福利国家制度发生转型。

（一）公平与效率的整合

在制度变迁过程中，合理的制度价值决定了制度的发展能够有效、连续、稳定地进行。理性因素在制度目标的形成与发展过程中尤为重要，没有价值理性规范的制度目标是盲目的，不受工具理性支持的制度目标是理想化的，价值理性和工具理性应当在制度价值的设计过程中保持适当的张力，二者相互制约、协调一致才能发挥制度理性的最大作用。但20世纪中叶以来，

---

① 熊跃根：《全球化背景下福利国家危机与变革的再思考》，《学海》2010年第4期。

第四章
欧洲福利国家制度变迁的哲学审视

"西方社会物欲的膨胀、人类对科学技术进步和经济增长的片面追求，工具理性日益占据了人类精神领域的统治地位，价值理性则日益被漠视、被边缘化"①。价值理性与工具理性在福利国家制度变迁过程中发生冲突，福利国家制度本身出现了难以弥合的紧张关系，工具理性的越位与高扬，使得福利国家制度赖以生存的公平价值、包容价值丧失殆尽，效率价值成为右翼政党福利政策变革的首要价值。虽然右翼政党主导的福利制度改革在短时间内取得了一定成功，但随着社会经济的发展，"从西欧几个老牌福利国家在社保改革中的遭遇我们可以看出，效率导向型福利改革实际上举步维艰。其实，福利国家的政府所做的努力是非常具有建设性的，但问题在于当公众的福利生活适应了一种公平机制的时候，政府任何改革只要涉及削减福利，就打破了原有的平衡，因此公众无法理解，更无法适应改革"②。

以效率价值为导向的福利制度改革导致欧洲社会矛盾频现，阶层贫富差距不断扩大，失业率激增。为了维护自身合法性，扭转社会发展的价值危机，20 世纪末，社会民主主义政党提出一系列福利制度改革计划，意图遏制右翼政府对于福利制度的大幅度削减态势，"试图在公共部门和私人部门之间建立起一种协作机制，在最大限度地利用市场的动力机制同时，把公共利益作为一个重要的因素加以考虑"③。社会民主主义政党在强调经济效率的同时，将公平价值目标重新纳入福利制度本身，维系社会正义成为其福利国家制度理性思考的关键问题。此次改革在福利支出方式、福利保障方法和手段上灵活多样，实现竞争与合作、效益与公平、权利与义务的有机统一。

（二）合法性与合理性的整合

价值理性与工具理性是欧洲福利国家制度变迁的两个基本认知维度，二者所要解决的根本问题即制度的合法性和合理性问题，"如果说制度合理性

---

① 刘科、李东晓：《价值理性与工具理性：从历史分离到现实整合》，《河南师范大学学报》（哲学社会科学版）2005 年第 6 期。
② 曾瑞明、张朝蓉：《公平与效率：福利国家社保机制的内在矛盾》，《当代世界》2007 年第 11 期。
③ 〔英〕安东尼·吉登斯：《第三条道路——社会民主主义的复兴》，邓戈译，北京大学出版社，2000，第 104 页。

关心的是制度系统如何有效运行这一问题的话，制度合法性关心的是选择某一制度的理由是什么"[1]。价值理性在制度变迁过程中关注的是制度的合法性问题，即制度的价值和目的是否正当、是否能够维护制度主客体的利益；而工具理性关注的则是制度的合理性问题，考察的是制度体系下的工具、手段和方法是否合理。制度的合法性和合理性是其得以存在的双重属性。欧洲福利国家制度的变迁过程实质上是不断解决自身合法性与合理性问题的过程，而解决问题的关键在于能够整合价值理性和工具理性。

20世纪末，欧洲各国政府敏锐地意识到了价值理性与工具理性分裂冲突的严重后果。工具理性支配下的福利国家制度变迁使得欧洲社会进入高度合理化、系统化时代，效率取向和技术逻辑支配了政治经济生活，欧洲社会出现了大规模失业、贫富差距扩大等危及欧洲资本主义政权合法性的事件。欧洲各国政府为了进一步巩固自身合法性和合理性，在福利国家制度改革过程中整合价值理性和工具理性。"尽管北欧几个主要的福利国家在社会政策上也存在差异，但是，20世纪90年代后，它们都先后开始了社会政策改革。以瑞典为例，近年来其经济和社会政策也受到了新自由主义思潮的影响，为增强国家经济的竞争力，同时又在一定程度上维持其特有的社会福利模式"[2]。可以看出，只有当价值理性和工具理性重新实现整合，资本主义制度的合理性和合法性才能复归统一，福利国家制度也才能在一种和谐关系中将合法性与合理性有效结合，走向真正的"变革"时代。

四　欧洲福利国家制度变迁审视：价值理性与工具理性的抉择

欧洲福利国家制度的变迁，始终围绕价值理性与工具理性之争，价值理性和工具理性共同构成制度理性的基本内容，二者缺一不可。工具理性追求事物的实然性，着眼于事物"是什么"的问题，构成的是以客观规律为基础的"事实判断"，客观性、确证性、逻辑性、准确性、现实性是工具理性

---

[1] 辛鸣：《制度论——关于制度哲学的理论建构》，人民出版社，2005，第201页。
[2] 熊跃根：《全球化背景下福利国家危机与变革的再思考》，《学海》2010年第4期。

第四章
欧洲福利国家制度变迁的哲学审视

的基本特征；而价值理性主要追求事物的应然性，着眼于事物"是好是坏"的问题，构成的是"价值判断"，理想性、目的性、批判性是价值理性的基本特征。价值理性与工具理性并非彼此分离，而是统一于人的理性思考过程之中，但由于客观历史环境的需要或者人的主体抉择，价值理性与工具理性往往走向分化。分化并不是对立面的排斥，而是此消彼长的重心转移。作为欧洲福利国家制度变迁的两个认知维度，工具理性关注的是福利国家制度的合理性，价值理性关注的是福利国家制度的合法性，它们共同构成了福利国家制度的必要条件，二者间的关系变化推动了欧洲福利国家制度从混沌统一到工具理性的高扬，再到后期的反思与整合。

（一）价值理性是制度变迁的价值尺度和目标导引

理性是属人的理性，理性作为对现实社会生活的能动反映，表征着人的存在以及人的本性。"价值理性是人类从事价值追求与价值评价等价值活动的能力。价值理性的作用在于提供人对自身生活意义的肯定评价及对自身价值的肯定评价。人们在社会实践中，其自身社会活动性质的确认或方式的选择，人对自身行为的自我调节等，无不体现价值理性的支配作用。"[①] 在制度设计与制度变迁过程中，价值理性体现为制度主体对于价值问题的理性思考，制度是人类交往的产物和实践性结果，制度所涉及的主客体包含人以及由人组成的共同体，"任何现实的制度存在本身都是人创造和建构的结果，同时，人又根据自己的价值尺度（不同主体的价值尺度可能是对立的）不断变更、调整、重构着制度"[②]。因此，价值理性表征着人类在社会制度构建与变迁中所追求的一种认知能力和认知形式。价值理性着眼于制度本身及制度主客体的应然状态，解决制度"是好是坏，孰利孰弊"的问题，构成价值判断和价值尺度，从而对制度主体的目标和行为具有一定的导向作用及评价作用。价值理性要求制度主体必须按照逻辑规则和客观规律去认识世界和改造世界，包括认识和改造制度本身。

---

① 何颖：《论政治理性的特征及其功能》，《政治学研究》2006年第4期。
② 辛鸣：《制度论——关于制度哲学的理论建构》，人民出版社，2005，第74页。

从本质来看，欧洲福利国家制度是"资产阶级为了自身的长远利益主动配合，劳动阶级和社会弱势群体积极参与。'国家—资产阶级—劳动阶级'三方力量相互制衡，劳资博弈在强政府的福利制度安排中获得双赢，以社会保障机制为核心共同致力于一种改良了的资本主义生产方式的维护"①。但从实际效果来看，"社会福利从抑制社会差距扩大的工具转变为维护公平正义、实现财富共享的分配体制，是现代社会发展的一条不可逆转的规律。从这个意义上说，福利国家的实践也是20世纪社会文明和进步的重要表征，它在相当程度上缓解了分配不公平，避免了严重的社会分化"②。因此，欧洲福利国家制度变迁过程是一种价值理性的体现，欧洲社会对于福利国家制度的理解和认识，映射出西方社会对于自我目标和自我本性逐渐深化的过程。在这个过程中，福利国家制度不仅表现出西方社会对于理性化与民主化的追求，更反映出西方资本主义制度对于自身发展的反思与审视。

（二）工具理性是制度变迁的逻辑规范和实践基础

"工具理性即关于工具的理性，从哲学的角度看，是主体在实践中为作用于客体，以达到某种实践目的所运用的具有工具效应的中介系统，即包括生产工具设计、技术、手段、方法在内的中介系统，是人类对自身与社会关系'应如何'和人'应当怎么做'问题的观念的把握。"③ 而"制度是一系列被制定出来的规则、守法秩序和行为道德、伦理规范，他旨在约束主体福利或效应最大化利益的个人行为"④。工具理性通过科学化、技术化、规范化的制度约束和秩序规范来实现制度主体对于自身利益与价值目标的追求。工具理性要求人们必须按照客观规律去认识和改造世界，正如马克思指出的，"人是全部人类活动和全部人类关系的本质、基础……历史并不是把人

---

① 曾瑞明：《在保障公平与保障效率之间摇摆——当代西欧福利国家转型论析》，《中共福建省委党校学报》2007年第7期。
② 肖巍、钱箭星：《"发展型福利"与社会保障体制的效率问题——从福利国家改革说起》，《复旦学报》（社会科学版）2001年第5期。
③ 何颖：《论政治理性的特征及其功能》，《政治学研究》2006年第4期。
④ 〔美〕道格拉斯·C.诺思：《经济史中的结构与变迁》，陈郁等译，上海三联书店，1991，第226页。

第四章
欧洲福利国家制度变迁的哲学审视

当作达到自己目的的工具来利用的某种特殊的人格,历史不过是追求着自己目的的人的活动而已"①。

在欧洲福利国家制度变迁的历程中,"伴随着国家治理技术的进步,国家制度理性能力得以大幅度提升。同时,在一系列由底层民众发动、旨在改善其生活状况的社会运动的推动下,人民民主权利得到统治者阶级的被迫承认,并且逐步制度化,最终实现了国家制度的理性化与民主化。理性而民主的国家制度是现代国家的核心特征,理性化、民主化以及两者之间的良性互动是现代制度文明成长的内在机理"②。可以看出,欧洲福利国家制度之所以能够发生变迁,尤其是在相当长的一段变迁过程中对于工具理性的推崇,源于西方政治和管理的需要,"工具理性的效率优先逻辑、工具理性思维、非人格性特征、形式合理性品格等内在特质使之对权力运行法制化、政治权威合法化、政治生活制度化和规范化、政治秩序合理化、行政管理现代化等具有促进功能"③。工具理性所追求的效率优先是现代国家发展的逻辑规范和动力基础,工具理性的提升满足了西方社会发展的物质需求,推动了制度民主化的进程。

(三)价值理性与工具理性之间的关系变化推动制度发生变迁

在制度变迁过程之中,理性直接作用于制度主体,在制度的客观环境面前,制度主体并非毫无作为,任何制度的改良、修正、完善,直至创新与变迁,都与当时制度主体的理性判断与选择直接相关,"历史告诉我们,任何制度都是为一定的管理主体服务的,统治者的人性烙印总是强烈地体现于制度之中"。④ 与此同时,理性亦对制度客体产生间接影响。制度客体虽然受到制度本身的制约和规范,但并不意味着制度客体是固化不变的,"理性个人的行为也是植根于制度环境中,在不同的背景和系统中,会出现不同的行

---

① 《马克思恩格斯全集(第二卷)》,人民出版社,1958,第118~119页。
② 唐皇凤:《理性化与民主化——西欧现代制度文明成长的内在机理分析》,《武汉大学学报》(哲学社会科学版)2007年第4期。
③ 何颖:《政治学视域下工具理性的功能》,《政治学研究》2010年第4期。
④ 陈光旨:《主客体管理的人性与制度》,《广西大学学报》(哲学社会科学版)2005年第4期。

为"①。制度客体的行为和变化反过来又可以影响制度安排和制度变迁,进而影响制度主体的理性判断和选择。因此,在一个不断发展的社会当中,制度不可能是一成不变的,理性的存在推动着制度主客体相互适应对方并做出相应的改变。价值理性和工具理性是制度主体理性思考的具体表现,如果制度框架内的工具理性是"求真",追寻民主政治和组织管理中的秩序和准则,那么价值理性就是"求善",探寻究竟怎样的行为和规范才是符合制度主体的存在价值。因此,工具理性与价值理性是制度创新和发展不可或缺的两个理性思考因素。价值理性与工具理性互为根据、相互印证,两者的统一可以为制度变迁与发展提供动力,推动制度的不断丰富与发展。

"尽管人类理性没有能力从总体上完全把握历史发展规律,更谈不上对具体制度进行设计以及自上而下地推行某种制度,但是人类理性可以对人类历史上各个方面的制度从总体上加以认识,把握其发展规律,在此基础上,把'不好'的制度废止,设计与建立较为科学的制度还是可能的。"② 欧洲福利国家制度变迁的过程亦无法回避制度主体按照一定逻辑规则和价值标准对现实社会环境的变化进行理性思考和理性设计,而在这一理性过程之中,价值理性与工具理性的有机互动是欧洲福利国家制度变迁的内在机理。从现代西方社会发展的历史来看,不同社会阶段制度主体和社会要素对于福利国家制度的需求和目的均有所不同,价值理性与工具理性之间亦存在分化,尤其是社会变革的转型期,这种分化也在推动制度发生变迁,这是社会发展的需要,亦具有历史现实的合理性。我们也必须清醒地意识到,欧洲福利国家制度有其先天的缺陷和矛盾,福利国家制度是"资产阶级意图在福利国家建设中通过政治中心的力量来消除社会不公平这一资本主义恶性伴生物,保护资本主导的社会生活秩序,从而为资本主义制度保驾护航。这种解决方式是自上而下的,是资产阶级从自身长远利益出发做出的安排。在这里,虽然下层民众享受到了福利国家带来的各种好处,在福利国家兴盛时代

---

① 侯伊莎:《新制度主义:人与制度的互动》,《改革与战略》2015年第11期。
② 辛鸣:《制度论——关于制度哲学的理论建构》,人民出版社,2005,第74页。

也曾出现过'共同富裕'式的类理想化图景,但由于它以维持资本家对劳动者的剥削的游戏规则为前提,劳资矛盾不是被解决了而是被隐藏了"①。历史经验表明,自欧洲福利国家制度建立以来,无论是社会民众还是任何一种政治力量对它都不是非常满意,但任何一方都无法彻底地抛弃它,这种根植于资本主义制度本身的内在矛盾决定了欧洲福利国家危机仍然会再次上演,在福利国家制度变迁的历史进程之中,必然存在诸多失序和风险,整合价值理性与工具理性只是资本主义自我改良和自我修复的手段,并非其最终目的。因此,价值理性与工具理性的关系变化为揭示欧洲福利国家制度的特征与发展趋势提供了一个重要的视角。

第二节 福利国家制度的道德困境:集体主义与个人主义的冲突

道德原则是社会生活中以一定的社会伦理形态调整国家与个人、人与人之间关系的行为准则。作为一种社会行为准则,道德原则是公共秩序和公共理性的象征,体现了社会大多数成员的共同意愿和价值标准。"任何社会都必然要确立自己的道德原则,为其成员提供一个主导的价值观念和评价标准。然而这种道德原则并不是不言自明或一蹴而就的,其确立必须通过持续不断的合理性论证才能实现。一旦某个社会的道德原则无法证明自身的合理性、正当性,即找到终极的道德依据,那么'我为什么这样做'和'我应该怎样做'的根本问题就不可能得到解决,整个社会的道德规范就缺乏逻辑上的自洽性,难以使人们产生一种遵从的信念,社会就有失序的危险。"②道德原则普遍存在于社会制度的发展与变迁过程之中,"一定的制度蕴含着相应的道德观念和道德意识,制度的制定、制度的安排是以道德性为前提和

---

① 曾瑞明:《在保障公平与保障效率之间摇摆——当代西欧福利国家转型论析》,《中共福建省委党校学报》2007年第7期。
② 牛得青:《集体主义道德原则合理性论证发微》,《求索》2005年第2期。

基础的"①。每一次制度变迁都有社会道德原则的预先设定，尤其是在现代民主政治的发展历程中，道德原则往往决定了社会制度的合法性和合理性，反映了制度主体的价值判断和伦理取向。道德原则是制度的核心要义，"道德与制度相互包容相互促进，从而实现制度道德的社会效应最大化。这种社会的道德效应是最大的，同时制度也是最完善的，是社会成员认为最理想、生活最幸福的社会状态。这种制度道德的效应不只是在效应值上的最大化，同时还是考核制度道德社会效应的一个重要标准"②。

从欧洲福利国家变迁的历史发展来看，道德原则在制度变迁中始终居于前置性位置，"以共同体利益为导向"的集体主义和"以个人权利为导向"的个人主义发挥了重要的道德原则作用，推动福利国家制度发生变迁。欧洲福利国家制度建立的初衷是维护资产阶级自身利益，解决战后欧洲国家资产阶级的合法性危机，其本质目的是资产阶级的自我改良与维系稳定，制度本身蕴含了统治阶级和利益集团的利益诉求，但欧洲福利国家制度建立和发展的过程中，集体主义始终作为其标榜和实际运用的道德工具，粉饰和伪装资本主义福利国家制度的本质诉求。与此同时，西方政治民主制度建立的前提和基础则是以个人主义为导向的道德预设，集体主义与个人主义的冲突隐蕴于福利国家制度变迁之中，这种道德原则的冲突使得福利国家制度存在难以避免的自我矛盾，凸显了西方社会对于集体主义和个人主义的道德困境和价值冲突。

一 集体主义：欧洲福利国家制度的道德标榜

集体主义是一个相对于个人主义的概念总和，广义的集体主义是"强调个人从属于共同体，共同体利益优先于个人的理论"③。集体主义把社会或共同体看作一个拥有某种共同的价值、规范和目标的实体。狭义的集体主义在不同领域有着截然不同的解释和价值属性，既有道德内涵，亦有政治指向或阶级属性之分。在欧洲福利国家制度语境下，集体主义是指以社会或共

---

① 教军章：《行政伦理的双重维度——制度伦理与个体伦理》，《人文杂志》2003 年第 3 期。
② 姜淑芝、王巍：《论制度道德的建设原则及社会效应》，《社会科学战线》2008 年第 11 期。
③ 朱志勇：《论集体主义的历史嬗变》，《马克思主义研究》2006 年第 12 期。

第四章
欧洲福利国家制度变迁的哲学审视

同体的利益为调节国家与个人、共同体与个人、人与人之间关系的根本道德准则,"作为道德原则的集体主义,以利他性和'祛利性'为根本特征,是人类价值和人类尊严的体现"[①]。然而,在西方民主政治的发展进程中,"在充满阶级对立的社会,真实的集体主义不仅不能得到完整的理解,相反还会被歪曲地利用,使集体主义变成某些利己动机的道德合法性外衣"[②]。欧洲福利国家制度的建立与变迁过程杂糅了集体主义的道德困境。一方面,社会福利要求建立在集体主义道德原则之上,强调人类共同生活基础上的团结与互助、公平与正义;而另一方面,福利国家制度是资本主义自我改良和自我完善的具体手段之一,集体主义成为福利国家制度标榜和利用的道德原则。因此,资本主义的阶级利益与社会福利的集体主义导向之间的矛盾,成为福利国家周期性危机的内生根源。

首先,社会福利以集体主义为目的。"社会福利从本质上讲,是以集体主义为价值取向的人类事业,它必须遵循社会正义的原则,才有可能成为促进社会进步和人的幸福的事业。"[③] 一方面,集体主义作为社会福利的道德基础而成为社会福利的首要原则。"这一原则的基本含义是:只有在集体主义的价值观基础上,社会福利才能被理解成有助于提高个人适应社会生活变化能力的制度性安排,而不仅仅是人道救济的善举或利他主义的道德理想。这就是说,集体主义本身就是作为人赖以成长的环境而成为人类福利的一部分。"[④] 以集体主义为道德原则的福利制度应该将社会正义看作自身诉求,其制度设计应当追求一种"共同的善",凸显普遍性的公共利益,尤其是"在人们面对虚弱、失业和在老年退休时,公民身份和福利,是保护他们摆

[①] 邵士庆:《当代集体主义的三重视域》,《学术论坛》2005年第12期。
[②] 钱宁:《社会正义、公民权利和集体主义——论社会福利的政治与道德基础》,社会科学文献出版社,2007,第274页。
[③] 同上书,第115页。
[④] 钱宁:《社会正义、公民权利和集体主义——论社会福利的政治与道德基础》,社会科学文献出版社,2007,第281页。

脱脆弱性的一种社会庇护"①。另一方面，集体主义所倡导的互惠与平等是社会福利的道德基础，社会福利的实施应该有利于社会团结和社会成员之间的合作，个体的需要必须与共同体以及他人的需要结合起来，才能使个体利益的加总大于整体的利益。因此，"社会福利又是一项需要道德支持的普遍的社会事业。它相信实现社会的普遍福利状态是一种'社会的善'，并且和每一个人的幸福紧密联系的事业。它需要人们的参与，需要发挥人与人之间互相关怀及互助精神才能实现"②。

其次，福利国家以集体主义为手段。俯瞰欧洲社会的发展历史，虽然福利国家制度在某种程度上缩小了阶级间的贫富差距，为普通社会民众提供了相对有效的福利保障，推动了西方资本主义经济社会向前发展，但欧洲福利国家制度所秉持的"集体主义"道德原则建立在其阶级利益基础之上。可以看出，西方资产阶级政权通过相关政治经济制度设计，将集体主义道德原则作为维护自身利益和政权合法性的工具并加以运用和粉饰，将集体主义道德原则上升到资本主义政治原则的高度，赋予其意识形态和合法统摄的制度保障，在资本主义社会形成一整套蕴含改良后"集体主义"的政治制度，即福利国家制度后，该政治制度通过其价值辐射功能被贯彻于社会生活的方方面面。福利国家制度仅仅是"稳定资本主义社会的一套装置，而不是使其改变的一个环节。尽管工资收入者的生活条件已经得到了无可否认的改变，但福利国家的制度结构在改变资产阶级和工人阶级之间的收入分配方面作为极少，或根本就无所作为"③。

最后，集体主义是欧洲福利国家制度的矛盾根源。旨在维护资本主义利益关系的福利国家制度，越来越陷入自我矛盾的境遇。在资本主义框架下，"集体主义并不能得到完整的理解……虽然在某种程度上说，它们确实抓住

---

① 〔英〕布赖恩·特纳：《公民身份与社会理论》，郭忠华等译，吉林出版集团有限公司，2007，第212页。
② 钱宁：《社会福利中的政治道德问题与集体主义价值观》，《思想战线》2003年第4期。
③ 〔德〕克劳斯·奥菲：《福利国家的矛盾》，郭忠华等译，吉林人民出版社，2011，第8页。

了某些集体主义形式的问题"①。社会福利对于集体主义的本质追求，使得资产阶级政权必须对社会公平加以考量，"福利需求是刚性的，……国家向公众提供的福利项目和福利标准如果若干年内没有增加，在物价上涨和生活质量要求提高等因素作用下，公众也会感觉福利国家的功能正在减弱。这些因素最终都会向福利提供机制加压，要求有更充足的福利资金来满足不断增长的福利需求，所以，对政府来说，维护社会公平实际上并不容易，暂时的总体公平容易实现，长期稳定的同一模式的社会公平很难维持"②。因此，无论欧洲福利国家如何渲染和粉饰自身对于集体主义以及公平、正义的"向往"，其本质和出发点始终是维护资产阶级自身利益，这种对于集体主义的双重认知逻辑反映了福利国家制度所面临的道德困境，不可避免地"形成了资本主义与福利国家之间的结构性矛盾：一方面，资本主义依赖于福利国家，另一方面，资本主义又不能与福利国家共存"③。

二 个人主义：欧洲福利国家制度的价值底蕴

欧洲福利国家制度是西方民主政治制度的重要组成部分和具象化表现。西方民主制度的价值基础建立在个人主义之上，个人主义随着现代性而来，个人主义的出现标志着传统社会向现代社会的发展与转型。"自17世纪以降，我们发现占有性个人主义成为核心信仰的表达，即人的生命'属于'自我的观念。"④ 个人主义的内涵十分丰富，但个人主义与集体主义的争论始终伴随着西方社会对于道德取向的自我反思，"个人主义、集体主义作为价值观念和道德原则，只是在处理个人与社会、个体与整体的关系领域时才

---

① 钱宁：《社会正义、公民权利和集体主义——论社会福利的政治与道德基础》，社会科学文献出版社，2007，第270页。
② 曾瑞明：《在保障公平与保障效率之间摇摆——当代西欧福利国家转型论析》，《中共福建省委党校学报》2007年第7期。
③ 〔德〕克劳斯·奥菲：《福利国家的矛盾》，郭忠华等译，吉林人民出版社，2011，第8页。
④ 〔英〕安东尼·阿巴拉斯特：《西方自由主义的兴衰》，曹海军等译，吉林人民出版社，2004，第32页。

具有对立的意义"①。作为道德原则，个人主义以保障个人权利为调节国家与个人、共同体与个人、人与人之间关系的根本道德准则，对个体的尊重是个人主义的内生逻辑，"在铜墙铁壁的时代，个人似乎无法去面对庞大的机器——不管是国家机器，或是经济系统等充分理性化的组织，个人在其中只是小螺丝钉的地位"②。每一个个体都具有不容侵犯的内在价值和基本权利，个人主义并非对个人无度约束及侵犯社会整体利益的纵容，而是对个人自主选择以及行使自我权利的道德肯定，正如国外学者对于个人主义的定义："个人的尊严、个人自主、个人隐私、自我发展。"③ 因此，简单地将个人主义等同于利己主义、反集体主义是一种道德认识的误区。从西方社会的发展历史进程来看，个人主义在西方民主政治进程以及欧洲福利国家制度变迁中发挥了重要的作用。

首先，个人主义追求的权利价值是福利国家制度的逻辑出发点。在封建专制向近代资产阶级政权过渡的过程中，个人主义所追求和倡导的"个人权利"成为社会政治和法律制度的根本道德原则和价值指向。"西方近现代资本主义社会价值体系是以'人权'为基本框架构建的。随着现代社会的发展，资产阶级的'人权'外延也不断地扩展，深入了整个社会的政治、经济、法律、文化、伦理生活。资本主义社会以资产阶级'人权'观念的法律形式为基石，构建了政治、经济和伦理制度。"④ 个人主义对于权利的追求与封建专制主义针锋相对，对于推动资产阶级革命、推动资本主义经济飞速发展具有决定性的历史意义。但是，在资本主义政治制度建立之后，个人主义基于权利观的内在矛盾开始显现，权利观开始走向它的历史对立面，个人主义所提倡的权利观成为资产阶级维护自身利益的工具和武器。虽然"随着资本主义社会的发展，为了缓和阶级矛盾，资产阶级实行了一些福利政策，包括使工人拥有少数的股票，但这些并不能改变资产阶级对生产资料

---

① 王书道：《个人主义与集体主义：反思与整合》，《天中学刊》2000 年第 6 期。
② 顾忠华：《韦伯学说》，广西师范大学出版社，2004，第 183 页。
③ 〔英〕史蒂文·卢克斯：《个人主义》，阎克文译，江苏人民出版社，2001，第 43 页。
④ 李从军：《价值体系的历史选择》，人民出版社，2004，第 356 页。

第四章
欧洲福利国家制度变迁的哲学审视

根本占有的状况,不能改变资产阶级对工人阶级价值剥夺的生产关系"①。作为西方民主政治价值制度实践的表现之一,福利国家制度本质上仍然无法脱离西方政治对于权利价值的追求,福利设计框架及其制度目标依然基于西方权利价值,个人主义仍然深深地烙印在其价值理念之中。

其次,个人主义追求的自由价值是西方民主政治的道德基础。政治制度建立在一定的道德原则基础之上,道德原则的形成先于政治制度。西方民主政治的道德基础是以自由为价值导向的个人主义,这是因为西方民主政治制度是在反抗封建专制中孕育而生的,任何西方民主政治制度关注的重点始终是个人自由。虽然西方民主政治制度的形态可能各有不同,但其立足的道德基础始终是个人主义,福利国家制度亦不能例外。个人主义将崇尚自由作为道德原则的出发点,个人主义的核心价值是自由,对于个人主义来说,如何保证个人享有最大意义的自由成为衡量一种制度是否合理的根本道德原则。因此,"西方民主强调个体本位并由此孕育出了西方传统政治学所谓的'权利政治'。西方文化崇尚自由,迷恋弱肉强食的丛林法则——竞争……在近代的西方社会的价值系统中,自由的终极价值取向指向的是个人,其核心就是划分个人与国家的界限,要求政府的功能主要应局限于消极地保护个人权利的'守夜人'"②。自由成为深入西方民主政治制度骨髓的核心价值,个人追求一种什么样的生活是公民的自由与权利,政府不能也不应该干预私人领域,政府的责任应该被限制于维系"法律和秩序",使公民享有自由地实践美好生活的权利,国家只是保障个人自由的工具。个人主义对于自由价值的追求也饱受西方社会的质疑,"个人主义的精神气质,其好的一面是维护个人自由,其坏的一面是逃避群体社会规定的个人应负的社会责任和个人为社会应做出的牺牲"③。

最后,个人主义追求的效率价值与福利国家制度存在潜在冲突。制度是

---

① 李从军:《价值体系的历史选择》,人民出版社,2004,第368页。
② 蔡小平:《中国民主政治的道德预设》,《甘肃社会科学》2007年第1期。
③ 〔美〕丹尼尔·贝尔:《资本主义文化矛盾》,赵一凡等译,生活·读书·新知三联书店,1989,第308页。

人们对社会生活的一种实然建构,道德原则反映了人们对现实经济生活的应然预期,二者彼此蕴涵、相互补充,甚至有学者称"制度与道德是相互转化的……道德在充分发挥自己本质特点的前提下,逻辑地走向了制度;制度在充分实现自身功能的同时,也逻辑地走向了道德。这种转换是基于制度与道德内在规定的一种客观而又必然的状态"[①]。个人主义作为道德原则,对西方民主政治制度的影响十分突出,个人主义对效率价值的追求更加贴合资产阶级的利益需要。在个人主义看来,市场经济条件下只有发挥个人的最大效能并使其个人利益得到最大满足,才能使社会经济生活保持公平和活力。"在这种社会里,人们不考虑个人的责任而只关心如何从集体那里得到更多的福利。因此,从道德选择上来说,效率强化了个人责任,它优先于公平。然而,在主张福利集体主义的观点看来,片面追求效率的社会是不平等的社会。"[②]但是,个人主义的效率取向在某种程度上拒绝了社会民众的公平诉求,将以福利为代表的制度设计独立于价值判断而仅仅关注其效率的最大化问题,这也为福利国家制度日后出现道德困境埋下了伏笔。

三 集体主义与个人主义的冲突:欧洲福利国家制度变迁的推动力量

西方政治经济社会的发展与其道德原则密不可分,尤其是在民主政治制度领域内,"人们为民主政治所付出的全部努力在本质上都是道德的努力,从古代民主到现代民主的进步,在根本上取决于人类道德理念的进步。现实生活中的民主政治,也依存于一定的道德环境"[③]。欧洲福利国家制度的建立与变迁伴随着西方资产阶级对于自身道德原则的认知和选择。基于对集体主义与个人主义的理性审视,我们得以正视欧洲福利国家制度的道德困境。集体主义与个人主义之间的冲突推动了欧洲福利国家制度发生变迁,冲突的过程蕴含了自由与平等、权利与责任的平衡与抉择,饱含了资本主义民主制度的先天矛盾和被动选择。

---

① 辛鸣:《制度论——关于制度哲学的理论建构》,人民出版社,2005,第259页。
② 钱宁:《社会福利中的政治道德问题与集体主义价值观》,《思想战线》2003年第4期。
③ 孙晓春:《民主政治的道德基础》,《天津社会科学》2002年第1期。

第四章
欧洲福利国家制度变迁的哲学审视

（一）自由与平等的冲突

欧洲福利国家制度的道德困境源于集体主义与个人主义的冲突，而二者冲突的背后是自由与平等的冲突，"个人主义和集体主义关于平等和自由谁更优先的争论，在现代社会福利的意识形态冲突中表现得更为激烈"[1]。一方面，集体主义更多地以平等价值调节个人与个人、个人与国家的关系，虽然集体主义对于资产阶级政府来说，仅仅是作为维护自身利益的工具和手段而被预设的道德原则，但是"伴随自由价值显现不足，平等作为政府价值选择之一更加凸显。西方社会在经历过暴风雨般的政治革命洗礼后，个人在政治上的平等已然实现，但几百年过去了，西方社会惊奇地发现，个人之于经济、机会、权利上的平等远未实现，而西方政府在这一系列的过程中也从未扮演积极角色，更多地扮演放任自由、消极的'守夜人'角色"[2]。这种来自社会民众的强烈诉求迫使欧洲资本主义国家把平等作为福利国家制度的基本价值导向，"发展社会的福利功能，以保证每一个社会成员在基本社会生活需要的满足、个人能力得到应有的发展，以及公民权利的实现等方面得到公平的对待"[3]。另一方面，西方民主政治制度建立在以自由价值为基础的个人主义之上，个人主义"把福利看作有关个人动机与需要的东西，因而反对为了平等和社会公正的目的而采取的福利措施。在它看来，追求平等和公正，必然会使一部分人的所得被另外一些人所占有，这是一种以损害一部分人的利益来满足另一部分人的需要的做法"[4]。因此，在西方民主政治框架下，个人主义始终"把自由作为第一个考虑因素的出发点……至于个人如何使用他的自由，属于个人伦理和哲学范畴"[5]。在道德选择上，自由的终极价值取向指向的是个人，核心就是划分个人与国家的边界，个人主义

---

[1] 钱宁：《社会正义、公民权利和集体主义——论社会福利的政治与道德基础》，社会科学文献出版社，2007，第37页。
[2] 崔志林：《当代西方政府价值的转换与融合》，《行政论坛》2016年第6期。
[3] 钱宁：《社会正义、公民权利和集体主义——论社会福利的政治与道德基础》，社会科学文献出版社，2007，第36页。
[4] 〔美〕米尔顿·弗里德曼：《资本主义与自由》，张瑞玉译，商务印书馆，2001，第14页。
[5] 〔美〕米尔顿·弗里德曼：《资本主义与自由》，张瑞玉译，商务印书馆，2001，第8页。

强化个人责任,自由优先于平等,要求政府的角色应局限于消极地保护个人权利的"守夜人"。

从集体主义与个人主义的争论中我们可以发现,"就西方民主内在的道德基础而言,本身内含了很多的冲突,集中地体现在自由与平等的悖论及政治和道德的张力上"①。自由与平等的价值冲突隐蕴于欧洲福利国家制度的变迁过程中,这种冲突使得福利国家制度存在难以避免的自我矛盾,凸显了西方资本主义社会的道德困境和价值冲突。欧洲福利国家制度的出现推动平等价值占据优先位置,这不仅因为集体主义的平等价值导向即把福利看作国家应尽的责任,更深层次的原因在于资产阶级试图通过福利国家制度缓合阶级矛盾、维系自身的合法性。但在个人主义看来,"20 世纪的福利国家就是为了平等而牺牲个人自由的最有力证据。福利国家的集体主义倾向,使福利而不是自由成了民主国家的决定性主张"②。自由与平等之间的矛盾是无法根治的天然缺陷,"当人们把目光更多地投向平等时,发现自由与平等很容易发生对立,在实现其中一种理想的过程中,另一种理想则会被牺牲或削弱"③。基于不同的道德原则和政治理想,自由与平等在价值观上的冲突始终无法避免,并随着欧洲福利国家制度的发展愈演愈烈,尤其是在福利国家出现危机的时候,福利国家"使自身树立起这样一种形象:教育、知识、福利以及'体面'生活所必需的其他要素等使用价值都是国家政策和措施的最终目的。然而……国家所提供的服务不是为了满足相应的需要,而是为了保持普遍商品形式(这种普遍商品形式所隐含的又是一种剥削性生产关系)的运转,除此之外不会有再多,这两种感觉必然引起某些争论,并对这种'虚假承诺'产生挫折感"④。自由与平等的冲突使得资产阶级政府和社会民众都难以接受这种二元困境,因此,福利国家制度在这种批判声中开

---

① 蔡小平:《中国民主政治的道德预设》,《甘肃社会科学》2007 年第 1 期。
② 钱宁:《社会正义、公民权利和集体主义——论社会福利的政治与道德基础》,社会科学文献出版社,2007,第 38 页。
③ 麻宝斌:《论民主的内在冲突——一种对民主的理解》,《政治学研究》1999 年第 3 期。
④ 〔德〕克劳斯·奥菲:《福利国家的矛盾》,郭忠华等译,吉林人民出版社,2011,第 140 页。

第四章 欧洲福利国家制度变迁的哲学审视

始自我改良和完善,这也从另一个侧面凸显了道德原则的价值引领作用,"历史上人们对当时社会现实所进行的否定性的道德评价,在某种意义上说就是对社会现实的一种批判性认识。它立足于'应该'的东西,从未来的角度对现实进行否定,对完善的社会状态进行设计"[①]。

(二)权利与责任的失衡

在西方资本主义制度框架下,集体主义与个人主义的冲突不仅表现为价值选择上的自由与平等间的冲突,还表现为权衡个人权利与集体责任关系上的困境,权利与责任的失衡成为欧洲福利国家制度出现危机发生变迁的关键因素。个人主义始终强调个人权利的重要性和优先性,个人有权选择自己的生活方式,任何人无权强加给其任何责任,除非其自愿接受。"以个人权利为导向"的道德预设成为西方民主政治制度的核心要义,西方民主政治制度建构的基础在于保护个人权利、实现个人的根本权益,政治制度的运行必须基于个人认同的理念已经深入西方社会民众内心深处,西方社会的普遍共识即强调与福利相关的政治制度应当赋予作为个体的公民事实上的身份资格和自我选择,与福利相关的政治制度合法性来自个人的认同。而集体主义在个人权利方面与个人主义有着迥异的认知,集体主义认为人的本质具有群体性和合作性特质,群体利益比个人权利更加重要,"强调个人利益与社会利益的统一性关系,并突出在处理这种利益关系的价值矛盾和冲突时社会普遍利益或价值的优先地位"[②]。与此同时,集体主义在尊重个人权利的同时强调集体责任,不仅要求国家承担维护社会公平的职责,同时亦要求个人担负其应尽的义务,对自己的幸福和社会的繁荣承担责任,"强调'不承担责任就没有权利',责任是健全社会的基石,每一个人都要积极回报社会的关爱,为社会和他人承担义务,'有予有取',机会、权利共享,风险、义务共担"[③]。可以看出,集体主义的价值目标在于实现社会正义,要求国家和政府在制度设计和运行过程中扮演更加积极的角色。从集体主义与个人

---

① 周文彰:《狡黠的心灵:主体认识图式概论》,中国人民大学出版社,1990,第57页。
② 王书道:《个人主义与集体主义:反思与整合》,《天中学刊》2000年第6期。
③ 杨玲:《"第三条道路"与福利国家改革》,《长白学刊》2004年第5期。

主义的冲突中我们可以发现，权利与责任的平衡问题是两种道德原则关注的焦点，个人主义期望国家及其制度设计以个人权利为中心，而集体主义则强调国家应当以集体的责任为己任，二者间的冲突贯穿了西方民主政治制度的发展过程。

集体主义与个人主义的冲突推动了欧洲福利国家制度的变迁，集中体现在权利与责任的失衡导致福利国家制度产生结构性矛盾。福利国家制度的周期性危机迫使资产阶级政府尝试在调节个人主义与集体主义的分歧上做出诸多努力，但在权利与责任的关系问题上，个人社会权利的实现与国家对个人的福利责任之间的根源性矛盾始终无法得到彻底解决。一方面，"集体主义的观点把福利看作集体的责任，认为个人在应对各种自然和人为的不测面前常常是无能为力的，为了适应社会的变迁和各种新的情况，人也需要不断发展自己，而这一切都需要集体的协助。因而，需要发展社会的福利功能，以保证每一个社会成员在基本社会生活需要的满足、个人能力得到应有的发展，以及公民权利的实现等方面得到公平的对待"[①]。资产阶级政权只是将集体主义作为自身的道德标榜，其真正目的是通过福利国家制度调和阶级关系，但福利国家制度内在的集体主义道德原则迫使欧洲各国对民众幸福和社会繁荣承担责任，最终的结果是"国家在过去承担着对市场的取代和补充的职能，过多地干预经济生活，导致当代资本主义社会陷入危机"[②]，政府职能不断扩张，福利支出不堪重负，"与其说福利国家是提供各种收入、服务等福利措施（它们作为公民权利的观念）的独立和自主的源泉，不如说它本身就高度依赖于经济的繁荣和持续的利润。尽管福利国家的设计旨在'治愈'资本主义积累所产生的各种'病症'，但疾病的性质也迫使病人不能再使用这种'疗程'"[③]。

另一方面，权利与责任的冲突使得欧洲福利国家制度始终饱受批判，这

---

① 钱宁：《社会正义、公民权利和集体主义——论社会福利的政治与道德基础》，社会科学文献出版社，2007，第35~36页。
② 〔德〕尤尔根·哈贝马斯：《合法化危机》，刘北成等译，上海人民出版社，2009，第143页。
③ 〔德〕克劳斯·奥菲：《福利国家的矛盾》，郭忠华等译，吉林人民出版社，2011，第5页。

第四章
欧洲福利国家制度变迁的哲学审视

种质疑在福利国家制度出现危机时更加高涨，批判的焦点在于福利国家制度"在相当程度上造成了依赖、道德风险、形成既得利益群体等问题，使权利和机会变成了自私和贪取的动力……把尽享社会和集体带来的好处看作是理所当然的，承担义务和责任则是额外的、多余的"①。福利国家制度非但不会帮助个体自立，反而会造成个体对国家产生依赖感并成为懒惰和不思进取的人，这使得个人权利成为个人对国家"单方面索取"的借口。我们可以发现，"早期资本主义所面临的主要问题是不能生产出人们期待的生活标准下所必需的产品，然而在福利国家当中，其所面临的主要控诉是个人的自决不被承认，无法为自由和自我表现创造基本条件"②。

第三节 福利国家制度的自我完善：路径依赖与制度创新的平衡

制度变迁是兼具肯定性与否定性的辩证统一过程，在制度变迁过程中，制度一方面延续对自身的肯定，另一方面又对自身进行着否定，是一种"扬弃式"的发展过程。纵观欧洲福利国家制度的变迁历史，我们可以发现，变迁过程始终呈现路径依赖与制度创新两种形态有机融合的规律性特征，福利国家制度变迁并不是简单的新制度取代旧制度，而是西方国家在"路径依赖"的基础上进行的"制度创新"，变迁后的制度体系维系了对以往制度优势的"肯定"，同时亦对制度中不适应的要素进行"否定"，这种兼具肯定与否定的改良过程，推动了欧洲福利国家制度不断产生递增收益和正向反馈，增进了自我强化机制，使得制度更具活力和弹性，推动了西方政治经济社会的不断发展。我们对于欧洲福利国家制度变迁的研究，无法回避其不变的"肯定性"与促使其发生转换的"否定性"之间的关系，这是本节的论述重点。

---

① 〔英〕托尼·布莱尔：《新英国：我对一个年轻国家的展望》，曹振寰等译，世界知识出版社，1998，第54页。
② R. Aronson, J. S. Cowley, *The New Left in the United States. in socialist Register* (London: Merlin, 1967), p. 84.

一 路径依赖与自我肯定：欧洲福利国家制度变迁的内在逻辑

纵观欧洲福利国家制度变迁的历史，制度变迁是一个漫长的发展过程，虽然每次变迁均具有当时的历史规定性和特殊性，但每一种制度都有其过去，并且都已成其所是，制度的历史性是其发展的前提性和基础性条件，诚如国外学者诺思所言："历史至关重要……现在和未来是通过一个社会的连续性与过去连接起来的。今天和明天的选择是由过去决定的，过去只有在被视为一个制度演进的历程时才可以理解。"[1] 欧洲福利国家制度在成立之初即担负了恢复战后经济、维系政权合法性、维护社会稳定的历史重任，其价值追求和制度目标始终持续存在并影响后续的制度选择，具有强烈的路径依赖特性，尤其是在西方民主政治已经成熟稳定的基础上，当政策体系"走入了某一制度之后，制度的自我强化机制就会使得制度不断得到巩固和强化，直至新的危机出现"[2]。在这种情况下，欧洲福利国家制度变迁的成本非常高，我们可以从前文的梳理中看出，尽管存在其他的道路选择，但是已建立的制度会阻碍对初始选择的改变，存在典型的路径依赖特征，即"一旦一项制度安排得到了最初的选择，由该制度安排所设定的框架或模式将被延续下去，除非有足够的力量克服最初形成的惯性"[3]。

（一）利益需要：路径依赖是欧洲福利国家制度的自我保护

欧洲福利国家制度建立的最初目的即维系自身合法性、保护资产阶级利益不受侵害，尤其是在第二次世界大战之后欧洲社会经济环境遭到重创、政治合法性遭到极大挑战的背景下，"福利国家的大小往往被用来说明一个国家内的社会团结和社会利益的认同程度。福利国家不同于前福利国家的一个现象是它所体现的利益认同。在二战以后的一个相当长的历史阶段中，福利

---

[1] 〔美〕道格拉斯·C. 诺思：《制度、制度变迁与经济绩效》，杭行译，格致出版社、上海三联书店、上海人民出版社，2014，第 2 页。

[2] 何俊志：《结构、历史与行为——历史制度主义的分析范式》，《国外社会科学》2002 年第 5 期。

[3] 李之洋：《制度创新：走出公共行政管理的熵值效应》，《北京行政学院学报》2001 年第 3 期。

第四章
欧洲福利国家制度变迁的哲学审视

国家这种国家形态在各个工业社会中都处于稳定上升的状态。在这里有一个根本的原因,那就是战争产生的反作用力:战争的残酷与无常使战后的人们更加向往美好的生活"①。因此,福利国家制度在欧洲的普遍实行,不仅是欧洲国家的无奈之举,亦是其主动调整自身价值取向、解决社会矛盾的具体政策之一。但随着西方社会经济的飞速发展,"欧洲各国第二次世界大战后所建立的福利制度,在经过了数十年的发展之后,在经济、社会、人口结构上都呈现与数十年前非常不同的面貌,例如经济的全球化、去工业化、欧洲的经济整合、人口老年化、妇女劳动参与率的提高、家庭结构逐渐的不稳定等等,这些变化让欧洲的社会由过去的工业社会迈入了后工业社会"②。在此过程中,欧洲福利国家制度经历了从确立到变革再到转型的变迁过程,在一定程度上缓和了由资本主义导致的社会基本矛盾激化趋势,从宏观调控、福利保障、经济发展等多个方面修复了资本主义社会经济壁垒,缓解了资本主义生产力与生产关系之间的矛盾。

透过现象看本质,如果我们剥离福利国家制度变迁过程中纷繁复杂的浅层政策变化,会发现福利国家制度的本质并未发生实质性的改变,变化的仅仅是福利国家制度的发生场域、政策形式、保障程度以及实施范围,福利国家制度所要解决的本源性问题并没有发生变化。福利国家制度变迁既没有改变资本主义生产关系的性质,亦没有改变资本主义政权的性质,变迁的本质是西方资本主义制度自我反思与纠错的耦合过程。欧洲福利国家制度变迁呈现了一种内在的"路径依赖"特征,这也从另一个侧面证明了"政治的一个功能,是建立'道路规则',这个'道路规则'使具有不同利益的个人和团体能够追求极为不同的目标,而不至于出现公开的冲突"③。从哲学意义来看,"路径依赖"是一种典型的自我肯定,资产阶级代表的社会统治阶层维系着西方政治秩序的相对稳定,诚如马克思所言:"人们自己创造自己的

---

① 周弘:《福利国家向何处去》,《中国社会科学》2001年第3期。
② 李秉勤:《欧美福利制度挑战、改革与约束》,中国社会出版社,2011,第69页。
③ 〔美〕詹姆斯·M.布坎南:《自由、市场与国家》,吴良健等译,北京经济学院出版社,1988,第69页。

历史，但是他们并不是随心所欲地创造，并不是在他们自己选定的条件下创造，而是在直接碰到的、既定的、从过去承继下来的条件下创造。"[①]

（二）制度黏性：路径依赖是欧洲福利国家的自我强化

"在第二次世界大战后所建立的福利制度，基本上是建构在凯恩斯主义的理论下，认为国家的干预能够同时促进经济以及就业的成长。这些福利制度的主要目的是在人民因退休、失业、生病或身心障碍无法工作，而得不到收入时，提供社会安全的制度保障。"[②] 随着英国、瑞典、丹麦、挪威、荷兰、比利时、德国、法国先后宣布建成"福利国家"，福利国家制度成为战后欧洲国家的普遍性社会政策。但随着西方社会经济的发展，欧洲福利国家由于经济危机和福利制度的普遍性而面临巨大压力，福利国家的制度和体制受到怀疑和批判，欧洲各福利国家采取各种措施来解决福利国家制度问题，比如降低福利保障标准、加强福利提供主体的多元化、推进福利制度民众化等。但纵观欧洲福利国家制度的变迁过程，各福利国家虽然在具体政策上有所调整，但基本上没有改变原有的福利国家制度性质和最终目的，只是在原有基础上普遍进行更有效率的调整，根本原因包括以下几个方面。

一方面，制度变迁存在自我强化的趋势。福利国家制度变迁是为了解决当下经济和社会发展问题而产生的，必然受到过去相关制度和政策的影响，福利国家制度变迁必须从产生它的历史背景与现实情景中寻找根据，这种变迁过程的延续性既有政党更迭所带来的意识形态转换的影响，又有应对现实社会压力的稳定需要，但其本质在于政治制度本身具有典型的"路径依赖"特征，即"一旦某种制度被选择之后，制度本身就将会产生出一种自我捍卫和强化的机制，使得扭转和退出这种制度的成本将随着实践的推移而越来越困难"[③]。制度的路径依赖特征使得制度安排很难发生根本性改变，尤其是制度的性质、目的及其特征，在变迁过程中想要完全地摒弃福利国家既有

---

① 《马克思恩格斯选集（第1卷）》，人民出版社，1995，第585页。
② 李秉勤：《欧美福利制度挑战、改革与约束》，中国社会出版社，2011，第48页。
③ 何俊志：《结构、历史与行为——历史制度主义的分析范式》，《国外社会科学》2002年第5期。

第四章
欧洲福利国家制度变迁的哲学审视

的、统一的、普遍性的根本性原则是很难实现的。因此，福利国家制度的变迁与发展并不是对传统福利国家的否定，而是对其福利制度进行修正使之更加富有效率。

另一方面，制度变迁存在"黏性"和"惯性"。福利国家制度的发展变迁是必然的，是西方国家稳定国家政策和缓和社会矛盾的必要前提，但是新制度通常承担较高的社会成本和不可预期的风险，这对于制度主体（尤其是政治制度主体）来说是一种潜在的"不确定性"，制度设计者不希望"他们的代理人受到反对者控制的影响。即使公共权威是在民主的方式下配置和运作的，他们也只能在将其对手关在门外的同时也将其关在门外。因此，在许多情形下，他们故意创造一些连他们自己也无法控制的结构"[1]。当改革者尝试革新制度时，他们通常会面临相当大的内部阻力和障碍，这使得制度变迁过程可能更具"黏性"和"惯性"，制度会产生不断加强自身稳定性的冲动。制度主体"要实现自身的价值，它有内在的冲动和渴望，这通过自我意识的运动来实现。在实现自身在价值体系中的规定性时，首先就有一个自我确定的问题。自我的确定要得到客观外在的认可，它只有从客观外在那里获得自身的规定性，才具有实在性"[2]。

人类社会发展历史表明，制度变迁受一定的物质资料生产方式的制约，同时取决于制度设计者的主观意向、决策水平以及社会各方面的承受程度。欧洲福利国家制度变迁是一个动态的、渐进的统一过程，制度变迁不可避免地受到路径依赖的影响，使得激进的变革不大可能发生。虽然无法完全防止制度发生变化，譬如福利国家经费的缩减、提供主体的调整等变化仍然不断发生，但只是渐进的并且发生在现有制度框架之内。即使在福利国家制度遭到各方质疑的困境时期，福利国家制度仍然是欧洲社会发展过程中最为重要的社会政策。因此，欧洲福利国家制度变迁在很大程度上是在维护资产阶级利益和不改变制度性质的基础上，对传统福利国家制度进行的形式改良和规

---

[1] Peter Starke, "The Politics of Welfare State Retrenchment: A Literature Review," *Social Policy and Administration* 40, No. 1 (2006), pp. 104-120.

[2] 李从军：《价值体系的历史选择》，人民出版社，2004，第237页。

则继承,各国政府希冀通过制度改良对传统福利国家制度进行修正。在这种小步微调的渐进式改革进程中,欧洲各国对福利的供给理念、供给方式、供给路径有了新的认识,自我的肯定性为欧洲福利国家制度变迁减小了内在阻力,为社会各要素对制度变迁的需求提供了合法性基础,推动了社会政治经济的不断发展,具有一定的进步意义。

二 制度创新与自我否定:欧洲福利国家制度变迁的发展动力

欧洲福利国家制度是一个不断发展的过程,亦是一个社会环境需要与政府主体目标不断互动的过程。欧洲福利国家制度是西方民主政治发展的主动性选择,制度背后映射出资本主义制度对自我肯定和自我完善的渴求,这使得福利国家制度具有稳定性和延续性的路径依赖特征。但任何制度的发展与完善都兼具肯定性和否定性两个方面,肯定性使得制度在发展过程中保持自我根本性质不变,而否定性则推动制度进一步自我完善与发展,制度的否定性体现在制度创新上。由于"制度和组织变迁中的路径依赖,任何制度一经形成,便会造就一种习惯或传统,影响组织及其成员随后的行为选择,从而也在一定程度上影响制度创新的发生和形成"[①]。在福利国家制度变迁过程中,虽然资本主义制度本身的性质并未发生改变,但资本主义所赖以生存的具体政治政策却在不断发生变化。政府的主体目标和社会要素的客体需求中任何一方的变化都会引起制度的不均衡、不完善、不适应。因此,欧洲福利国家制度变迁是一个持续的过程,其自我否定和自我创新推动了西方政治经济社会的不断发展。

(一)制度创新满足了欧洲社会发展的客观需要

制度与其他社会要素一同位于社会发展的因果链之中,制度本身受到社会生产关系和社会经济环境不断发展的影响,正如马克思所言:"社会的物质生产力发展到一定阶段,便同它们一直在其中活动的现存生产关系或财产

[①] 司汉武:《制度理性与社会秩序》,知识产权出版社,2001,第169页。

第四章
欧洲福利国家制度变迁的哲学审视

关系……发生矛盾。于是这些关系便由生产力的发展形式变为生产力的桎梏"[1]。往往由于外部压力的加剧和客观环境的需要，制度本身的动态平衡被打破，制度对于主客体的调节作用逐渐失效，制度供给不能满足社会需求，制度创新随之展开，制度发生变迁。"制度在经历了一段长时间的稳定之后，会在某一时期内被危机所打断，从而生出突发性的制度变迁，自此之后，制度会再次进入静态平衡期。"[2] 这种周期性的制度创新"为各类创新活动主体追求持续创新提供必要的制度保障，有利于提高创新及经济运行的效率……是克服公共行政管理效率递减的有效途径，它还是变革和发展的关键动力，有利于国家实现共同的社会和经济目标"[3]。

纵观欧洲福利国家制度变迁，每一次制度变革都伴随着社会经济发展的显著变化，譬如欧洲社会在"20世纪70年代以后发生了重大的变化，欧洲福利国家在近几十年来，面临许多新的挑战，这些变迁相当广泛，包括全球化、服务业的兴起、人口及家庭结构的变迁、欧洲整合等等……尽管对于福利国家的压力来源，学者之间或许有不同的解读，但大部分学者都同意福利国家在近年来，随着经济、人口、家庭结构的转变，面临许多新的压力与挑战，这些环境的转变大幅地改变了政府的财政能力、政策背景与论述以及福利的需求，这些环境与社会条件的改变也对欧洲福利制度带来了调整以及改革的压力"[4]。可以看出，福利国家制度的变迁来自受环境压力影响的变化和需要，"社会结构的变动使得与过时的社会权利相适应的社会保障形式随之崩溃，新的社会形态需要重新确定社会的权利与义务以组成新的社会结构，保障新的结构中社会成员的基本的生产和生活的需要"[5]。因而，欧洲福利国家制度的变迁总是与社会环境的整体变化息息相关，欧洲各福利国家

---

[1] 《马克思恩格斯全集（第13卷）》，人民出版社，1962，第8~9页。
[2] 何俊志：《结构、历史与行为——历史制度主义的分析范式》，《国外社会科学》2002年第5期。
[3] 李之洋：《制度创新：走出公共行政管理的熵值效应》，《北京行政学院学报》2001年第3期。
[4] 李秉勤：《欧美福利制度挑战、改革与约束》，中国社会出版社，2011，第48~49页。
[5] 李琮：《西欧社会保障制度》，中国社会科学出版社，1989，第29页。

制度的变迁不仅来自欧洲各国政府自身主观能动性对于自身发展做出的判断，更来自国内环境变化所导致的批评性因素对于制度本身的压力。因此，福利国家制度变迁是一种渐进式的变迁，是在既有制度基础上的创新，而非对制度做全面的、重构式的设计。

（二）制度创新维护了资产阶级的自身利益

制度变迁如同社会文明的发展一样，既是一个自然的过程，又是一个自觉的过程。之所以说制度变迁是自然的过程，是因为制度变迁具有其自身的客观规律性，呈现了一个由低级到高级、由非理性到理性的不断演进过程。与此同时，制度变迁亦是自觉的过程，制度作为承载人类社会生活的中介和载体，其主体和客体都是人，制度变迁的过程是人有意识和有目的的活动，尤其在政治制度发展过程当中，"人们一旦认识、掌握和顺应了历史的潮流与发展规律，在政治发展的进程中选择、确定正确的发展目标和发展道路，就能在政治与其他领域的互动中，实现经济社会的跨越发展"[①]。可以看出，制度变迁是一个以创新为核心的问题域，它涉及人类政治经济社会生活的一切领域，而各个领域的转型或变迁所围绕的核心是人主观能动性的发挥，创新已经日益成为社会制度变迁与发展的动力形式。

每一项社会制度的变迁必然指向制度主体的本性和诉求，欧洲福利国家制度亦是在欧洲社会矛盾和阶级困境中产生和确立的，虽然其发展和变迁伴随着西方社会历史环境的客观规律变化，但其变迁的根本原因在于制度主体对于自我发展和自我创新的需要，正如密尔所言："我们首先要记住，政治制度（不管这个命题是怎样有时被忽视）是人的劳作；它们的根源和全部存在均有赖于人的意志。"[②] 在这一过程当中，福利国家制度作为人类活动的实践形式，体现着统治阶级的目标追求，资产阶级尝试在原有福利国家制度的基础上通过制度创新使原有的制度形态和制度体系发生正向变化。制度创新体现着制度主体本质的追求，承载着资产阶级对于自我发展和自我完善

---

① 杨海蛟：《政治发展是一个自然和自觉的过程》，《人民日报》2009年8月6日。
② 〔英〕J. S. 密尔：《代议制政府》，汪瑄译，商务印书馆，1982，第7页。

第四章
欧洲福利国家制度变迁的哲学审视

的期许,虽然欧洲福利国家制度变迁过程中显现了道德困境和实践困境,但这种制度创新也从侧面体现了西方资产阶级自我改良、自我调节的主体目标设计,在尊重客观规律的基础上统合政治基础、经济基础和道德基础,推动人与社会制度的共同发展。

三 欧洲福利国家制度变迁审视:路径依赖与制度创新的平衡

社会制度的变迁过程表现为两种形式:一种是被动革命,是在社会矛盾激化到无法通过改良或者改革手段来调节的形势下,通过对旧的社会形态进行根本变革,从而推动社会发展的过程;另一种是自我改良,这种创新形式是在不改变已有社会制度性质的前提下,对原有社会制度中某些利益关系和矛盾冲突进行调整和协调的行为,在一定程度上能够缓解社会基本矛盾。从这两种形式可以看出,欧洲福利国家制度变迁属于典型的自我改良式的制度变迁,其本质是现代资本主义制度体系的成长与发展,集中体现在欧洲福利国家尝试在路径依赖与制度创新之间寻求一种相对平衡,从制度哲学的视角来看,这种平衡和融合是推动欧洲福利国家制度不断发展的关键因素之一。

首先,欧洲福利国家制度变迁是肯定与否定的平衡过程。欧洲福利国家制度变迁是一种"扬弃式"的资本主义自我改良过程,历次变迁实现了肯定性与否定性的相对平衡。"事物如何在肯定自己的同时却又否定自己呢?这不是明显的矛盾吗?这确实是矛盾,但这是现实的矛盾,是现实事物本身所具有的矛盾,因而是辩证逻辑可以把握的矛盾。任何事物都具有这样的矛盾……事物作为'此物'而存在,完成自己,肯定自己,实现自己的价值,也就是在走向否定。反过来说,也正是事物的这种否定使事物最后完成了自己,肯定了自己。"[①] 因此,欧洲福利国家制度发生变迁本质上基于西方资本主义的"自我肯定",路径依赖特征不仅来源于其原有制度的"惯性"和"黏性",亦是资本主义制度对自我完善和自我发展的需求。但与此同时,这种基于"肯定"的"否定"是欧洲福利国家制度变迁的内在规律共性之

---

① 沈继宗:《论肯定与否定的辩证法》,《江西社会科学》1995年第6期。

一,最终目的是通过制度创新医治当代西方资本主义本身难以调和的矛盾,无论是平衡政府与市场,还是兼顾效率与公平,都是在资本主义制度框架下,对以福利国家制度为代表的分配方式和社会管理方式所进行的自我革新,其目的都是消弭当代资本主义所面临的各种问题,使资本主义更具活力和动力。

其次,欧洲福利国家制度变迁是历史与实践的统一过程。从制度哲学的视角来看,欧洲福利国家制度本身是一个历史的存在,福利国家制度建立在西方现代资本主义经济发展的基础上,反映了二战后西方社会的基本规律和价值判断。福利国家制度的本质是西方社会关于个人与个人、个人与集体以及个人、集体和国家(政府)之间关系的调整与界定,在战后西方社会扮演了极为重要的历史角色。每一次欧洲福利国家制度变迁都不是孤立存在的,而是按照一定的历史逻辑性排列的政策延续,这是因为"社会历史的发展看似杂乱无章,历史事件的产生看似具有偶然性的特征,但偶然性的背后隐藏着必然性,杂乱无章的背后隐藏着历史规律"[1]。但与此同时,欧洲福利国家制度变迁的根本动力在于制度创新,而创新的本质在于人的社会交往实践,马克思指出,"制度只不过是个人之间迄今为止所存在的交往的产物"[2]。制度变迁并非凭空产生,而是与社会的生产力和人的交往实践的发展水平相匹配的。人的主观能动性和实践能力对福利国家制度变迁产生巨大影响,诚如马克思所言:"人们在生产中不仅影响自然界,而且也相互影响。他们只有以一定的方式共同活动和互相交换其活动,才能进行生产……只有在这些社会联系和社会关系的范围内,才会有他们对自然界的影响,才会有生产。"[3] 因此,欧洲福利国家制度变迁是历史与实践的统一过程,是资本主义自我求生、自我均衡的表现。

最后,欧洲福利国家制度变迁是理想与现实的妥协过程。理想与现实是欧洲福利国家制度变迁过程中无法回避的矛盾,亦是任何一个国家制度

---

[1] 林剑:《论人的实践活动与社会历史规律生成之关系》,《学术研究》2015年第3期。
[2] 《马克思恩格斯全集(第3卷)》,人民出版社,1995,第79页。
[3] 《马克思恩格斯全集(第1卷)》,人民出版社,1995,第344页。

第四章
欧洲福利国家制度变迁的哲学审视

变迁所无法忽视的困境,这是因为一种完善的制度不仅饱含国家和统治阶级的价值目标,亦受到社会民众以及社会客观的现实困扰。欧洲福利国家制度变迁诚如国内学者所描述的"理想的政府"与"政府的理想"二者间的关系,"作为政府治理的对象,公民社会拥有着政府价值的最终评判权;同时作为公共性的提供者,政府本身也在审视自身的正当性,并形成自身的价值评价。于是,同样是对于政府价值的评价,则形成了理想的政府与政府的理想两个层次,前者是公民社会对于政府价值的评价,后者则是政府价值的自我评价"①。因此,欧洲福利国家在制度变迁过程中,一直在避免理想与现实的失衡,虽然福利国家制度的数次变迁始终尝试既能够做到维护资产阶级自身的终极利益和价值目标,又能够基于社会公民诉求以及社会发展客观环境实际和评价进行制度选择,但其中不免带有妥协性和折中性。欧洲各国政府为了挽救政治认同和合法性危机,在限制公共支出,维护社会权利、决策以及法治均衡等方面取得了一定成绩,维护了政治稳定和社会发展,但是由于西方政治制度的内在缺陷,欧洲福利国家制度变迁只能是一种妥协性的自我改良。

综上所述,从制度哲学的视角来看,"制度改良是指不对既有制度框架进行根本性变革的前提下,为了达到新的目的,适应新的变化而对制度进行的一种'修补',是对初始制度的加强和完善……制度改良从两个方面进行:一是改变制度存量,即对那些不适应生产力发展的规则进行修改和补充;二是增加一些新规则,将那些适应生产力发展的制度建立起来。由于某些规则的修正,制度摩擦减少,交易成本下降;因为新规则的建立,生产力发展的空间拓展,制度收益增加"②。可以看出,欧洲福利国家制度变迁属于典型的自我改良,是资本主义发展过程中的自我完善,追求路径依赖与制度创新的平衡。国内学者曾认为:"所谓'福利国家'不过是以资产阶级庸俗政治经济学为基础的、以资本主义社会福利制度为主体的垄断资产阶级国

---

① 姚尚建:《政府价值的分歧——在政府理想和理想政府之间》,《学术交流》2003年第1期。
② 辛鸣:《制度论——关于制度哲学的理论建构》,人民出版社,2005,第177~178页。

家的政策体系,它是资产阶级政府可以随时采用也可以随时抛弃的政策措施而已……既不是'福利国家'论者所鼓吹的'完美'的社会制度,更不是什么'真正的社会主义',它只是在国家垄断资本主义条件下,以维护垄断资产阶级利益为根本目的的,伪装得更精巧、更隐蔽的资本主义剥削手段罢了。"[①] 但从福利国家制度的实际效果来看,仍然具有一定的进步意义。福利国家制度及其变迁"在不平等的雇佣结构中添加了调和剂,使社会阶级阶层的紧张关系得到了极大的缓冲,从而稳定了西方资本主义世界的经济和政治体制。更为重要的是,在控制社会张力、稳定社会秩序的同时,保证了生产活力和市场繁荣的持续,也应归功于福利国家"[②]。

[①] 王宜新:《试析西方"福利国家"的本质》,《中共福建省委党校学报》1990年第1期。
[②] 杨敏、郑杭生:《西方社会福利制度的演变与启示》,《华中师范大学学报》(人文社会科学版)2013年第6期。

第五章　欧洲福利国家制度变迁启示

本章对欧洲福利国家制度变迁进行评价，并在反思的基础上予以扬弃和借鉴，以期对我国社会保障制度的进一步完善和优化有所裨益。正如任何事物都具有两面性一样，欧洲福利国家制度的变迁同样具有进步性和局限性。一方面，欧洲福利国家制度的变迁具有其合理性，历次变迁均在总结经验教训的基础上，对变迁路径和福利政策进行改良或者调整，有效地缓解了西方资本主义内在矛盾。另一方面，欧洲福利国家制度变迁实质上隐含着难以规避的结构性矛盾。中国社会保障制度的发展轨迹与欧洲福利国家制度变迁大相径庭，这决定了我们既要面对自身的特性问题，也要面对西方政治文明发展中具有的普遍性的问题。因此，理性地、客观地评价欧洲福利国家制度变迁，在反思的基础上进行借鉴，在认同的基础上进行批判，在肯定的基础上进行否定，可以为包括中国在内的广大"后发国家"提供借鉴。

第五章
欧洲福利国家制度变迁启示

面对全球化的席卷,世界进入机遇和挑战并存的"变革时代"。发达国家和发展中国家都在寻找一种适应变革时代的治理形式,通过制度变革,推动国家政治和经济的持续发展。欧洲福利国家制度变迁是西方政治经济改良的重要表现形式之一。中国的发展轨迹与欧洲社会大相径庭,这决定了我们既要面对自身独特的政治经济环境,也要面对西方社会发展中出现的共性问题。欧洲福利国家制度变迁既有成功经验亦有惨痛教训,这事实上可以成为包括中国在内的广大"后发国家"值得借鉴的案例。对于欧洲福利国家制度变迁的研究,最终还是要服务于我国社会保障制度建设。改革开放以来,我国社会保障制度取得了长足的进步,作为一种"托底性"制度设计,我国社会保障制度为社会民众的基本权利提供了基础性保障,发挥了"安全网"和"稳定器"的双重作用,极大地维护了社会民众的切身利益,推动我国改革开放不断向前发展。

在充分肯定我国社会保障制度已经取得成绩的同时,我们也清醒地认识到,在国内外政治经济环境的双重压力下,我国社会保障制度亦面临诸多问题和挑战,如社会保障价值理念亟待整合和完善、社会保障供给主体相对单一、社会保障资金渠道亟待丰富等;这些问题在一定程度上制约了我国社会保障制度的公共服务效能,也无法契合国家治理对社会保障服务提出的新要求。党的十九大报告明确提出:"坚持在发展中保障和改善民生。增进民生福祉是发展的根本目的。必须多谋民生之利、多解民生之忧,在发展中补齐民生短板、促进社会公平正义,在幼有所育、学有所教、劳有所得、病有所医、老有所养、住有所居、弱有所扶上不断取得新进展,深入开展脱贫攻坚,保证全体人民在共建共享发展中有更多获得感,不断促进人的全面发展、全体人民共同富裕。建设平安中国,加强和创新社会治理,维护社会和谐稳定,确保国家长治久安、人民安居乐业。"[①] 这是党和

[①] 习近平:《决胜全面建成小康社会 夺取新时代中国特色社会主义伟大胜利》,《人民日报》2017年10月28日。

政府面对新时代、新形势、新环境做出的重大判断，事关中国特色社会主义前途命运，事关最广大人民根本利益的实现。为此，本章的主要目的是分析我国社会保障制度面临的新形势，结合欧洲福利国家制度变迁的经验与启示，提出进一步改进我国社会保障制度的对策。

第一节　公平和效率的结合：发挥社会保障制度的价值引领作用

"对于制度价值的研究是制度哲学的归宿，制度价值是制度哲学研究走向深入的一种逻辑必然。对制度价值的研究其实是在研究制度功能的基础上探究制度之所以存在、以什么样理念存在的深化。"[1] 价值是制度系统中最为核心的组成部分，价值取向的不同将直接导致制度功能和制度运行的差异。欧洲福利国家制度变迁过程中的价值选择始终围绕着对公平与效率关系的调整，"保障社会公平与保障资本效率的双重需要在资本主义制度下是一对不可调和的矛盾，也是福利国家制度设计中先天存在的逻辑矛盾。当社会保障制度引领下的社会公平维护方式严重威胁到资本效率时，福利国家的隐患就不可避免地爆发出来。被压抑的资本野性要求冲破福利国家的阻挡，在与资本主义现实的妥协中试图建构效率导向型社会保障机制，取代公平导向型社会保障机制后政府又遇到来自中下层民众的更大责难"[2]。可以看出，受制于资本主义国家的先天结构性矛盾，欧洲福利国家制度无法调和公平与效率价值之间的冲突。

在我国社会主义制度下，公平与效率"是健全和完善的社会保障制度的最基本价值，离开公平讲社会保障制度无异于南辕北辙，离开效率讲社会保障制度必将自身不保。因此，社会保障制度的公平与效率问题，是影响社会保障制度建设与变革的根本性问题。当前，与社会主义市场经济体制相适

---

[1] 辛鸣：《制度论——关于制度哲学的理论建构》，人民出版社，2005，第221页。
[2] 曾瑞明：《在保障公平与保障效率之间摇摆——当代西欧福利国家转型论析》，《中共福建省委党校学报》2007年第7期。

应的中国特色的社会保障制度正在建设之中,制度框架已经确立,但整个体系还存在诸多问题。中国的改革发展正处于关键时期,日益凸显的社会矛盾和民生问题,不断增强的公平意识、权利意识,正在推进的社会主义和谐社会建设等都对加快社会保障制度建设的步伐提出了更高的要求"①。可以看出,如何协调公平与效率的关系成为我国社会保障制度领域有关价值争议的核心问题,公平与效率之间的选择会对社会保障制度的发展产生根本影响。但是,对于公平与效率的选择是一个艰难的过程,这主要是因为公平与效率之间辩证统一的关系。一方面,公平与效率是相辅相成的。公平实现的物质基础是效率的提高,公平又为提高效率提供条件。另一方面,公平与效率又存在冲突。在追求效率的过程中必然会产生不公平,追求公平又会导致效率的降低。因此,要根据我国的具体国情,协调公平与效率的关系,并寻求二者的最佳契合。

一 公平:我国社会保障制度构建的首要价值

"公平是社会主义制度的首要价值,是构建社会主义和谐社会的基本理念。我国现代意义的社会保障制度起步较晚,受社会经济发展水平、体制改革和理论研究不足等诸多因素的影响,公平的价值理念一直没有得到确立,公平原则实现存在严重的缺陷。当前,在构建社会主义和谐社会的背景下,必须从社会和谐的高度,根据国情,借鉴国外社会保障制度的成功经验,逐步实现社会保障制度的公平原则,制定社会保障法律,将社会保障权利法治化;完善有利于程序公平实现的社会保障制度建设;正确处理社会保障制度中公平与效率的关系;为私人慈善事业的发展提供良好的法律环境。"② 改革开放之初,在"效率优先,兼顾公平"原则的指导下,我国社会保障制度的构建存在过分强调效率而忽视公平的问题。社会保障制度的公平价值取

---

① 杜飞进、张怡恬:《中国社会保障制度的公平与效率问题研究》,《学习与探索》2008 年第 1 期。
② 杨思斌:《我国社会保障制度的公平原则及其实现途径》,《当代世界与社会主义》2007 年第 5 期。

向逐渐被效率价值湮没,而社会主义保障制度首要的价值目标是追求公平,公平价值的缺失成为我国社会保障制度改革所要解决的首要问题。与此同时,随着我国市场经济体制改革的深化,经济快速增长的同时带来了巨大的社会风险,社会稳定面临诸多挑战。在这种情况下,社会保障制度公平价值的缺失,造成传统体制下的社会保障体制失效,使公民暴露在市场经济高速发展所带来的巨大风险之中。"进入新世纪以后,我国的社会保障体系一直在不断地调整和补充,尤其是近五年来通过大力推进建立覆盖全民的社会保障体系,使其在覆盖面上有了很大的扩展。但是从制度建构的角度看,当前我国的社会保障制度仍然没有解决公平性的问题,其问题主要表现在以下几个方面:社会保障的城乡差异、地区之间社会保障水平的差距、城市内部各个群体之间养老和医疗保险待遇的差距、城市社会福利与社会救助的公平性问题。"[①] 基于以上这些问题,党和政府应当全面提升我国社会保障制度的公平性,以使社会保障制度能够更好地满足民众的需要,发挥更大的社会效益。

一是要以公平价值为导向推进社会保障制度的全面覆盖。社会主义社会保障制度是保障社会民众生活、缩小贫富差距、维护社会稳定的一项重要的制度设计。以公平价值为导向的社会保障制度必须要坚持全覆盖、多层次的发展理念。尽管改革开放以来,党和国家在社会保障制度的覆盖面上做出巨大努力,建构了一套适应我国基本国情的社会保障制度框架体系,但社会保障制度一直存在覆盖面窄、统筹层次低、政府投入不足等方面的严峻问题,这限制了社会保障制度公平价值的实现。可以看出,党和政府在新时代背景下,优化社会保障制度的首要目标是通过扩大保障覆盖面提高公平价值的导向作用,具体包括:"全面建成覆盖城乡局面的社会保障体系、改革和完善企业和机关事业单位社会保险制度、扩大社会保障基金筹资渠道、完善社会救助体系、健全社会福利制度、建立市场配置和政府保障相结合

[①] 关信平:《当前我国社会保障制度公平性分析》,《苏州大学学报》(哲学社会科学版) 2013年第3期。

的住房制度、健全残疾人社会保障和服务体系等等。"① 可以看出,全面覆盖是中国社会保障制度整合与体系完善的首要原则,体现了公平价值的核心内容。

二是要以公平价值为导向逐步整合社会保障制度。现代社会保障制度是在传统社会保障制度的基础上逐步发展起来的,改革开放之后建立的社会保障制度"尽管已有一些总体设计的思路,但总体上还是在'摸着石头过河'的大模式下进行的。而目前要进行新的改革,其目标之一就是要克服过去渐进改革所带来的制度碎片化弊端,因此必然要求有更好的总体制度设计。它要求对当前的问题有很好的分析,对未来经济社会发展的趋势有很清楚的把握,对民众的需要和国家的资源能力有很好的平衡,对福利水平和经济发展有很好的协调"②。因此,当前我国社会保障制度面临的最大问题是各项制度间的整合与连接。譬如,推进不同群体同类社会保障制度之间的衔接,突破社会保障制度的城乡二元结构,建立企业职工养老保险与城镇居民社会养老保险的有序衔接等;整合同一群体使用的不同社会保障制度,消除社会保障制度重叠问题,包括城乡基本社会保障服务的整合,社会救助制度与社会保险制度的整合等。

三是要以公平价值为导向积极推进社会保障立法。社会保障制度的公平价值实现有赖于法律的保障。法律是确保公民权利实现的根本保障,在我国要实现公民的社会权利,就应该确立以法律为主的保障体系。我国社会保障制度的建设应秉持立法先行理念,推动我国社会保障制度发展的法治化。从欧洲福利国家制度的实践经验来看,推动社会保障制度发展的法治化,不仅是实现社会保障制度稳定运行的基础,而且是实现公民社会保障权利的重要手段。社会保障制度缺乏法律保障,公民社会保障权利的实现就难以得到应有的保障。具体表现在以下两个方面。一方面,由于缺少强制性的法律约束,社会保障很容易受政治、经济、文化等因素变化的影响,进而影响社

---

① 丁建定等:《中国社会保障制度体系完善研究》,人民出版社,2013,第190页。
② 关信平:《当前我国社会保障制度公平性分析》,《苏州大学学报》(哲学社会科学版)2013年第3期。

保障的稳定性和规范性，如保障基金来源不稳、基金挪用以及标准不规范等问题的出现，导致公民的社会权利遭受损失。另一方面，由于缺少强制性的法律约束，社会保障制度实施中就会带有很大的随意性，从而使社会保障制度的权威性受到影响，如权责关系模糊、分配严重不公以及制度残缺不全等问题的出现，导致公民的社会保障权利受到侵害。由此可见，要想实现公民的社会保障权利，就要建设社会保障制度的法律体系，实现社会保障制度运行的法治化。"社会保障法律体系中，不论是基本法、主干法，还是中央法、地方法，都有一个共同的使命，即保护社会保障的对象——公民的权益不会受到侵犯，公民可利用法律武器，维护自己的应有利益。"[1] 因此，在我国社会保障制度改革的过程中，要确保公民社会权利的实现，应重视社会保障立法的重要性，推动社会保障制度发展的法治化。

二 效率：我国社会保障制度发展的必要前提

"对社会保障制度来说，效率同样是一项重要的目标和价值，同样是现代社会保障制度得以产生、存在、发展的最根本理由。可以说，促进效率是现代社会保障制度的天然属性。"[2] 效率价值是指在一定社会历史阶段，政府对于政治利益、经济利益和其他利益在全体社会成员之间以"最有效地使用"为标准对社会资源进行的分配。"效率是社会保障制度遵循的又一重要原则。社会保障制度在西方产生之初，在其制度设计中并没有将效率纳入，这就为社会保障制度在以后的发展出现，曲折埋下了隐患——德国社会保障制度发展的历程以及风靡一时的'福利国家'在其后来出现的危机，都说明忽视效率的社会保障这一制度安排存在严重缺陷。从 70 年代中期以后，资本主义国家纷纷改革和修正原来的社会保障模式，在福利领域强化市场经济因素，以提高社会保障的效率，从而更有

---

[1] 郭士征：《社会保障研究》，上海财经大学出版社，2005，第 36 页。
[2] 杜飞进、张怡恬：《中国社会保障制度的公平与效率问题研究》，《学习与探索》2008 年第 1 期。

利于整体社会效率的提高。"① 我国社会保障制度的发展历程也证明了这一点。改革开放以前,公平是我国社会保障制度的基本原则,但当时的社会保障制度实质上是一种低水平、低效率的保障。特别是在收入分配领域中的"公平分配",造成了吃"大锅饭""多干少干一个样"等平均主义思想的泛滥,挫伤了广大群众的积极性。② 实践表明,效率价值的实现是公平价值实现的基础,只有高效率才能实现高水平的社会公平。因此,面对"中国特色社会主义进入新时代,我国社会主要矛盾已经转化为人民日益增长的美好生活需要和不平衡不充分的发展之间的矛盾"③的大背景,如何提高社会保障效率成为我国社会保障制度建设必须思考的问题。

首先,提高社会保障制度的外部效率,推动社会经济发展。从西方国家济贫法到福利国家的历史来看,欧洲福利国家制度变迁不仅是现代社会的基础性制度,而且是资本主义自我改良的必然产物。资本主义经济有效地把人从传统依附关系中解放出来,激发了经济主体的内在活力,有效地增进了社会的总体福利。纵观欧洲福利国家制度变迁过程,在一个社会经济效率低下、物质资源匮乏的社会中,社会保障制度只能是低水平的平均分配,社会保障水平也只能是一种保障温饱的低水平。只有社会保障制度的整体效率得以提高,才能促进社会生产力的发展,才有可能实现社会公平,因此,效率是在提高社会生产力基础之上实现公平的桥梁。在我国目前的社会经济环境下,社会保障制度作为一项基本的社会政策和制度安排,应当在促进社会经济发展、提升社会经济整体效率方面发挥更积极的作用。"一方面,社会保障制度通过调节收入差距来缓解社会成员之间的矛盾,为促进经济发展提供稳定的环境;另一方面,雄厚的社会保障基金既能有力地支撑经济发展,又

---

① 周庆国:《试论社会保障制度的公平与效率》,《中国行政管理》2001年第10期。
② 罗国杰:《关于公平与效率的道德思考——学习〈公民道德建设实施纲要〉体会》,《求是》2002年第1期。
③ 习近平:《决胜全面建成小康社会 夺取新时代中国特色社会主义伟大胜利》,《人民日报》2017年10月28日。

能成为调节经济波动的蓄水池。"①

其次,提高社会保障制度的内部效率,优化资源配置。从欧洲福利国家制度发展变迁的具体实践来看,传统福利国家对于效率价值的漠视,导致"福利国家在20世纪70年代以后面对各种批评,如对经济的负面影响、官僚主义、无效率、'福利病'等,立足于有效需求理论的凯恩斯社会经济政策濒临瓦解"②。因此,面对我国社会保障制度的发展与完善,党和政府应当在坚持公平价值的基础上,进一步提高社会保障制度的效率,推动社会保障制度的合理配置,从管理效率、基金保值与增值出发提高社会保障制度运行的效率,"在这一层面,社会保障制度的效率目标就是,在公平理念的指导下,在确保社会保障目标实现的前提下,最大限度地降低制度运行成本;或者是,在保持现有成本的情况下,最大限度地提高制度的效果亦即保障水平"③。

再次,提高社会保障制度的供给效率,完善制度供给方式。目前中国社会保障模式是多支柱共存的,包括以国家为主体的社会保险、以企业为主体的企业年金以及私人的保险计划三大支柱,其中大部分社会保障项目基本是由政府来承担的。随着社会保障制度不断发展,以政府为主导的社会保障制度的弊端逐渐显现,这主要是由于政府的财政支配能力有限。只有依靠社会力量,调动非政府组织的主体来发展社会保障制度,才能适应社会保障制度的发展需要。具体来说,只有合理界定政府在社会保障制度中的责任,理顺社会保障领域政府与市场之间的关系,才能更好地发挥社会保障制度的作用。借鉴欧洲福利国家制度改革后的多元福利供给主体的政策措施,构建合作型的福利供给主体,是中国社会保障制度改革的方向。与欧洲福利国家相比,中国市场机制在福利供给中的作用相对较小,企业年金以及私人保险计划等市场化的福利项目也应该交由一些非政府组织来开展。由于我国市场体

---

① 杜飞进、张怡恬:《中国社会保障制度的公平与效率问题研究》,《学习与探索》2008年第1期。
② 金炳彻:《欧洲社会保障制度的改革动态与发展趋势》,《中国人民大学学报》2010年第5期。
③ 杜飞进、张怡恬:《中国社会保障制度的公平与效率问题研究》,《学习与探索》2008年第1期。

系尚未完善,在进行社会保障项目市场化运营的过程中,需要国家法规的规范和监督,防止公民的福利受到侵害。另外,国家还可以通过税收的手段鼓励非政府组织参与到福利供给中来,使福利供给更加市场化、社会化。总之,在我国社会保障制度中,政府承担的社会保障责任重心应该放在宏观管理上,在福利供给的分工方面,应该重新界定政府与市场之间的关系,使政府从直接参与福利供给向间接提供服务的管理模式转变。

三 寻求公平与效率的最佳契合:我国社会保障制度的发展方向

欧洲福利国家制度发展变迁过程中的价值选择始终围绕着对公平与效率关系的调整。公平与效率是对立统一的,过分地追求公平就会降低效率,而过于追求效率则以牺牲公平为代价。欧洲福利国家制度变迁的经验告诉我们,公平与效率之间的关系不是非此即彼的矛盾关系,而是一种对立统一、相辅相成的辩证关系,即可以在公平与效率之间寻求一个最佳契合点。美国经济学家库兹涅茨于1955年提出"倒U形理论",揭示了公平与效率之间关系的变化情况。他认为,"一个国家在经济发展早期,一般收入分配差距不大,社会处于效率较低但收入比较平均的阶段。随着生产力水平的提高,为了提高经济效率和扩大生产规模,人均收入差距也随之拉开差距,社会处于经济效率较高而不平等现象日趋严重的阶段。当到了经济发展水平较发达,人均GNP较高阶段后,人民的收入分配才又重新趋于平等。库兹涅茨用曲线表示公平与效率变化的趋势,这个曲线颇像倒写的'U',因而称之为'倒U形理论'"[①]。这一理论说明公平与效率之间的关系是不固定的,它随着经济发展水平的变化而变化,一个国家的经济发展水平是决定其收入分配不平等程度的最主要因素。"倒U形理论"还说明,一个国家究竟是效率优先兼顾公平还是公平优先兼顾效率,不是人为主观决定的,而是取决于社会经济发展水平。所以,在社会经济发展的初中期,一般是效率优先,只

---

① 〔美〕西蒙·库兹涅茨编著《现代经济增长》,戴睿等译,北京经济学院出版社,1989,第182~185页。

有经济发展水平进入较发达阶段，公平与效率才能互相兼顾。就我国社会保障制度目前的实际情况而言，无论是强调效率价值，还是强调公平价值，最终都是为了给社会全体公民提供更好的保障，以达到社会发展成果全民共享的最终目标。实践中我们应该运用这一原则处理好公平与效率的关系，建立适应社会主义市场经济水平的科学公平观。这一公平观应该在坚持公平的基础上满足效率的要求，使二者相统一，即兼顾公平与效率。对于我国实际国情来说，兼顾公平与效率，应该是宏观领域公平优先，微观领域效率优先。宏观领域公平优先是指在社会保障制度制定的过程中应遵循公平优先的原则，在制度建设的过程中充分考虑社会弱势群体的利益保护，把公平价值作为我国社会保障制度的核心价值，以消除市场经济所带来的社会风险。微观领域效率优先是指市场经济运行过程中实行效率优先的原则，在以政府为主体的情况下适当考虑引入一些非政府因素，以提高社会保障领域的效率，这也是由市场经济自身的特点所决定的，是确保公平价值实现的必要手段。

综上所述，纵观欧洲福利国家制度价值选择的发展历程，有成功的经验，也有失败的教训。研究欧洲福利国家制度发展变迁的过程，目的就是为我国社会保障制度的价值选择指明方向。我国的社会保障制度还处于不完善阶段，而我国的社会经济发展带来了一些社会问题，亟须社会保障制度发挥其维护社会稳定的作用，为公民提供一种"安全网"。所以，在处理公平与效率关系的时候，可以借鉴欧洲福利国家制度价值取向变迁的有益经验，避免对公平的过分追求，也要避免对效率的过分追求，根据我国的国情和经济社会发展水平，寻找一种适合我国社会保障制度的价值选择。在社会保障制度的改革过程中选择一种兼顾公平与效率的价值取向，建立起一整套可以维护社会稳定和发展的社会保障制度。

第二节　主导与协同的融合：合理界定社会保障主体的权责范围

从我国社会保障制度发展来看，我国社会保障制度从无到有，经历了艰

第五章
欧洲福利国家制度变迁启示

难的改革和发展历程,党和政府所承担的主导义务与责任始终不可替代,这是因为"社会保障制度是中国社会主义市场经济体制的重要组成部分,是市场机制发挥作用必要的制度保证……政府在社会保障制度由旧的制度安排向新的制度安排的过程中具有不可替代的作用"[①]。但与此同时,随着我国社会经济的飞速发展,社会保障制度需要市场主体、社会组织以及公民的多元协同参与,政府责任的强化与多元主体的参与是我国社会保障制度发展必不可少的两个组成部分。基于此,我们应当在完善与优化社会保障制度的过程中合理界定各主体的权责范围。

一 主导地位:合理界定政府在社会保障领域的权责关系

纵观欧洲福利国家制度变迁的历史可以发现,欧洲福利国家在经历了半个多世纪的发展后,福利提供模式从最初的"完全以政府为主"的模式,到"政府为主、市场为辅"的模式,再到"政府为主,市场、家庭和志愿组织等多元主体参与"的模式。从这一发展轨迹中可以看出,合理的福利提供模式应该是以政府为主,同时充分地调动市场、家庭、社会志愿组织作用的多元主体模式。福利与社会保障作为一种公共物品,政府的供给主体地位无可替代。但是,从欧洲福利国家制度面临的危机可以看出,福利国家制度正是由于在发展过程中忽视了社会福利多元主体的作用,才会陷入困境,传统的欧洲福利国家制度中政府的过多参与导致其资金供给不足、财政赤字等问题的出现。从欧洲福利国家制度实践的经验来看,政府至少要承担两方面的责任。一是政府具有设计、构建、完善社会保障制度方面的责任。依据公民权利理论的观点,既然每个社会成员都拥有获得安全保障和发展空间的基本权利,那么政府就有责任为社会成员实现其社会权利提供必要的制度保证。另外,由于社会保障制度的敏感性,它作为收入再分配的重要工具,涉及多个利益相关主体的切身利益。所以,保证社会保障制度的健康稳定运行,就必须通过政府强有力的制度统

---

① 陈喜强:《重新认识政府在社会保障制度变迁中的作用》,《改革与战略》2001年第2期。

筹才能实现。二是政府在社会保障制度中具有一定的财政责任。公民与国家之间的契约关系决定了获得社会保障的权利是每个公民的基本权利，那么为社会成员提供完善的社会保障制度就不可避免地成为政府的基本责任。所以，政府有责任将一定的财政用于社会保障制度体系建设，来平衡国家与公民之间的权责关系。因此，要实现公民的社会权利，首要条件就是建立以政府为主的责任体系，只有这样才能从根本上保证每个社会成员拥有平等的社会保障权利。

"不管是20世纪80年代以来西方各国掀起的社会保障制度的改革热潮，还是基于社会经济转型的时代背景，我国着手的社会保障改革，其实质都是对社会保障中政府责任的重新界定和调整。目前我国的社会保障改革仍处于政策选择之中。"[①] 党的十九大已经对于中国面临的机遇和挑战做出了准确的判断："国内外形势正在发生深刻复杂变化，我国发展仍处于重要战略机遇期，前景十分光明，挑战也十分严峻。"[②] 这就要求党和政府在社会保障这种涉及民众重大利益的制度设计当中进一步厘清责任，既不"缺位"亦不"越位"。

一方面，应当坚持政府在社会保障提供中的基础性作用，做到不"缺位"，发挥政府对我国社会保障制度的主导作用。政府主体地位的确立是社会保障制度中公平价值实现的保障，这一主体地位具体体现在社会保障资金的提供、法规政策的制定等方面。在我国社会保障制度中确立政府的主体地位，是确保社会公平实现的有力保障，社会保障制度建立的目的就是为在市场竞争中失败的弱势群体提供保护，使社会成员免受生存的威胁，最终目的在于实现社会公平。从这个意义上来讲，更加应该确立政府在社会保障制度中的主体地位。政府在提供公共物品方面的天然优势，决定了应该由其来承担作为公共物品的社会保障的供给。从欧洲福利国家制度发展变迁的过程也可以看出，无论福利国家制度如何改革，政府在福利提供领域的主体地位是

[①]《社会保障制度改革必须确立公平的价值取向》，《中国民政》2003年第2期。
[②] 习近平：《决胜全面建成小康社会　夺取新时代中国特色社会主义伟大胜利》，《人民日报》2017年10月28日。

没有变化的，发生变化的只是政府在福利提供领域的角色。所以，借鉴欧洲福利国家制度发展的经验，完善我国社会保障制度，在福利提供方面确立政府的主体地位，这是毋庸置疑的。

另一方面，应当合理界定政府的权责范围，做到"不越位"。从我国社会保障制度的发展历史来看，关于社会保障中政府权责范围的问题，一直处于争议和混沌之中，并未达成共识，政府应该在社会保障领域中承担什么责任、担负多大程度的职责和义务也存在模糊与不清楚的情况。"转型期的中国社会形态对社会保障的影响体现为多层次的综合作用。其中，政府作为社会保障中的制度主体，是确保社会保障制度健康运行和持续发展的最为重要的因素。政府责任在现代社会保障体系中要做到理性筹划，关键是要在法治的社会框架内，重新审视和调整政府的参与作用和应然模式，明确理清各种责任和权限关系，从而为政府在有限的社会保障和全能的社会保障之间寻求一个合理的角色定位。"[1] 正确厘清社会保障的历史责任与现实责任、中央政府与地方政府的责任、政府与市场等非政府组织的责任，做到不"越位"，即"政府在承担应该承担的责任的同时，必须注意防止另一种倾向，就是政府责任的扩大化，希望政府什么都包揽起来，使政府就像救火队，顾此失彼，疲于奔命，这对社会保障制度的完善也是不利的，应该通过制度规范各个社会保障主体的责任"[2]。因此，政府只有引导并建立社会保障共识，厘清自身责任边界才能保证社会保障制度健康可持续发展。

二　多元协同：发挥其他社会保障主体在社会保障领域的作用

欧洲福利国家制度起源于早期工业化国家的济贫法，经过逐渐变革和完善，现已形成较为完善的体系。就参与主体而言，欧洲福利国家制度经历了从一元到多元的变革。1948年英国推行"福利国家"政策，将公民"从摇

---

[1] 刘婕：《政府责任在现代社会保障体系中的理性筹划》，《湖北省社会主义学院学报》2005年第3期。

[2] 刘婕：《政府责任在现代社会保障体系中的理性筹划》，《湖北省社会主义学院学报》2005年第3期。

篮到坟墓"的整个人生过程都纳入国家的保障范围。因其有效性，英国的"福利国家"政策开始在西方国家盛行。但从根本来讲，在"福利国家"政策中，政府是各种社会保障制度的唯一供给主体，呈现了参与主体的一元化。随着社会的发展，政府所承担的职能日益增加，根植于庞大政府机构中的官僚主义等严重影响着政府对公民社会保障诉求的回应，社会保障制度的运行成本不断升高。为解决这些问题，英国政府自20世纪80年代开始对社会保障制度进行变革，将部分社会保障职能及服务从政府职能中剥离推向社会，变政府独揽为社会、公众多元共担。政府、非政府组织、非营利机构、自愿组织、互助组织甚至一些营利性公司都成为社会福利提供的重要主体，越来越多的民营化、私人化的福利保障机构参与社会保障事业。社会保障事业参与主体的多元化变革，不仅减轻了政府的负担，有效解决了财政危机，还提高了社会组织、公众等的参与热情，增强了制度的实效性。

从我国社会保障制度面临的大背景来看，"党的十九大揭开了国家发展进入新时代的新篇章，也全面拉开了社会保障体系建设走向成熟、定型发展阶段的大幕。当前应当加大深化改革力度，加快体系建设步伐，促使中国特色社会保障体系早日全面建成。其中重要的路径选择即坚持以共享为基石，坚持政府主导，实行多元主体共建共治"[1]。从中我们可以看出，有关责任的合理界分是优化我国社会保障制度的必经之路，应当在以坚持政府为责任主体的基础上，实现多元主体共同参与。因此，从我国社会保障制度的实践来看，"政府、市场、社会、个人这几个主体之间的责任边界模糊不清，这样不仅无法准确确定政府责任，更直接影响民间作用的发挥"[2]。党的十九大提出要实现国家治理现代化，这就要求政府和公民共同合作来完成社会管理，即通过多元主体参与来不断提高治理的效率。从国家治理现代化的角度出发，效率要求可细化为宏观效率要求、微观效率要求以及个体激励效率要

---

[1] 郑功成：《全面理解党的十九大报告与中国特色社会保障体系建设》，《国家行政学院学报》2017年第6期。

[2] 郑功成：《中国社会保障制度变迁与评估》，中国人民大学出版社，2002，第35页。

第五章
欧洲福利国家制度变迁启示

求。宏观效率要求就是通过社会化的制度安排不断促进整个经济社会向前发展；微观效率要求是通过优化制度本身实现制度运行成本最小化或是效果最大化；个体激励效率要求是在个体得到保障的基础上最大限度地激发个体的创造活力。因此，要实现国家治理现代化的多层面效率要求，就必须保证多元主体参与治理过程，通过发挥不同主体的价值，实现国家治理整体效率的提高。在国家治理现代化的背景下，效率是社会保障的必然价值追求，而多元主体参与是社会保障实现效率的基础。新中国成立初期，我国实行国家—单位的社会保障制度，即在社会保障制度中参与主体呈现了单一化特点。随着社会的发展，该保障制度的缺陷逐渐凸显，表现为影响单位活力、降低效率，造成单位负担过重，不利于竞争，引发城乡二元结构、有碍经济可持续发展，缺乏责任共担、提高制度成本等。当前，为了适应我国经济社会发展需要，满足国家治理现代化的效率要求，社会保障制度的参与主体也要更加多元化，要从单一的国家—单位式转变为多元的国家—社会式，要努力形成法治保障、政府宏观管理、专业机构实施、社会广泛参与的社会保障体系，要充分调动不同的主体参与社会保障制度建立及实施过程，推动社会保障制度自我完善和保障效率不断提高。

因此，当前社会保障制度的根本要求在于参与主体的多元性，政府应当在坚持主导地位的基础上，鼓励社会、组织、个人参与治理过程，并发挥各自的优势，以达到治理优化的目的。在社会保障制度实施初期，包括我国在内的许多国家坚持政府一元主体。但随着社会保障需求的多样化，保障任务增多，政府能力的局限性逐渐显现。因此，我国在完善社会保障制度的过程中，要鼓励多元主体参与，通过政府、各类组织、公众的互动合作共同实现保障目标。首先，要加强鼓励多元参与的顶层设计。要通过政策支持、制度保障来吸引政府以外的其他主体参与社会保障，建立协商合作机制，使各主体在平等对话的基础上能够利益共享、风险共担。其次，要明确各主体的职责和分工。政府部门要转变主导者的角色，通过调节资源配置，促进多元主体进入社会保障领域；社会组织、企业等要发挥自身优势，不断提高自身服务水平，实现与各项社会保障制度的有效对接。最后，要通过宣传营造良好的参与氛围。要不断强化社会保障宣传，改变人们靠政府、靠单位的思维定式，传递互助共享、责任共担理念，培养公众参与意识。

我国原有的社会保障体系是单一的社会保障体系，即资金渠道单一，由政府或企业一方提供资金；保障层次单一，只有政府主办的法定的一个层次的社会保险。这种单一的社会保障制度造成了职工对保障的依赖，加大了企业和政府的负担，难以满足保障需求。根据国外的经验和改革的趋势，不少市场经济发达的国家实行多层次的保障结构。因此，实行多重保障应该成为我国社会保障制度改革和发展的一个重要原则。多重保障原则体现在以下三个方面。一是多元的保障主体。要纠正只有政府是社会保障主体的倾向，确立多元化保障主体，即个人（包括家庭）、单位、社会（包括社会团体及社区）、政府四个主体。社会保障虽然应该由国家统筹规划和组织，但不是也不应由国家包办，而是要组织和发动各方面的力量如社会、企业、机构、家庭、个人共同办好社会保障事业。二是多渠道的筹资形式。社会保障基金的筹集应是多样的：由个人及单位缴纳、政府税收补贴形成的社会保险基金；由企业提供的企业补充保险基金；由个人、行政单位及工会出资形成的互助保障及帮困基金；由财政拨款、社会捐助、发行彩票形成的社会救助、社会福利基金等。三是多层次的保障结构，既要有基本保障层次，又要有补充保障层次。基本保障层次保障基本生活和基本医疗。基本保障要社会化，由国家立法，社会进行管理。在基本保障的基础上，劳动者的养老和医疗还要有由企业、单位提供的补充保障，如劳动者之间实行的互助补充保障，个人进行储蓄投保的补充保障等。补充保障要市场化，由政府规范，自愿建立，政府提供政策优惠，按市场原则运作。社会保障制度不仅要有最低层次保障，即对贫困者、伤残困难者、受灾害者提供最低生活和医疗保障；还要有经济条件较好的社会群体通过合法途径所能享受的较高层次的社会保障。最低层次保障的社会救助也应是多层次、多形式的，包括政府救助、单位救助、互济（帮困）救助等多种形式。

第三节　目的与手段的契合：理性化完善和发展社会保障制度

党的十九大报告明确提出："全面深化改革总目标是完善和发展中国特色社会主义制度、推进国家治理体系和治理能力现代化。"① 这是党和国家在应对治理困境、完善治理体系、提高治理水平、顺应时代要求而提出的战略思想。当前，我国社会保障制度已经初步建立，在改革开放的 40 多年间发挥了巨大的稳定作用，但与此同时，社会保障制度亦存在发展不均衡、体制机制不健全、保障政策不连续等多重问题，尤其是在当前国家治理场域发生整体性改变的大背景下，全球化、城镇化、信息化的力量错综复杂，"集体无意识"、公平价值缺失等非理性因素阻碍社会保障制度的完善与优化，而社会保障制度的主要目的正是消除市场自然分配所造成的社会分配不公，从而增进人类的福祉。在这一大背景下，加强制度建设中的理性思考可以为社会保障制度的完善与发展提供价值指引和实践规范。因此，在国家治理现代化的大背景下，分析我国社会保障制度的现实及其理性需求，从制度理性的视角梳理推进社会保障制度的现实路径，具有十分重要的理论和现实意义。

一　以价值理性引领我国社会保障制度的不断发展

价值理性事关制度的公平性、民主性、公共性，影响国家治理的效率和效果。制度设计与执行过程只有遵循价值理性的引导，才能增强制度行为的针对性和公正性。改革开放之后，党和国家着力为公平正义构筑社会保障制度体系，取得了历史性成就，但与此同时，我们依然清醒地看到，价值理性缺失问题在某些社会保障制度设计与执行过程中还比较突出，这既与市场

---

① 习近平：《决胜全面建成小康社会　夺取新时代中国特色社会主义伟大胜利》，《人民日报》2017 年 10 月 28 日。

化、自由化和现代化所带来的工具理性冲击息息相关，亦与制度主体缺乏价值预设和理性判断有关，没有价值产出的制度行为在社会保障领域依然存在，受利益多元化、矛盾集中化的影响，短视行为、效率至上等现象在社会保障制度运行过程中依然存在。因此，在全面建成小康社会的宏伟目标下，对于价值理性的渴求和建设不应只是一句口号，应当通过价值理性强化社会保障制度的道德合理性基础，这些行动和举措并非否定和拒斥工具理性。中国作为发展中国家，工具理性仍有不足，应当在重视工具理性的基础上，大力弘扬价值理性，并以价值理性激发、规范、引导工具理性，最大限度地增进公共利益，不断提升公共生活的质量水准。价值理性是人的精神层面表现的基于制度层面的认知能力和实践能力，对我国社会保障制度体系建设及其实践具有极为重要的影响。在社会保障治理现代化的道路上，中国需要进一步构建价值理性并彰显其价值引领功能。

（一）确立合理的社会保障目标

价值理性表现为制度主体对自身价值目标和实践取向的完善与纠偏，制度主体是由人或以人为基本单元的共同体组成的，价值理性首先着眼于对制度主体——人和人的本质的认识，实际上，人以及人的理性是一切制度实践的前提，对人和人的本质的现实反思与分析，不仅构成了价值理性的逻辑基础，亦成为制度变迁的逻辑必然。改革开放以来，中国特色社会主义社会保障制度实践取得了伟大成功，同时亦有深刻的教训，这不仅与制度所处的客观环境变化密切相关，亦与我们自身的社会保障制度目标不适应、不完善息息相关。这就要求我们从有利于完善和发展中国特色社会保障制度的高度来设计和推进国家治理现代化。如果社会保障制度不能回应时代要求，无法为当代中国发展道路和社会变革提供保障基础，那么社会保障自身的现代化水平亦无法得以实现。因此，推进社会保障现代化，必须发挥价值理性的功能，完整理解和把握新时代中国特色社会主义的总目标，准确把握其内在逻辑和作用机理。

对于中国社会保障制度的目标选择来说，应该积极吸取欧洲福利国家制度变迁过程中的经验，在建立和完善中国社会保障制度目标体系的过程中，结合中国的实际国情，建立政治目标、经济目标、社会目标和道德目标有机结合的目标体系，从而实现我国社会保障体系中多种目标的协调发展，推动我国社会保障制度的不断完善，使社会保障制度为建设社会主义和谐社会发挥积极作用。社会保障制度目标的确定决定着社会保障制度发展改革的方向。回顾我国社会保障制度发展的历史，可以发现我国社会保障制度基本目标的发展历程沿着完全不同于欧洲福利国家制度的目标变化方向，我国社会保障制度基本目标的选择是沿着从单一的经济目标到政治目标再到社会目标，最后转变为政治目标、经济目标、社会目标和道德目标协调的发展轨迹。我国在改革开放初期，社会保障制度的目标呈现了对效率的追求，体现了明显的经济目标取向，社会保障制度作为市场经济的辅助机制，主要定位是为经济建设服务；随着市场经济的快速发展，在经济效率不断提高的同时，也出现了许多的社会问题，社会保障制度单一经济目标取向的弊端逐渐显现。为了改善这一状况，我国社会保障制度的目标逐渐转变为政治目标，缓解社会矛盾、维护社会稳定成为这一阶段我国社会保障制度改革的主要动机。随着和谐社会目标的提出，我国社会保障制度的目标由单一经济目标或者单一政治目标，转变为主动选择社会保障制度的社会目标的取向，从而建立起一套政治目标、经济目标、社会目标与道德目标协调发展的目标体系。社会保障制度不再作为市场经济改革的配套机制，也不再是维护社会稳定的工具，而是实现社会公平和稳定、促进经济发展与提升社会道德水平的作用机制，成为实现社会和谐发展的重要制度保证。

（二）提供适度的社会保障水平

价值理性体现了制度主体对于制度本身以及制度所处客观历史环境变化的理性思考与总结。在社会保障制度发展的过程中，我国社会历史环境必然会随着时间的推移而发生不同程度的变化，同制度相联系的各种客观要素也处在变动之中，譬如保障群体需求的变化、保障环境与政策的不适配等。这就需要党和政府更好地适应变化中的客观历史环境，围绕社会民众的利益和需求，借助社会保障制度，依靠一定的逻辑推理和思维规则，在顶层设计上进行理性的分析与总结，从而为社会保障制度进一步完善提供方法论基础。党的十九大报告提出："中国特色社会主义进入了新时代，这是我国发展新的历史方位。"[①] 在这种历史转型的机遇和挑战下，全球化、信息化、现代化交织在一起，国内外政治经济环境不确定性日益增强、社会矛盾日益突出、经济发展中的公正问题错综复杂，可以说，实现我国社会保障制度的现代化是一个复杂艰苦的探索过程，亦是一个不断试错和累积的过程。因此，在国家治理现代化的进程中，中国需要以反思的精神去审视现有社会保障制度环境的变化，追问社会保障水平的现实合理性，通过制度的合理性维护制度的合法性，强化国家治理的伦理价值和理性价值，使民主法治具有更强的道德正当性，这是社会保障制度优化过程中一项艰巨而又长期的任务。

基于此，社会保障制度的保障水平应该与国家的经济发展水平相适应。社会保障的支出水平应该适度，如果支出水平过低，社会保障制度就不能真正起到作用，容易引发社会问题；如果支出水平过高，政府就会产生支付危机，并产生同欧洲福利国家困境一样的问题。社会保障制度的项目和待遇水平，受经济发展水平的制约与影响。中国社会保障制度的保障水平应该适度，欧洲福利国家经济发展水平高、发展较快，人均GDP较高，福利保障水平也就比较高；而中国经济发展水平同欧洲福利国家相比还存在一定的差距，无论是社会保障项目还是社会保障水平，都没有达到欧洲福利国家的水平。根据我国城乡二元格局的情况，农村经济在国民经济中占比仍然很大，其经济发展水平与城镇相比仍有较大差距。如果在这一时期盲目地照搬欧洲福利国家制度来完善我国的社会保障制度，将大部分社会资源用来解决社会保障问题，不仅会造成支付困境，而且会严重地影响我国的经济发展。所以，保持适度的社会保障水平是与我国经济发展水平相适应的政策选择，如果社会保障水平过高会造成支出困境，过低则不能有效地保障居民免受风险。

---

① 习近平：《决胜全面建成小康社会 夺取新时代中国特色社会主义伟大胜利》，《人民日报》2017年10月28日。

第五章
欧洲福利国家制度变迁启示

具体地说,一方面,完善我国社会保障制度的原则应该是低水平、广覆盖,在保障公民最低生存需要的基础上建立覆盖城乡居民的社会保障制度。同时,通过借鉴欧洲福利国家制度的经验,加大最低层次社会保障制度的实施力度,扩大社会保障制度的实施范围。另一方面,保持适度的社会保障水平。要根据经济基础量力而行地选择福利项目,不能一味地追求做大做全。在实施低水平保障的基础上,应吸取欧洲福利国家制度发展的经验教训,不能将中国社会保障制度的保障水平定得过高。如果社会保障水平定得过高,保障项目贪多求全,势必会导致福利支出增加,抑制资金的积累,从而导致经济增长缓慢。因此,社会保障制度的保障水平必须与国家经济发展水平相匹配。

二 以公共理性夯实我国社会保障制度的社会基础

党的十九大报告提出:"保证全体人民在共建共享发展中有更多获得感,不断促进人的全面发展、全体人民共同富裕。建设平安中国,加强和创新社会治理,维护社会和谐稳定,确保国家长治久安、人民安居乐业。"[①]在看到党和政府决心的同时,我们也要看到我国社会保障领域所面临的一些突出问题。随着全球化和信息化程度的日益加深,我国社会价值体系从一元化到多元化,并逐步趋向碎片化,价值多元化是当前社会的基本事实,公民的民主意识和权利需求日益增强,对社会保障制度及其执行过程的关注度越来越高,对社会公平和正义的价值需求也愈发强烈,"若任其多元价值无限度冲突就不会有一个稳定、有序的社会。一个稳定、有序的社会要求公共理性成为社会基本价值观,对话、讨论、沟通是体现这种价值观的具体方法和程序,是公共决策的合法基础"[②]。

公共理性之所以具备调节和整合功能,主要是因为作为制度主体的人是有理性、会思考的存在物,欧洲福利国家进程并不是由纯粹的社会物质条件所决定的,而是由社会规律客观性与人类的主观能动性共同作用的结果。作

---

① 习近平:《决胜全面建成小康社会 夺取新时代中国特色社会主义伟大胜利》,《人民日报》2017年10月28日。
② 王子丽、吴赋光:《公共理性与我国社会群体性事件》,《河南社会科学》2012年第8期。

为制度主体的人不可避免地受到理性和价值的内在调节。恩格斯指出："在社会历史领域内进行活动的，全是具有意识的、经过思虑或凭激情行动的、追求某种目的的人，任何事情的发生都不是没有自觉的意图、没有预期的目的的。"① 社会保障制度的首要任务即在于化解社会矛盾、凝聚社会共识、缩小贫富差距。而社会矛盾的本质与根源是制度的不适应、不协调以及不完善。"以理性对话方式取代有失体面的无端谩骂，是现代文明社会的理性化所在。公共领域理性对话的目的在于社会共识的有效达成，并且通过制度化途径使其沟通方式形成常态。"② 因此，公共理性可以为社会保障制度提供必要的社会基础和有效保障，成为解决社会矛盾、维护社会和谐稳定的必要能力。

在全面深化改革的新时代背景下，加强社会保障制度设计和执行过程中的理性维度，对现代社会有着不可或缺的维系和整合作用。一方面，以公共理性推动社会保障制度的发展，通过一系列科学的制度安排和理性思考，广泛吸纳各方建议，推动政府与社会民众广泛协商，在社会保障制度完善过程中保障社会民众的民主权利。党的十九大报告亦明确指出："要推动协商民主广泛、多层、制度化发展，统筹推进政党协商、人大协商、政府协商、政协协商、人民团体协商、基层协商以及社会组织协商。加强协商民主制度建设，形成完整的制度程序和参与实践，保证人民在日常政治生活中有广泛持续深入参与的权利。"③ 可以看出，公共理性凸显了国家治理复杂性条件下中国社会主义民主协商制度的优势与现实生命力。另一方面，以公共理性避免社会矛盾激化，"当代中国社会矛盾的制度根源主要表现在两个方面，一是理性化的正式制度之间的矛盾，二是理性化的正式制度同感性化的非正式制度之间的矛盾"④。公共理性的调节功能可以突破利益固化的藩篱，通过理性设计，以沟通、谈判、协商等和平协商方式，协调各种社会关系，弥合

---

① 《马克思恩格斯全集（第23卷）》，人民出版社，1965，第11~12页。
② 顾爱华：《国家治理现代化的前提与基础：政治稳定与制度创新》，《行政论坛》2016年第2期。
③ 习近平：《决胜全面建成小康社会 夺取新时代中国特色社会主义伟大胜利》，《人民日报》2017年10月28日。
④ 刘少杰：《社会矛盾的制度协调》，《天津社会科学》2007年第3期。

社会差异，寻找利益共同点，有效地提高社会公民对社会保障制度的认同感，这是中国社会主义制度自我完善和不断发展的需要，亦是国家治理现代化的现实需要。

三 以工具理性推动我国社会保障制度的合理优化

当前，在国家治理现代化的大背景下，在工具理性的推动下我国制度体系建设已经取得了长足进步。改革开放40多年来，党和国家不断加强顶层设计，在政治、经济、社会、文化、生态文明等各个领域加强对制度建设的指导和规范，民主与法治建设取得了重大进步，程序与规则意识日益提升。尤其是党的十八大以来，制度权力运行日益法治化和规范化，"把权力关进制度的笼子里"从一个侧面彰显了国家治理的现代化和法治化进程。但我们也必须清醒地看到，碎片化、非理性化、人治化、非程序化等阻碍社会保障制度体系进一步发展的问题依然存在，主要表现在以下几个方面。一是部分社会保障制度尚未全面反映客观规律和人民意愿，针对性、规范性、可操作性不强。党的十八大之后，党和政府加强社会保障顶层设计、统筹社会保障层次，赢得社会民众的普遍赞誉，但制约社会保障制度发展的问题可能依然存在，社会保障制度改革已经进入目标更高、矛盾易发、风险并发的"深水区"，长期形成的传统制度体系具有"路径依赖"特征，以制度规范推动社会保障制度现代化的难度和复杂程度将越来越高。二是不同制度系统之间的失衡。当前，从社会保障的大背景来看，我国社会保障制度存在相对不均衡的治理样态，"社会保障的城乡差异、地区之间社会保障水平的差距、城市内部各个群体之间养老和医疗保险待遇的差距、城市社会福利与社会救助的公平性问题"[1] 在社会发展中仍然存在，制度规范和制度创新尚有不足，工具理性所追求的规范性、程序性、层级性、法治性尚未充分释放，在一定程度上制约了我国社会保障制度整体目标的最终实现。三是制度执行效率不高。受治理主

---

[1] 关信平：《当前我国社会保障制度公平性分析》，《苏州大学学报》（哲学社会科学版）2013年第3期。

体的信息不对称、利益价值取向、政策理解偏差等影响，我国目前社会保障制度执行效率有待提高，选择性执行、对抗性执行、替换性执行等现象在社会保障执行过程中屡有出现，这在一定程度上导致制度执行成本过高，弱化了改革开放过程中的社会保障制度创新效率和治理现代化进程。

"工具理性是人类运用概念、逻辑推理的形式认识和把握政治活动的本质和规律，用规范性、程序性、制度性、可操作性、实效性的规则体系、技术手段、途径方法来框定政治生活、实现政治目的的能力和活动。"① 从欧洲福利国家制度的变迁历史来看，工具理性所追求的效率优先是现代国家发展的逻辑规范和动力基础，工具理性的提升满足了西方社会发展的物质需求，推动了制度民主化的进程。"工具理性的效率优先逻辑、工具理性思维、非人格性特征、形式合理性品格等内在特质使之对权力运行法制化、政治权威合法化、政治生活制度化和规范化、政治秩序合理化、行政管理现代化等具有促进功能。"② 目前，我国已经进入全面深化改革、推进社会和谐的新时代，国内外形势正在发生深刻而复杂的变化，我国亦处于重要的发展战略机遇期。党的十九大报告当中明确指出："当前，全党同志一定要登高望远、居安思危，勇于变革、勇于创新，永不僵化、永不停滞，团结带领全国各族人民决胜全面建成小康社会，奋力夺取新时代中国特色社会主义伟大胜利。"③ 要解决我国社会保障制度存在的问题，必须积极主动发挥工具理性的基础性作用，以工具理性推动社会保障制度规范化、法治化、层级化、程序化，在完善现有制度的基础上，基于我国现实国情，理性构建系统完备、科学规范、运行有效的社会保障制度体系，消除制度剩余和补齐制度短板，用工具理性的思维去解决社会保障制度自身所面临的规范、程序以及法治问题，保持一种连续的、动态的发展状态，使各方面制度更加规范、更加定形。在这一过程当中，工具理性可以发挥巨大推动作用，成为社会发展的重要动力源泉。

---

① 何颖：《政治学视域下工具理性的功能》，《政治学研究》2010年第4期。
② 何颖：《政治学视域下工具理性的功能》，《政治学研究》2010年第4期。
③ 习近平：《决胜全面建成小康社会 夺取新时代中国特色社会主义伟大胜利》，《人民日报》2017年10月28日。

第六章 结语

正如马克思所说："最终的结果总是从许多单个的意志的相互冲突中产生出来的，而这个结果又可以看作一个作为整体的、不自觉地和不自主地起着作用的力量的产物。"① 欧洲福利国家制度的变迁过程饱含了众多因素交互作用的结果，暗合了欧洲各国政府对于不同历史阶段社会需求的重新审视和理性思考。作为资本主义自我改良的手段之一，欧洲福利国家制度蕴含着难以克服的内在矛盾，但每一次变迁都体现着时代进步意义。欧洲福利国家制度正是在历次变迁过程之中不断地完善与发展，历次变迁组成欧洲政治社会政策发展的历史链条，在这个自我"扬弃"的链条上，欧洲福利国家制度被赋予延展性和持续性，这对于转型时期的我国社会保障制度建设具有十分重要的参考和借鉴意义，我们可以从中得出以下结论。

一是欧洲福利国家制度变迁具有一定的时代进步意义。从每一次变迁的实际效果来看，欧洲福利国家制度变迁作为一种时代需要与历史延续交叉的抉择过程，具有一定的时代进步意义。一方面，福利国家制度在一定程度上缓解了欧洲资本主义社会的阶级矛盾，"在不平等的雇佣结构中添加了调和剂，使社会阶级阶层的紧张关系得到了极大的缓冲，从而稳定了西方资本主义世界的经济和政治体制。更为重要的是，在控制社会张力、稳定社会秩序

---

① 《马克思恩格斯全集（第4卷）》，人民出版社，1995，第697页。

的同时，保证了生产活力和市场繁荣的持续，也应归功于福利国家制度"①。另一方面，欧洲福利国家制度回应了社会诉求。欧洲福利国家制度变迁节点往往出现在经济发展受阻、社会结构变化、技术革新进步的背景下，正是社会发展诉求的普遍存在，促使了欧洲各国政府不断调整社会政策，回应社会发展需要，维系整个社会政治的平衡。福利国家制度变迁将这种社会诉求所释放的压力通过合适的方法、手段化解在现有制度框架内。因此，虽然欧洲福利国家制度存在诸多问题和不足，但福利国家制度所带来的明显的社会效果，使其成为"稳定资本主义社会的一套装置"②。

二是欧洲福利国家制度变迁过程难以克服自身的内在矛盾。基于"肯定"基础上的"否定"是欧洲福利国家制度变迁的特性之一，其最终目的是通过自我改良解决当代西方资本主义本身难以调和的矛盾。无论是平衡政府与市场，还是兼顾效率与公平，都是在资本主义制度框架下对以福利国家制度为代表的分配方式和社会管理方式所进行的自我改良，其目的都是消除当代资本主义所面临的各种问题，使资本主义更具活力和动力。然而，欧洲福利国家制度有其先天的缺陷和矛盾，福利国家制度是"资产阶级意图在福利国家建设中通过政治中心的力量来消除社会不公平这一资本主义恶性伴生物，保护资本主导的社会生活秩序，从而为资本主义制度保驾护航。这种解决方式是自上而下的，是资产阶级从自身长远利益出发做出的安排。在这里，虽然下层民众享受到了福利国家带来的各种好处，在福利国家兴盛时代也曾出现过'共同富裕'式的类理想化图景，但由于它以维持资本家对劳动者的剥削的游戏规则为前提，劳资矛盾不是被解决了而是被隐藏了"③。历史经验表明，自欧洲福利国家制度建立以来，无论是社会民众还是任何一种政治力量对它都不是非常满意，但任何一方都无法彻底地抛弃它，这种根

---

① 杨敏、郑杭生：《西方社会福利制度的演变与启示》，《华中师范大学学报》（人文社会科学版）2013年第6期。
② 李秉勤：《欧美福利制度挑战、改革与约束》，中国社会出版社，2011，第7页。
③ 曾瑞明：《在保障公平与保障效率之间摇摆——当代西欧福利国家转型论析》，《中共福建省委党校学报》2007年第7期。

植于资本主义制度本身的内在矛盾决定了欧洲福利国家危机仍然会再次上演，福利国家制度变迁的历史进程之中，必然存在诸多失序和风险，欧洲福利国家制度变迁只是资本主义自我改良和自我修复的手段之一，具有历史局限性。

三是欧洲福利国家制度变迁可以为我国社会保障制度提供有益的参考。改革开放以来，我国社会保障制度已经取得了长足的进步，作为一种"托底性"的制度设计，我国社会保障制度为社会民众的基本权利提供了基础性的保障，发挥了"安全网"和"稳定器"的双重作用，极大地维护了社会民众的切身利益，推动我国改革开放不断向前发展。但我国社会保障制度亦面临诸多问题和挑战，如社会保障价值理念亟待整合和完善、社会保障供给主体相对单一、社会保障资金渠道亟待丰富等，这在一定程度上制约了我国社会保障制度公共服务效能的发挥，也无法契合国家治理对社会保障服务提出的新要求。欧洲福利国家制度变迁是西方政治经济改良的重要表现形式之一，中国的发展轨迹与欧洲社会大相径庭，这决定了我们既要面对自身独特的政治经济环境，也要面对社会发展中的普遍问题。对欧洲福利国家制度变迁的研究，最终还是要服务于我国社会保障制度的建设。理性地、客观地评价欧洲福利国家制度变迁，尤其是在发挥制度价值的引领作用、合理界定制度主体的权责范围、加强制度建设中的理性思考、发挥制度目标的导向作用等方面进行借鉴，在认同的基础上进行批判，在肯定的基础上进行否定，可以为中国等发展中国家提供借鉴。

参考文献

〔英〕贝弗里奇：《贝弗里奇报告——社会保险和相关服务》，劳动和社会保障部社会保险研究所组织译，中国劳动社会保障出版社，2004。

〔英〕诺曼·巴里：《福利》，储建国译，吉林人民出版社，2005。

〔德〕克劳斯·奥菲：《福利国家的矛盾》，郭忠华等译，吉林人民出版社，2011。

〔丹〕考斯塔·艾斯平-安德森：《福利资本主义的三个世界》，郑秉文译，法律出版社，2003。

〔加〕R.米什拉：《资本主义社会的福利国家》，郑秉文译，法律出版社，2003。

〔丹〕考斯塔·艾斯平-安德森：《福利资本主义的三个世界》，古允文译，巨流图书有限公司，1999。

〔英〕尼古拉斯·巴尔：《福利国家经济学》，郑秉文等译，中国劳动社会保障出版社，2003。

〔英〕托尼·布莱尔：《新英国：我对一个年轻国家的展望》，曹振寰等译，世界知识出版社，1998。

〔英〕阿瑟·马威克：《一九四五年以来的英国社会》，马传禧等译，商务印书馆，1992。

〔德〕乌尔里希·贝克：《风险社会》，何博闻译，译林出版社，2004。

〔美〕阿瑟·奥肯：《平等与效率》，王奔洲等译，华夏出版社，1999。

〔美〕米尔顿·弗里德曼、罗斯·弗里德曼:《自由选择》,胡骑等译,商务印书馆,1982。

〔英〕安东尼·吉登斯、克恩斯多弗·皮尔森:《现代性——吉登斯访谈录》,尹宏毅译,新华出版社,2001。

〔英〕安东尼·吉登斯:《第三条道路——社会民主主义的复兴》,邓戈译,北京大学出版社、生活·读书·新知三联书店,2000。

〔英〕安东尼·吉登斯:《现代性的后果》,田禾译,译林出版社,2000。

〔英〕安东尼·吉登斯:《失控的世界:全球化如何重塑我们的生活》,周红云译,江西人民出版社,2001。

〔英〕安东尼·吉登斯:《超越左与右:激进政治的未来》,李惠斌、杨雪冬译,社会科学文献出版社,2000。

〔英〕安东尼·吉登斯:《第三条道路及其批评》,孙相东译,中共中央党校出版社,2002。

〔英〕霍布豪斯:《自由主义》,朱曾汶译,商务印书馆,1996。

〔英〕克里斯托弗·皮尔森:《新市场社会主义》,姜辉译,东方出版社,1999。

〔英〕阿伦·斯克德、克里斯·库克:《战后英国政治史》,王子珍、秦新民译,世界知识出版社,1985。

〔英〕保罗·皮尔逊:《福利制度的新政治学》,汪淳波等译,商务印书馆,2004。

〔英〕安东尼·哈尔、詹姆斯·梅志里:《发展型社会政策》,罗敏等译,社会科学文献出版社,2006。

〔英〕霍华德·格伦内斯特:《英国社会政策论文集》,苗正民译,商务印书馆,2003。

〔英〕安东尼·阿巴拉斯特:《西方自由主义的兴衰》,曹海军等译,吉林人民出版社,2004。

〔丹〕本特·格雷夫:《比较福利制度——变革时期的斯堪的纳维亚模

式》，许耀桐译，重庆出版社，2006。

〔英〕保罗·赫斯特：《质疑全球化：国际经济与治理的可能性》，张文成等译，社会科学文献出版社，2002。

〔美〕戴维·罗伯兹：《英国史 1688 年至今》，鲁光桓译，中山大学出版社，1990。

〔美〕H. 斯图尔特·休斯：《欧洲现代史 1914-1980》，陈少衡等译，商务印书馆，1984。

〔英〕W. N. 梅德利科特：《英国现代史 1914-1964》，张毓文等译，商务印书馆，1990。

〔英〕亨利·佩林：《英国工党简史》，江南造船厂业余学校英语翻译小组译，上海人民出版社，1977。

〔美〕Neil Gilbert、Paul Teeerl：《社会福利政策导论》，黄晨熹、周烨、刘红译，华东理工大学出版社，2003。

库少雄、〔美〕Hobart A. Burch：《社会福利政策分析与选择》，华中科技大学出版社，2006。

钱乘旦、许洁明：《英国通史》，上海社会科学院出版社，2002。

钱宁：《现代社会福利思想》，高等教育出版社，2006。

阮宗泽：《第三条道路与新英国》，东方出版社，2001。

刘波：《当代英国社会保障制度的系统分析与理论思考》，学林出版社，2006。

王振华、刘绯、陈志瑞：《解析英国》，中国社会科学出版社，2003。

张士昌、陶立明、朱皓：《社会福利思想》，合肥工业大学出版社，2005。

陈晓律：《英国福利制度的由来和发展》，南京大学出版社，1996。

丁建定：《从济贫到社会保险》，中国社会科学出版社，2000。

丁建定、杨凤娟：《英国社会保障制度的发展》，中国劳动社会保障出版社，2004。

黄素庵：《西欧"福利国家"面面观》，世界知识出版社，1985。

姜守明、耿亮：《西方社会保障制度概论》，科学出版社，2002。

穆怀中：《社会保障国际比较》，中国劳动社会保障出版社，2001。

孙炳耀：《当代英国瑞典社会保障制度》，法律出版社，2000。

孙光德、董克用：《社会保障概论》，中国人民大学出版社，2000。

王皖强：《国家与市场——撒切尔主义研究》，湖南教育出版社，1999。

张秀兰、许月宾：《和谐社会与政府责任》，《中国特色社会主义研究》2005年第1期。

周弘：《福利的解析——来自欧美的启示》，上海远东出版社，1998。

钱乘旦、陈晓律：《在传统与变革之间——英国文化模式溯源》，浙江人民出版社，1991、

李琮：《西欧社会保障制度》，中国社会科学出版社，1989。

王延中：《中国的劳动与社会保障问题》，经济管理出版社，2004。

王振华、陈志瑞：《挑战与选择：中外学者论"第三条道路"》，中国社会科学出版社，2001。

向文华：《斯堪的纳维亚民主社会主义研究》，中央编译出版社，1999。

郑杭生：《中国社会发展研究报告2007》，中国人民大学出版社，2007。

钱宁：《社会正义、公民权利和集体主义——论社会福利的政治与道德基础》，社会科学文献出版社，2007。

杨团、葛道顺：《社会政策评论》，社会科学文献出版社，2007。

李迎生：《转型时期的社会政策：问题与选择》，中国人民大学出版社，2007。

杨伟民：《社会政策导论》，中国人民大学出版社，2004。

邓伟志、张钟汝、范明林：《社会管理与社会政策》，上海人民出版社，2007。

谢志强、李慧英：《社会政策概论》，水利水电出版社，2005。

丁开杰、林义选编《后福利国家》，上海三联书店，2004。

周弘：《福利国家向何处去》，社会科学文献出版社，2006。

汪行福：《分配正义与社会保障》，上海财经大学出版社，2003。

徐大同、马德普：《西方政治思想史（第五卷）：二战以来》，天津人民出版社，2005。

林建华、董泉增：《当代西欧社会民主党论纲》，中国工人出版社，1995。

钱乘旦、陈晓律：《英国文化模式溯源》，上海社会科学院出版社，2003。

冉隆勃、王振华：《当代英国——政治、外交、社会、文化面面观》，中国社会科学出版社，1990。

钱宁：《现代社会福利思想》，高等教育出版社，2006。

杨雪冬等：《"第三条道路"与新的理论》，社会科学文献出版社，2000。

阎照祥：《英国史》，人民出版社，2003。

裘援平等：《当代社会民主主义与"第三条道路"》，当代世界出版社，2004。

〔美〕查尔斯·沃尔夫：《市场，还是政府——不完善的可选事物间的抉择》，陆俊、谢旭译，重庆出版社，2007。

〔英〕博赞克特：《关于国家的哲学理论》，汪淑钧译，商务印书馆，1995。

吴春华：《当代西方自由主义》，中国社会科学出版社，2004。

黄恒学：《公共经济学》，北京大学出版社，2005。

史瑞杰：《公平与效率：社会哲学的分析》，山西教育出版社，1999。

〔美〕托马斯·雅诺斯基：《公民与文明社会》，柯雄译，辽宁教育出版社，2000。

〔美〕罗纳德·德沃金：《至上的美德——平等的理论与实践》，冯克利译，江苏人民出版社，2003。

谢德成：《20世纪80年代以来英国福利制度改革述论》，《理论导刊》2003年第11期。

张振海：《试论撒切尔首相的福利制度改革》，《历史教学》2006年第

7 期。

袁红：《试论布莱尔的社会保障制度改革》，《重庆教育学院学报》2002年第 1 期。

丁建定：《布莱尔政府的社会保障改革》，《国际论坛》2004 年第 1 期。

丁建定：《论撒切尔政府的社会保障制度改革》，《欧洲》2001 年第 5 期。

丁开杰：《社会保障体制改革》，社会科学文献出版社，2004。

徐赞赞、欧阳亮辉：《我国社会保障制度的公平性思考》，《宁夏社会科学》2004 年第 2 期。

杨方方：《中国转型期社会保障中的政府责任》，《中国软科学》2004年第 8 期。

中国社会科学院社会保障体系研究课题组：《中国社会保障制度改革：反思与重构》，《社会学研究》2000 年第 6 期。

徐滇庆、尹尊生、郑玉歆：《中国社会保障体制改革——'98 中国社会保障国际研讨会论文选》，经济科学出版社，1999。

罗云力：《建立社会投资型国家》，《国际论坛》2002 年第 5 期。

王振华：《布莱尔主义和新的"中左"运动》，《欧洲》1999 年第 2 期。

董洪日、于吉辰：《关于我国社会保障运行机制的思考》，《人口与经济》2004 年第 5 期。

杨立雄：《争论与分歧——对社会保障最新研究的综述》，《中国人口科学》2003 年第 3 期。

吴施楠：《我国社会保障制度历史、现状及面临的问题》，《东疆学刊》2001 年第 1 期。

刘冬荣、谭小景：《改革我国社会保障基金管理模式的思考》，《湖南商学院学报》2002 年第 1 期。

马敏娜：《社会保障制度的国际比较与借鉴》，《经济纵横》1999 年第 6 期。

Sir William Beveridge, *Full Employment, Free Society* (Oxford University Press, 1945).

Tony Blair, *The Third Way: New Politics for the New Century* (Fabian Society, 1998).

A. H. Halsey, *British Social Trends since 1900* (Mac Millan, 1988).

Grand, *Privatization and Welfare State* (London, 1985).

Derek, Fraser, *The Evolution of the British Welfare State* (London. 1984).

F. A. Hayek, *The Constitution of Liberty* (London, 1960).

Michael J. Hill, *The Welfare State in Britain: A Political History since 1945* (Edward Elgar Publishing, 1993).

Robert M. Page, Richard L. Silburn, *British Social Welfare in the Twentieth Century* (Houndmills, Basingstoke, Hampshire: Macmillan Press, 1999).

Joseph Raz, *The Morality of Freedom* (Oxford, UK: Clarendon Press, 1986).

Lucash, Frank, *Justice and Equality: Here and Now* (Ithaca: Cornell University Press, 1986).

Rawls John, *Justice as Fairness* (Cambridge, Massachusetts: The Belknap Press of Harvard University Press, 2001).

Stefhen, Adam, *Liberals and Communitarians* (Oxford, UK: Blackwell Publishers, 1992).

Barry, Norman, *An Introduction to Modern Political Theory* (London: The Macmillan Press Ltd, 2000).

Mandle, Jon, *What's Left of Liberalism?* (New York: Lexington Books, 2000).

Tony Blair, *The Third Way: New Politic for the New Century* (Fibian Society, 1998).

Anthony Giddens, *The Third Way and Its Critics* (London: Polity Press, 2000).

Ian Hargreaves and Ian Christie ed., *Tomorrow's Politics: The Third Way and Beyond* (London: Demos, 1998).

Harold E. Raynes, *Social Security in Britain: A History* (London, 1960).

后　记

　　白驹过隙，时光荏苒。转眼博士毕业已经五年，本书是在我博士论文的基础上修订而成的。三年的博士生活虽然短暂，却成为我一生最宝贵的财富。人生有许多个三年，但博士学习的三年，却是我收获最多的时光。在这三年的时间里，我克服了重重困难，拼尽全力如期完成博士论文。说"拼尽全力"是因为在这三年的时间里，由于无法脱产学习，我在完成学校教学、科研、行政工作任务的同时，还要抽出时间读书、学习、写论文。每当有写作灵感的时候，突然接到一个工作任务，哪怕是一个电话，都使得写作灵感不翼而飞，这个时候，心中充满挫败感。说"拼尽全力"是因为在这三年的时间里，我的第二个宝贝女儿来到我的生活。人说夫妻是百年修来的缘分，我想子女和父母也许需要千年的缘分，我不愿失去这份缘分。在充满喜悦的同时，我所要付出的是百倍的辛苦，多少个夜晚，往往是哄睡孩子，半夜才能静下心来写作，常常写到凌晨一两点钟才能睡觉，也许是写论文导致大脑兴奋，很多时候躺在床上一夜无眠。生活的磨难总是促使我们成长，正是这重重的困难才使得博士学习的三年时光成为我人生永不可替代、最为重要的日子。在这重要的人生经历中，我得到了许多人的帮助和支持，他们给予了我莫大的关心和鼓励，在此表示深深的感谢！

　　感谢我博士阶段的导师陈辉教授，从我2002年进入大学，与陈老师相识已经有20年，陈老师给予我人生许多的帮助和指引。在我博士论文写作过程中，陈老师给了我莫大的帮助，老师严谨的治学风格、豁达的生活态度都深刻地感染着我，成为我今后学习的榜样。感谢恩师对我孜孜不倦的教诲，我将永远铭记于心！

感谢我硕士阶段的导师刘丽伟教授对我博士论文的帮助和指导，正是在刘老师的指引下，我才确定了福利国家这个研究领域。经过深入研究后，我深刻感受到福利是一个非常有价值的研究领域，它与每个人的生活都密切相关，尤其对于我国目前的发展阶段来说，福利研究更具有实际意义和价值。正是由于这样的机缘，我的博士论文也得到了刘老师的许多帮助，刘老师给了我许多高屋建瓴的建议。在之后的工作以及博士后研究期间，我也继续以养老及社会保障为主题进行深入研究，希望对我国养老保障发展有所裨益。

还要感谢何颖教授在百忙之中给我的论文写作提出宝贵意见，使我的论文更加完善，许多问题豁然开朗，写作更加顺利；感谢教军章教授对我学习的帮助，对我论文给予肯定，使我对自己论文的写作更加有信心。感谢老师们给予我的指导，丰富了我的研究思想，启迪了我的学术灵感，对论文的最终完成起到了重要的作用。在此向四位教授致以衷心的谢意！

最后，我要感谢我的家人，感谢我的父母给予我生命，给予我最伟大的爱和无怨无悔的付出！感谢我的爱人在我最困难无助的时候，给予我支持和鼓励，与我共同分担家庭的重任。感谢我两个女儿，给了我无尽的快乐和喜悦！正是家人的爱和付出支撑我完成了我的博士学习和论文的写作。

感谢三年博士学习生活给予我的一切宝贵经历，感谢所有关心和帮助过我的人！

感谢黑龙江大学重点学科建设与发展规划处以及政府管理学院的大力支持，感谢社会科学文献出版社任文武老师、吴尚昀编辑对本书出版的辛苦付出！

赵浩华

2023 年 5 月 25 日于黑龙江大学

图书在版编目（CIP）数据

欧洲福利国家制度变迁研究 / 赵浩华著. --北京：社会科学文献出版社，2023.6
ISBN 978-7-5228-1714-9

Ⅰ.①欧… Ⅱ.①赵… Ⅲ.①福利制度-研究-欧洲 Ⅳ.①D57

中国国家版本馆 CIP 数据核字（2023）第 066469 号

欧洲福利国家制度变迁研究

著　　者 / 赵浩华

出 版 人 / 王利民
组稿编辑 / 任文武
责任编辑 / 王玉霞
文稿编辑 / 吴尚昀
责任印制 / 王京美

出　　版 / 社会科学文献出版社·城市和绿色发展分社（010）59367143
　　　　　地址：北京市北三环中路甲 29 号院华龙大厦　邮编：100029
　　　　　网址：www.ssap.com.cn
发　　行 / 社会科学文献出版社（010）59367028
印　　装 / 三河市东方印刷有限公司

规　　格 / 开　本：787mm×1092mm　1/16
　　　　　印　张：15.5　字　数：230 千字
版　　次 / 2023 年 6 月第 1 版　2023 年 6 月第 1 次印刷
书　　号 / ISBN 978-7-5228-1714-9
定　　价 / 88.00 元

读者服务电话：4008918866

▲ 版权所有 翻印必究